BAYERNS BÖSE BUBEN

Bayerns böse Buben

Von Wildschützen und Räubern zwischen Main und Königssee

Ein unverschämtes Lesebuch von
Heiner Boehncke und Hans Sarkowicz

Eichborn Verlag

Die Deutsche Bibliothek – CIP-Einheitsaufnahme

Bayerns böse Buben : von Wildschützen und Räubern zwischen
Main und Bodensee / Heiner Boehncke/Hans Sarkowicz
(Hrsg.). – Frankfurt am Main : Eichborn, 1997
   ISBN 3-8218-1441-1
NE: Boehncke, Heiner [Hrsg.]

»Der Räuber vom Keitersberg, Michl Heigl« stammt aus dem Buch
von Paul Friedl »Wildschützen, Räuber und Schwärzer im Waldgebirg«
© Moisak Verlag, 94476 Trafenau

© Vito von Eichborn GmbH & Co. Verlag KG, Frankfurt am Main, Oktober 1992
Umschlaggestaltung: Stephanie Weischer unter Verwendung eines Bildes aus der Sammlung
Dieter Stiefel
Lektorat: Albert Sellner
Satz: TechnoScript, Bremen
Druck und Bindung: Fuldaer Verlagsanstalt GmbH, Fulda
ISBN 3-8218-1441-1
Verlagsverzeichnis schickt gern:
Eichborn Verlag, Kaiserstraße 66, D-60329 Frankfurt am Main

INHALT

VORWORT

Als sich der englische Historiker und Soziologe Eric Hobsbawm in den fünfziger Jahren aufmachte, um unter den europäischen Räubern »echte Sozialrebellen« zu suchen, da hatte er in Deutschland wenig Erfolg. Selbst ein Schinderhannes war bei genauerem Hinsehen kein politischer Aufrührer, sondern nur ein versierter Verbrecher – meilenweit davon entfernt, den Reichen zu nehmen, um den Armen zu geben.

Fündig wurde Hobsbawm nur in Bayern. Dort hatte bis 1771 ein gewisser Mathias Klostermayr »sein Unwesen getrieben«, der als Bayerischer Hiasl zu legendärem Ruhm gekommen war. Klostermayr verband den nichtlegalen Abschuß von Wild, das die bäuerliche Existenz bedrohte, mit einem – wenn auch bescheidenen – politischen Programm.

Angeregt von der überaus spannenden Lebensgeschichte des Bayerischen Hiasl gingen wir auf die Suche nach weiteren literarischen und historischen Zeugnissen über Wildschützen und Räuber auf dem Gebiet des heutigen Bayern. Die Ausbeute war so überraschend groß, daß wir sehr genau auswählen mußten, um das vorliegende Buch nicht zu umfangreich werden zu lassen. Wir haben deshalb auf so bekannte Geschichten wie Hauffs *Wirtshaus im Spessart* und Ganghofers *Jäger von Fall* verzichtet, um dafür Fundstücke aufnehmen zu können, die es wahrlich nicht verdienen, daß sie so lange in Vergessenheit geraten waren. Überrascht hat uns, daß bis heute keine Geschichte der bayerischen Wilderer und Räuber vorliegt. Für Historiker und Sozialwissenschaftler gibt es auf diesem Gebiet noch viel zu tun. Wer Näheres über Wilderer und Räuber erfahren will, der findet in den Geschichten und Berichten, die wir abgedruckt haben, erstaunlich genaue Schilderungen der tatsächlichen Abläufe und der psychologischen Konstellationen. Die Texte sind also nicht nur literarisch interessant, sie dokumentieren auch in ihrem Ausmaß kaum bekannte »Schlachten« zwischen Räubern und Wilderern auf der einen Seite und Gendarmen und Jägern auf der anderen. Wie viele Opfer diese blutigen Kämpfe letztlich gekostet haben, weiß niemand. Es waren aber auf jeden Fall mehr, als es amtliche Statistiken vermuten lassen. Die Dunkelziffer dürfte groß sein.

In der Einleitung versuchen wir, die politischen und gesellschaftlichen Zusammenhänge knapp darzustellen. Die einzelnen Texte erschließen sich zwar auch ohne die Lektüre dieses Kapitels, aber wer mehr als nur in diesem Buch schmökern möchte, dem seien die ersten Seiten besonders ans Herz gelegt.

Die Originaltexte haben wir weitgehend unbearbeitet gelassen. Sie wurden lediglich sehr behutsam modernisiert. Wo Kürzungen nötig waren, sind sie deutlich markiert.

Dank sagen möchten wir allen Bibliotheken, die uns bei der Beschaffung der zum Teil seltenen Bücher und Zeitschriften geholfen haben, allen voran der Frankfurter Stadt- und Universitätsbibliothek. Ein besonderes Dankeschön aber auch an Martina Kietz, Hans Kaßeckert und Dieter Stiefel.

»Drei hab i derschossen...«

WILDERER UND RÄUBER IN ALTBAYERN, SCHWABEN UND FRANKEN

Eine Einführung

Am 24. Februar 1525 kamen in Memmingen die Bauern aus 27 schwäbischen Dörfern zusammen, um ihre Klagen gegen die Willkürherrschaft des Adels und der Geistlichkeit zu formulieren. Dem Memminger Kürschnergesellen Sebastian Lotzer, einem bibelfesten Mann, fiel die Aufgabe zu, die fast unzähligen Beschwerden und Forderungen zusammenzufassen und aus der Heiligen Schrift abzuleiten. Seine »Zwölf Artikel der schwäbischen Bauernschaft« verbreiteten sich wie ein Lauffeuer und wurden zum Manifest aller Aufständischen. Der vierte Artikel prangerte einen Mißstand an, der manchen Bauern mehr bedrückte als die hohen Abgaben oder die häufigen Dienste für die kirchlichen oder weltlichen Herren: das Verbot der Jagd.

»Es ist unbrüderlich und dem Worte Gottes nicht gemäß«, hatte Lotzer geschrieben, »daß der arme Mann nicht Gewalt hat, Wildbret, Geflügel und Fische zu fangen. Denn als Gott der Herr den Menschen erschuf, hat er ihm Gewalt über alle Tiere, den Vogel in der Luft und den Fisch im Wasser gegeben.«

In manchen Regionen wurde dieser Artikel noch mit einem Zusatz versehen, um auch den »mächtigen Schaden« anzuprangern, den das Wild auf den Äckern verursachte. Aber selbst die geschickte Argumentation mit Gottes Wort half den Bauern nichts. Wer ein Reh oder einen Hirschen ohne ausdrückliche Erlaubnis schoß, blieb ein Wilddieb und mußte mit einer grausamen Strafe rechnen.

Die besondere Stellung des Wildfrevels im frühneuzeitlichen Rechtssystem war das Resultat von tiefgreifenden politischen und gesellschaftlichen Veränderungen. Bis dahin hatte der Wilddiebstahl keineswegs immer als verabscheuungswürdiges Verbrechen gegolten.

Die Germanen, die sich wesentlich von erlegten Tieren ernährten, kannten in ihrem Recht einen solchen Tatbestand noch nicht. Der Wald mit seinen Tieren stand jedem Freien offen. Erst die Einführung von sogenannten »Marken«, die um die Siedlungen angelegt und gemeinschaftlich genutzt wurden, machten bestimmte Regelungen nötig.

»Erstmals gegen Ende des 6. Jahrhunderts«, schreibt Bernd Ergert in seinem Buch *Die Jagd in Bayern* (Rosenheim 1984), lassen sich Strafbestimmungen gegen unerlaubte Entnahme von Bäumen, widerrechtlichen Eintrieb von Vieh

und Verstöße gegen Betretungsverbote feststellen. Das Betretungsverbot fremden Eigentums läßt erstmals jagdrechtliche Bestimmungen in Verbindung mit
Eigentum an Grund und Boden vermuten, denn solche Betretungsverbote
stellten den Grundbesitzer von der Schadenshaftung frei, wenn ein Unbefugter
durch jagdliche Einrichtungen (Fallen oder Schlingen oder andere Fangvorrich-
tungen) zu Schaden kam. Auf den gemeinsam genutzten Flächen stand die Jagd
allen Markgenossen zu.« Besondere Maßnahmen gegen Wildfrevel schienen
noch nicht nötig gewesen zu sein, denn höchstwahrscheinlich wurde nicht
allein, sondern gemeinsam mit den Markgenossen gejagt. Für die »Unfreien«
boten die allgemein zugänglichen Waldungen genügend Möglichkeiten, auch
außerhalb der Mark einen Braten zu fangen. Allerdings spielte bei den Bajuwaren, wie bei den meisten frühmittelalterlichen Stämmen, die Jagd nur eine
untergeordnete Rolle. Aus archäologischen Funden ist bekannt, daß lediglich
in waldreichen Gegenden Wild in nennenswertem Umfang erlegt wurde. Die
Bajuwaren deckten ihren Fleischbedarf vor allem mit Rindern, Schafen, Ziegen,
Schweinen und Hühnern, die sie in ihren Siedlungen hielten.

Daß noch keine besonderen Regelungen für den Wilddiebstahl getroffen
werden mußten, offenbart auch die *Lex Baiuvariorum*, das erste bayerische
Gesetzbuch, das im frühen 8. Jahrhundert entstand. Unter dem ausdrücklichen
Schutz dieses Stammesrechtes standen allerdings Jagdhunde und Beizvögel wie
Habicht und Sperber. Das ist ein deutlicher Hinweis darauf, daß in der bajuwa-
rischen Oberschicht, also bei den Adligen und dem Klerus, die Jagd schon ein
gesellschaftliches Ereignis geworden war, das sich vom reinen Nahrungserwerb
abgelöst hatte. Bereits Ende des 8. Jahrhunderts beanspruchten die führenden
Familien des bayerischen Herzogtums große Reviere ausschließlich für sich.
Wahrscheinlich wurde Wilddiebstahl in diesen Gebieten ähnlich behandelt wie
in den Königsforsten. Der Frevler mußte in der Regel eine Geldstrafe
entrichten – und das natürlich auch nur, wenn er sich erwischen ließ.

Noch blieben die niedere Jagd (z.B. auf Hasen oder Kaninchen) und das Erlegen von Raubtieren weitgehend frei.

Als im 12. und 13. Jahrhundert die königlichen Wildbannrechte (also die
Rechte an einem Forst) auf die Landesherren übergingen, verstärkten sich die
Konflikte mit den Bauern. Denn um die Siedlungen wurden oft Wildbannge-
biete angelegt, die die althergebrachten Rechte der Bauern erheblich ein-
schränkten. Vor allem aber wuchs der Wildschaden, da gerade Rehe und
Hirsche nicht erlegt, sondern nur durch Rufen oder Lärmen von den bestellten
Feldern vertrieben werden durften. Das konnte bei nachtaktiven Tieren in der
Regel erst nach Einbruch der Dämmerung geschehen, so daß die Bauern nach
ihrer anstrengenden Tagesarbeit noch Nachtwache halten mußten, um ihre
bescheidene Ernte zu retten. In manchen Gegenden war ihnen sogar auferlegt,
eigene Saaten für das Wild zu unterhalten. Daneben wurden die Bauern zu Fron-
diensten während der herrschaftlichen Jagd herangezogen. Sie mußten tagelang

als Treiber durch die Wälder streifen, für Verpflegung sorgen, Fuhrwerke zur Verfügung stellen oder gar Jagdhunde halten. Manche Familien brachten die oft ausufernden Pflichten an den Rande des Ruins. Als die bayerischen Bauern 1509 ihre letzten Jagdrechte verloren, begann sich Widerstand zu formieren, der schließlich 1525 in den *Zwölf Artikeln* seinen Ausdruck fand. Das blutige Ende der Bauernkriege bedeutete die Festigung des alten Zustandes. Immer mehr Untertanen ignorierten jetzt die landesherrlichen Verbote und holten sich aus den Wäldern das, was sie als ihr Eigentum beanspruchten. Die Mächtigen reagierten auf ihre Weise, wie Gustav Radbruch und Heinrich Gwinner in ihrem Buch *Geschichte des Verbrechens* (Neuausgabe: Frankfurt 1990) feststellen:

»Wenn uns in den Gesetzen auch Strafen von der Todesstrafe bis zur bloßen Geldbuße und dazwischen Leibesstrafen in großer Zahl und Verschiedenartigkeit sowie Strafen an Freiheit und Ehre begegnen, so zeigt doch die Entwicklungslinie, daß die Strafen in der letzten Hälfte des 16. Jahrhunderts verschärft werden, der Wilddiebstahl zum Kapitalverbrechen erhoben wird, das in den Gesetzen und Verordnungen mit den grausamsten Verstümmelungsstrafen und der Todesstrafe bedroht wurde, sofern sich der Landesherr nicht überhaupt die Freiheit nahm, in jedem Einzelfall eine willkürliche Strafe zu statuieren.«

In Bayern wurde es Herzog Maximilian, der 1615 die Wilderei zum Majestätsverbrechen und zum Landfriedensbruch erklärte. Er sah sich zu diesem Schritt veranlaßt, »da man sich bei den Wildbretschützen noch viel mehr als bei den anderen gemeinen Landstürzern und Müßiggängern der Mörderei, Räuberei und anderen Untaten zu versehen hat, indem sie, unangesehen aller Strafen, nicht Scheu tragen zu öffentlichem Trutz und Verachtung ihrer von dort vorgesetzten Obrigkeit. Sie das Wild wohl auch nur der Beute wegen verderben und gemeinhin bedrohlich sind gegen unsere Förster, Oberreiter und Jäger, auch gegen andere Leute, bei denen sie fürchten, daß sie ausfindig gemacht und aufgefangen werden. In Summa solche Wildbretschützen landgefährliche Leute sind, davor unsere Untertanen zu beschützen und auch den schuldigen Respekt gegen die Obrigkeit zu bewahren die hohe Notdurft erheischt und erfordert« (zit. n. Andreas Aberle: *Es war ein Schütz in seinen schönsten Jahren*, Rosenheim 1972).

Den standrechtlichen Vollzug der Todesstrafe durch Erhängen sah das bayerische Mandat von 1663 vor, wenn der Wilderer schon bekannt war und er das Jagdpersonal bedroht hatte. »Ersttäter« wurden ehrenvoller, nämlich mit dem Schwert, vom Leben in den Tod befördert. War die Bedrohung des Obrigkeitsvertreters unterblieben, verlor der Missetäter »nur« seine rechte Hand. Im Wiederholungsfall sollte er allerdings »auf offener Strasse aufgehenckt werden«.

Trotz dieser drakonischen Strafen nahm der Wilddiebstahl aber nicht ab, sondern weiter zu. Die Gründe dafür liegen auf der Hand. Die zahlreichen Kriege, allen voran der 30jährige Krieg, hatten Deutschland ausbluten lassen. Die Landbevölkerung war verarmt und konnte sich kaum noch ernähren. Wie

Ernst Schubert in seiner großartigen Studie über *Arme Leute. Bettler und Gauner im Franken des 18. Jahrhunderts* (Neustadt 1983) exemplarisch zeigen konnte, war Mundraub fast selbstverständlich geworden. Aber auch kleinere Diebstähle, selbst bei Nachbarn und Verwandten, gehörten zum Alltäglichen. Wer nicht wußte, ob er am nächsten Tag noch etwas zum Essen haben würde, den störten auch noch so drakonische Strafen nicht. Auf der anderen Seite gab es in den Wäldern durch die Jagdleidenschaft des Adels und des Klerus einen übermäßigen Wildbestand, der weiterhin die Felder der Bauern bedrohte.

Eine weitere Verschärfung brachte am Ende des 17. Jahrhunderts die Parforcejagd, bei der zumeist Hirsche über große Strecken verfolgt wurden – selbstverständlich auch über erntereife Felder. Keinem von seiner eigenen Machtfülle überzeugten Souverän wäre es je in den Sinn gekommen, Entschädigungen zu zahlen oder deswegen den Bauern die Steuern zu mindern. Daß die Bedrängten zur Selbsthilfe griffen und dabei keine Skrupel empfanden, ist danach leicht zu verstehen. Vor allem die Bauern in Altbayern, deren Freiheitsdrang und Mut schon 1704/05 die Österreicher als damalige Besatzungsmacht zu spüren bekommen hatten, begehrten auf. Ihr Land war wirtschaftlich und sozial rückständig. Der Kampf der bayerischen Kurfürsten um die Kaiserkrone hatte die Staatsfinanzen zerrüttet. Das Wildschützenmandat des jagdbesessenen Kurfürsten Karl Albrecht brachte 1735 eine weitere Verschärfung. Um den unerlaubten Abschuß von Tieren zu erschweren, wurde der Besitz von Gewehren weitgehend verboten. Lediglich »die im Wald, auf den Bergen oder Einöden wohnenden Landuntertanen« durften sich »mit einer oder mehreren Pistolen versehen.« Zudem befahl das Mandat den Büchsenmachern, Büchsenschäftern, Schlossern und Schmieden »bei unausbleiblicher hoher Strafe den Bauers- und den anderen gemeinen Leuten« keine Büchsen mehr zu richten oder zu verkaufen (zit. n. Herbert Wotte: *Jagd im Zwielicht*, Berlin 1983). Außerdem erhielt jeder, der einen Wilderer bei den Behörden anzeigte, eine Belohnung.

Als Max III. Joseph 1745 die Nachfolge seines Vaters antrat, drückte das Kurfürstentum die ungeheure Schuldenlast von 32 Millionen Gulden. Max III. Joseph konnte diese Summe durch äußerste Sparsamkeit bis zu seinem Tod 1777 halbieren. Sein größtes Verdienst ist es, den Krieg von Bayern ferngehalten zu haben. Für repräsentativen Glanz fehlte ebenso das Geld wie für einen zügigen Ausbau der Manufakturen. Immerhin wurden erste Ansätze versucht – auch in der besonders vernachlässigten Landwirtschaft, der durch verstärkten Flachs- und Kartoffelanbau aufgeholfen werden sollte. Aber um die leeren Staatskassen zu füllen, waren immer neue Steuern notwendig. Viele Bauern und Handwerker entschlossen sich zum Auswandern und gingen einem ungewissen Schicksal entgegen. Wer nicht das Glück hatte, in kirchlichen Diensten zu stehen oder in einer der größeren Städte zu leben, mußte um die nackte Existenz bangen. Zu allem Überfluß frönte der sonst eher bescheidene Kurfürst so ungehemmt seiner Jagdlust, daß über ihn gereimt wurde:

»Maximilian Churfürst, des teueren Carls Sohn
ist kein Verschwender nit, sein einz'ge Passion
sind die Jagd und Musikanten
und die verfluchten Projektanten.«

Gegen Musikanten und Projektanten, die dem Kurfürsten ständig neue nutzlose Erfindungen aufschwatzten, konnte die Landbevölkerung nichts unternehmen, aber an der Jagd auf das überhand nehmende Wild wollte man sich schon
beteiligen, zumal sich die meist vielköpfigen Familien sonst kein Fleisch hätten
leisten können. Der Kriminalkodex von 1751 differenzierte die Strafmaßnahmen
gegen Wilderer weiter. Wer auf seinem eigenen Land das kurfürstliche Spielzeug
erlegte, mußte jetzt mit vier bis zwölf Wochen Zwangsarbeit (und dem damit
verbundenen, nicht unbeträchtlichen Verdienstausfall) oder im Wiederholungsfall sogar mit Landesverweisung rechnen. Beim Wildern auf fremdem Grund
drohte die Galeere oder – in besonders schweren Fällen – die Todesstrafe.

Wildschützen mußten schon deshalb mutige Männer sein. Sie waren populär
und genossen die uneingeschränkte Unterstützung der Landbewohner in ihrem
Kampf gegen die durch Jäger und Aufseher vertretene Obrigkeit.

Daß Mathias Klostermayr als Bayerischer Hiasl der bekannteste von ihnen
wurde und heute noch großes Ansehen in Bayern genießt, hat verschiedene
Gründe. Sicherlich ist der wichtigste der, daß er die Wilderei zu seinem politischen Programm erklärte und damit propagandistisch durch die Lande zog. Für
ihn war es ein Naturrecht, Tiere jagen zu dürfen. Obrigkeitliche Verbote
erkannte er nicht an. Er versuchte sogar immer wieder, die Vertreter der Staats-
gewalt von seinen Gedanken zu überzeugen. Im Sinne von Eric J. Hobsbawm
war Klostermayr ein »Sozialrebell«, der der bäuerlichen Bevölkerung entstammte, also nicht – wie die meisten Räuber in anderen Gegenden – aus der
vorbelasteten Bettler- und Vagantenschicht kam.

Am 3. September 1736 in Kissing als Sohn eines Hirten und Tagelöhners
geboren, hätte Klostermayr durchaus unauffällig leben können. Aber die vom
Vater geerbte Jagdleidenschaft, die er nicht unterdrücken konnte und wollte,
brachte ihn bald in Verbindung mit organisierten Wildschützenbanden – vor
allem mit dem damals berüchtigten Xaver Bobinger, der 1770 in Günzberg mit
dem Schwert hingerichtete werden sollte. Nach einer erstaunlich moderat aus-
gefallenen neunmonatigen Zuchthausstrafe, die er in München absitzen mußte,
war er 1766 bereit, seiner Vergangenheit abzuschwören. Aber auf den glänzen-
den Schützen und findigen Kopf, der mehr als einmal seinen Verfolgern entkommen war, wollten seine Kameraden ebensowenig verzichten wie die Bauern
der Umgebung. Obwohl er sich umstimmen ließ und so beherzt vorging, daß
ihn der Kurfürst schließlich für vogelfrei erklärte, blieb er schwankend. Noch
Mitte 1767 war er gewillt, dem Drängen des Pfarrvikars von Kissing nachzuge-
ben und in die Schweiz auszuwandern.

Seinen Kameraden gelang es abermals, ihn für sich und ihre Sache zurückzugewinnen – und nun endgültig. Klostermayr wurde zum Hauptmann mit der Gewalt über Leben und Tod ernannt. Sein Kampf richtete sich jetzt zunehmend nicht nur gegen das Wild, sondern auch gegen die, die es schützen sollten, und gegen alle, die ihm nach Freiheit oder Leben trachteten. Klostermayr nutzte geschickt die deutsche Kleinstaaterei und operierte vornehmlich in einem Gebiet, in dem mehrere Herrschaften zusammenstießen: das Kurfürstentum Bayern, die Reichsstadt Augsburg, das Fürstbistum Augsburg, die Reichsstadt Ulm und schließlich kaiserlicher Besitz. Der von Klostermayr virtuos beherrschte Wechsel von einem Territorium in das andere schützte vor Verfolgung.

Erst am 22. Juni 1769 gelang es den Abgesandten des Schwäbischen Kreises, ein gemeinsames Vorgehen zu verabreden – zunächst allerdings ohne greifbaren Erfolg. 1770, als allein in Bayern 62000 Menschen an der Hungersnot gestorben sein sollen, wurde das schwerste und das erfolgreichste Jahr für die Bande. Selbst gegen zahlenmäßig überlegene Gegner konnte sie sich behaupten. Am 14. Januar 1771 allerdings erlag sie einer Übermacht von 300 Soldaten in Osterzell. Mit Klostermayr wurden am 6. September 1771 in Dillingen zwei weitere Wildschützen aus seiner Bande hingerichtet. Fünf seiner Kameraden, darunter seinem »Buben«, war schon vorher die Flucht aus dem Gefängnis gelungen; sie wurden auch später nicht mehr eingefangen. Andere Bandenmitglieder konnten sich ganz der Verfolgung entziehen. Leutnant Schedl, der die Verhaftung geleitet hatte, wurde zum Hauptmann befördert und erhielt später eine eigene Kompanie.

Die Hinrichtung Klostermayrs war, obwohl sie besonders durchdacht und grausam verlief, alles andere als eine eindrucksvolle Demonstration der Staatsmacht. Die Bauern nahmen Abschied von ihrem Hiasl, den sie schon zu Lebzeiten verehrt hatten. Bereits 1769 war es dem Münchner Maler Lander gelungen, ein Porträt von Klostermayr anfertigen zu dürfen, das den Wildschützen mit seinem »Buben« und seinem Fanghund zeigte. Es wurde die Vorlage für einen Kupferstich, der sich so großer Beliebtheit erfreute, daß darüber ein Vers entstand:

»Kein Haus war auf dem Land. Kein Haus fast in der Stadt.
Wo nicht der Hiasl stund auf einem Kupferblatt.«

Schon kurz nach Klostermayrs Tod erschienen die ersten Biographien, die den Wildschützen auch über die Grenzen Bayerns hinaus berühmt machten. Sagenhafte Erzählungen über die Unverwundbarkeit des Helden kursierten. Bis der Bedarf an möglichst blutrünstigen Schilderungen seines Lebens gedeckt war, sollte es noch lange dauern. 1790 mußte sogar Ludwig Tieck als seine erste schriftstellerische Übung für den zweiten Band von Friedrich Eberhard Rambachs *Thaten und Feinheiten renomirter Kraft- und Kniffgenies* eine »modern und geschmackvoll eingekleidete« Biographie verfassen, in der das Glück, das Schicksal und die Göttin Fortuna das Geschehen bestimmten. Auch der 1809 in zweiter, vermehrter Auflage erschienene *Schauplatz der ausgearteten Menschheit*, der sich mit einem Vorwort von Schiller schmückte, glaubte nicht ohne eine Lebensgeschichte des Bayerischen Hiasl auskommen zu können. Klostermayr, so schien es, garantierte den Verkaufserfolg.

Im Gegensatz zum Buchmarkt, der die Sensation und den wohligen Schauder suchte, wollte die Volksliteratur die Erinnerung an den Helden der kleinen Leute wachhalten. Unzählige Lieder entstanden über ihn und wurden mündlich oder durch fliegende Blätter verbreitet. Moritatensänger und Puppenspieler verkündeten seine Taten auf den Jahrmärkten. Seine Vita wurde in deftige Volksstücke und sentimentale Räuberromane gepackt. Die wissenschaftliche Beschäftigung mit ihm als historischer Figur ist dabei allerdings vernachlässigt worden. In den zwanziger Jahren unseres Jahrhunderts, als man begann, sich auf die demokratischen und revolutionären Traditionen in Deutschland zu besinnen, rückte Klostermayr wieder in den Mittelpunkt des Interesses. Erich Müller porträtierte ihn damals in seinem vielgelesenen Buch *Ewig in Aufruhr* (Berlin 1928). Bis heute ist Klostermayr das geblieben, was er schon seinen Zeitgenossen war: ein Volksheld. Für viele wurde der Bayerische Hiasl ein Vorbild – auch für Räuber, die sich immer wieder mit den »Heldentaten« des Wildschützen Mut machten oder dessen »politisches Programm« als Rechtfertigung zitierten.

Die Räuberei hat in Bayern – wie das Wilderertum – eine lange Tradition, allerdings war sie nicht zu jeder Zeit gesellschaftlich geächtet. Im ausgehenden Mittelalter galten Überfälle auf Kaufmannszüge noch als Privileg des niederen Adels – der Raubritter. Dabei verband sich materieller Gewinn mit politischem Anspruch. Die erstarkenden Territorialherren, die den Einfluß des niederen Adels zurückdrängen wollten, schränkten das Fehderecht erheblich ein und schufen sich damit die Basis, um gegen ihre Konkurrenten auch gerichtlich vorgehen zu können. Raubritter wie Götz von Berlichingen, die gegen die Macht der Fürsten und der Städte nichts mehr auszurichten vermochten, griffen unter oft weit hergeholten Vorwänden Kaufleute, quasi als Repräsentanten ihrer Feinde, an. Sie glaubten sich dabei im Recht. So rühmt sich z.B. Götz von Berlichingen in seiner kurz vor seinem Tod vollendeten Autobiographie ausdrücklich dieser Überfälle. Reue empfand er nicht.

Mit den Raubrittern verschwand auch diese Form der Bandenkriminalität. Sie machte einer anderen Platz, die direkt aus der Umstrukturierung der Heere resultierte. Nicht mehr der Ritter begleitete seinen Fürsten in den Krieg, sondern der Landsknecht, der heute für diesen und morgen für jenen kämpfte. Vor allem im und nach dem 30jährigen Krieg verbreiteten marodierende oder entlassene Soldaten Angst und Schrecken.

Die Verwüstungen durch den großen Krieg, die Grimmelshausen so eindrucksvoll in seinem *Simplizissimus* beschrieb, führten zu einer weiteren Verarmung der Land- und Stadtbevölkerung. Viele waren gezwungen, ihre angestammten Wohnsitze aufzugeben und in einer anderen Gegend oder auf der Straße ihr Auskommen zu suchen. Sie trafen dabei auf entlassene oder desertierte Soldaten oder auf Vaganten, die fahrenden Leute, die meist keine feste Bleibe hatten. Sieht man von den wandernden Handwerksgesellen, Saisonarbeitern und Hausierern ab, dann lebten die Vaganten, selbst wenn sie auf Jahrmärkten und Messen mit allerlei kleinen Sensationen auftraten, in der Regel vom Betteln – und vom Betrügen. Schon zu Beginn des 16. Jahrhunderts war mit dem *Liber vagatorum* ein Handbuch erschienen, das den braven Bürger mit praktischen Beispielen vor den Tricks der kriminellen Schauspieler- und Taschenspielerkunst warnen wollte. Eine solche Aufklärungsschrift stieß auf ein dankbares Publikum, denn Vaganten waren in der frühbürgerlichen Gesellschaft keineswegs eine Seltenheit. Ihr Bevölkerungsanteil dürfte zeitweilig bis zu zehn Prozent betragen haben. Für die entstehenden Räuberbanden war die Gruppe der Fahrenden ein ideales Rekrutierungsfeld. Die Wanderhändler, die oft weit herumkamen, dienten zudem als Baldowerer und Boten.

Einen nicht unbeträchtlichen Anteil an den Vaganten stellten die Betteljuden, die sich keinen landesherrlichen Schutzbrief leisten konnten und deshalb auch kein Wohnrecht besaßen. Bis ins 19. Jahrhundert hinein waren die Juden diskriminiert und blieben von der bürgerlichen Gesellschaft ausgeschlossen. Sie durften keinen Zünften beitreten und keinen Landbesitz erwerben. Die jüdischen Gemeinden waren weder finanziell noch räumlich in der Lage, die stetig wachsende Zahl von Hilfsbedürftigen aufzunehmen. So entstand eine jüdische Unterschicht, die sich gleich mehrfach ausgestoßen fühlte und eine hohe Bereitschaft zeigte, sich Räuberbanden anzuschließen oder für sie zu arbeiten.

Wenn man davon ausgeht, daß sich die großen Räuberbanden überwiegend aus den entrechteten oder in ihren Rechten eingeschränkten Bevölkerungsgruppen zusammensetzten, fällt es schon aus diesem Grund schwer, an einen deutschen Robin Hood zu glauben. Warum hätte ein Räuberchef Bauern oder Handwerker verschonen sollen, die ihn sozial mißachteten und sich für bessere Menschen hielten? Der edle Räuber ist eine Erfindung der Aufklärung; nur in der Literatur hat er existiert. Für Philanthropie war in der Realität kein Platz. Selbst die Drohung mit dem Teufel und der ewigen Verdammnis konnte da nichts ausrichten. Ganz im Gegenteil: Die Kirchen selbst waren beliebte Ziele für nächtliche Raubzüge, und auch vor den Dienern Gottes wurde nicht haltgemacht.

Eine frühe Perfektion in der Ausführung von möglichst gewaltfreien und unauffälligen Beutezügen, die zudem noch alle Teile Deutschlands erfaßten, erreichte die erste große jüdische Räuberbande, die zunächst 1733 durch einen Einbruch in die Coburger Gold- und Silberwarenfabrik für Aufsehen sorgte. »Nach der Feststellung der Coburger Inquirenten«, berichtete Uwe Danker in seinem Buch *Räuberbanden im Alten Reich* (Frankfurt 1988), »zeichneten sich die

16

Delikte der rein jüdischen Bande durch ein sonst nicht erreichtes Maß an Professionalität aus. Manche Tat wurde erst nach zwei Jahren in der Planung realisiert. Die entfernten Tatorte wurden in unauffälligen, getrennt reisenden Kleingruppen derart präzise angesteuert, daß die ›Diebe zur gesetzten Stund und Minute‹ am vereinbarten Treffpunkt anlangten. Nur für die Dauer der Tatausführung befanden sie sich am Tatort, und nach der Entdeckung waren sie meist ›über alle Berge‹. Dabei wurden zur Schildwache und zum Bereithalten der bei dieser Arbeitsweise wichtigen Pferde – anders als unter ›christlichen‹ Banden – zurecht die Erfahrendsten abgestellt, denn die perfekte Tarnung war die Basis ihres Erfolgs. Zu dieser Strategie gehörte auch, daß die Delinquenten in der Nähe ihres Wohnsitzes jede Tat mieden und Aktivitäten Fremder zu verhindern suchten.«

Der Erfolg dieses Konzepts beruhte vor allem auf der Solidarität innerhalb der Bande und innerhalb der jüdischen Gemeinschaft, denn diese Räuber lebten nicht auf der Straße als Bettler oder Hausierer, sondern noch ganz »normal« in jüdischen Gemeinden. Erst später sollte sich die Mitgliederstruktur ändern.

Auch »christliche« Banden versuchten mit Hilfe einer straffen Organisation, effektiver vorgehen und sich möglichst lange der Verfolgung entziehen zu können. Der Bande des Krummfingers Balthasars, die in der Mitte des 18. Jahrhunderts im thüringisch-fränkischen Gebiet operierte, gelang es lange Zeit, unerkannt zu bleiben. Erst durch die Aussagen von einzelnen Bandenmitgliedern erhielten die Behörden näheren Aufschluß über die innere Struktur der »verschworenen Gemeinschaft«. Krummfingers Balthasar, als der unangefochtene Chef, kopierte das »bürgerliche Heldenleben«, indem er Titel verlieh, ein eigenes Siegel führte, so »groß wie ein Kayser=Gulden«, und nach seinen eigenen Gesetzen Recht sprach.

In fast allen Teilen Altbayerns, Schwabens und Frankens entstanden im Laufe des 18. Jahrhunderts Räuberbanden, die zum Teil sogar schon mit richtigen Steckbriefen gesucht wurden und in der Regel nur kurz existierten.

Schon in dieser Zeit war der Spessart eine geradezu sprichwörtliche Wanderer- und Kaufmannsfalle, mit deren Schilderung Unterhaltungsschriftsteller wie August Gottlieb Meißner ihrem bürgerlichen Publikum den kalten Schauer über den Rücken trieben. Als größtes zusammenhängendes Waldgebiet in Deutschland, das zudem noch von wichtigen Handelsstraßen durchkreuzt wurde, bot der Spessart den Räubern fast ideale »Arbeitsbedingungen«. Da in den Wäldern nur wenige Orte lagen, fanden die Räuber vielfältige Gelegenheiten, Kutschen oder Kaufmannswagen aufzulauern. Die Überfallenen konnten kaum mit Hilfe rechnen; sie mußten sich schon selbst wehren. Empfohlen wurde, zumindest Pistolen mitzuführen. Wie die erfahrenen Räuber die Kutscheninsassen an der Gegenwehr trotzdem hindern konnten, zeigen Herbert Bald und Rüdiger Kuhn in ihrem Buch *Die Spessarträuber* (Würzburg 1990) am Beispiel des Überfalls, der am 13. November 1787 auf der Nürnberger Straße zwischen Esselbach und Rohrbrunn verübt wurde (und an den heute noch ein Gedenkstein erinnert): »Sechs Räuber stoppten den Wagen an einer vorher ausgekundschafteten günstigen Stelle, rissen den Postillon vom Pferd und zündeten ›Rauchbomben‹, kleine auf Pistolenmündungen gebundene Säckchen mit Schwarzpulver. Sie wurden in das Innere des Passagier-Raumes gehalten und explodierten durch den Schuß. Die von Blitz, Knall, Rauch und Stakkato von Prügelschlägen auf den Wagenkasten betäubten und geblendeten Reisenden sowie der Konducteur (Schaffner) taumelten aus der Kutsche und wurden wie der Postillon gefesselt, ein Engländer bewußtlos geschlagen.« Als Beute fielen den Räubern 5000 Gulden, Schmuck und ein Fäßchen mit Essiggurken in die Hände.

Für die Räuber, die nicht nur die Straßen unsicher machten, sondern auch in einsam stehende Gehöfte, Kirchen und Lagerhäuser einbrachen, bedeuteten die noch nicht so intensiv genutzten und damit undurchdringlichen Wälder einen sicheren Schutz vor Nachstellungen. So konnten sich trotz härtester Strafen immer wieder neue Banden herausbilden, vor allem in der Zeit zwischen 1790 und 1815. Die Fixpunkte sind die Französische Revolution und der Wiener Kongreß. In diesen 25 Jahren entstanden (und verschwanden wieder) Banden, die für Organisation und Taktik die Erfahrungen der vorangegangenen einhundert Jahre nutzten und in einem bis dahin nicht gekannten Ausmaß raubten und stahlen. Die politischen Rahmenbedingungen begünstigten die Entstehung von grenzüberschreitenden Einheiten, die sich selbst keine feste Hierarchie gaben und dadurch äußerst flexibel handeln konnten. Fast ununterbrochen verwüsteten die Koalitionskriege gegen das revolutionäre und später napoleonische Frankreich ganze Landstriche. Einquartierungen und Abgaben wurden ohne Rücksicht auf die materiellen Verhältnisse der Bevölkerung verhängt. Gar mancher Bauer oder Handwerker kam so an den Bettelstab.

Dirk Blasius konnte in seiner Studie *Kriminalität und Alltag* (Göttingen 1978) nachweisen, daß es in dieser Zeit einen direkten Zusammenhang zwischen den Roggenpreisen und der Zahl der Diebstähle gab. Die Roggenpreise wiederum waren von der Qualität der Ernte abhängig; und Mißernten bildeten keineswegs die Ausnahme. Wie groß muß der Haß derjenigen gewesen sein, die noch unter den Bauern standen: der Fahrenden, der Ausgestoßenen und Entrechteten, der Unehrlichen und der Tagelöhner. Vor allem in dieser Gruppe fanden die Banden ihren »Nachwuchs«. Für die Opfer bedeuteten die Überfälle in einer Zeit, die noch keine Versicherungen kannte, oft den materiellen und körperlichen Ruin. Nur selten kannten die Räuber Mitleid.

Daß die Banden am Ende des 18. Jahrhunderts so ungehindert agieren konnten, ist auf die fast vollständige Desorganisation des Polizeiwesens und auf die deutsche Kleinstaaterei zurückzuführen. Jeder noch so unbedeutende Landesherr wachte eifersüchtig darüber, daß er seine volle Souveränität nicht einbüßte. Verfolgungen über die zahlreichen Grenzen hinweg waren damit so gut wie unmöglich. Das machten sich die Banden natürlich zunutze und operierten vor allem dort, wo gleich mehrere Herrschaften zusammentrafen. Den Spessart z.B. teilten sich 1806 der Fürstprimas, der Großherzog von Würzburg, der Großherzog von Hessen-Darmstadt und die französische Militärverwaltung.

Die größten und gefährlichsten Banden agierten seit etwa 1795 im Rheinland. Sie versetzten ganze Landstriche in Angst und Schrecken. Ihre Beutezüge waren stabsmäßig vorbereitet; sie liefen z.T. äußerst brutal ab und erbrachten oft riesige Summen. Die ersten intensiven Gegenmaßnahmen richteten sich deshalb vor allem gegen die Räuber zwischen Aachen und Mainz. Der französischen Militärverwaltung gelang es bis 1803, die rheinischen Banden weitgehend zu zerschlagen. Die Räuber, die nicht auf dem Schafott ihr Leben gelassen hatten oder im Zuchthaus saßen, schlossen sich in anderen Teilen Deutschlands bereits bestehenden Banden an oder gründeten neue, wie zum Beispiel bei Donauwörth.

Daneben existierten regional operierende Gruppierungen, denen nur selten ein großer Coup gelang. Die Bande um den 1812 in Heidelberg hingerichteten Hölzerlips ist hierfür ein Beispiel. Fast ziellos durchstreifte sie neben dem Spessart auch den Odenwald und mußte sich oft genug mit dem Inhalt eines Opferstockes oder einem Stück geräuchertem Speck begnügen. Allerdings schreckte die Bande auch nicht vor äußerster Gewaltanwendung zurück, wie die »Hemsbacher Affäre«, der Mord an einem Schweizer Kaufmann auf der Bergstraße, zeigte. Mit der Romantik eines *Wirtshauses im Spessart* à la Wilhelm Hauff hatte das wirkliche Räuberleben nichts zu tun.

Wie elend ein Räuberleben sein konnte, demonstriert auch die Lebensgeschichte von Franz Paul Seidel, die der große Jurist und Rechtsgelehrte Paul Johann Anselm Ritter von Feuerbach überliefert hat. Seidel, der Sohn eines Maurers aus Furth bei Kötzting, war bei seiner Hinrichtung erst 19 oder 20 Jahre alt. Viele seiner 72 nachgewiesenen Straftaten würden heute als Mundraub gelten. Die Menschen in der Oberpfalz, wo er sein Unwesen trieb, hatten oft nur das Nötigste zum Leben. Es war deshalb auch nur wenig, was sich Seidel in seinem kurzen Räuberleben zusammenstehlen konnte. Trotzdem mußte er den Weg zum Schafott antreten. Seine Komplizen rettete Feuerbach 1807 durch ein mutiges Gutachten vor der Vollstreckung des bereits verkündeten Todesurteils.

Nach dem Ende der napoleonischen Zeit und mit der Reorganisation des Justizwesens wurde es für Räuberbanden immer schwieriger, unentdeckt zu bleiben. Im Königreich Bayern war jetzt eine flächendeckende und damit effektivere Fahndung möglich, die auch die Bevölkerung und das Militär mit einbezog. Einer der ersten, der die Wirksamkeit der straff koordinierten Maßnahmen am eigenen Leibe erfuhr, war der Ausbrecherkönig Simon Nonnenmacher, der mit seinen Komplizen die Münchner Umgebung fast 10 Jahre lang bis 1842 terrorisiert und dabei auch den Tod von Gendarmen bewußt in Kauf genommen hatte.

Während Nonnenmacher seine Opfer zwar ausplünderte, aber am Leben ließ, kannten Ferdinand Gumpp und Eduard Gänswürger keine Gnade. Im Dezember 1872 erschossen sie zusammen mit einem Komplizen beim niederbayerischen Mainburg zwei Bauern und verletzten einen dritten lebensgefährlich. Mit ungezügelter Brutalität folgte Raub auf Raub. Trotz großangelegter Polizeiaktionen blieben die Mörder zunächst unentdeckt. Wie gehetztes Wild durchstreiften sie Niederbayern. In der Bande kam es zum Streit. Schließlich wurden Gänswürger und die gemeinsame Geliebte der beiden Räuber ermordet aufgefunden. Bevor sich aber hinter Ferdinand Gumpp die Tore des Münchner Untersuchungsgefängnisses (in dem er am 25. November 1873 an Schwindsucht starb) schlossen, mußte noch ein Gendarmeriekommandant sein Leben lassen. Gänswürger und Gumpp, deren kurzes Schreckensregiment Moritatensänger animierte, fanden wegen ihres skrupellosen Vorgehens keinen Rückhalt in der Bevölkerung. Das war aber eher die Ausnahme als die Regel. Gerade in ländlichen Gebieten wurde die Strafverfolgung oft dadurch erschwert, daß Verwandte, Freunde oder gar heimliche Bewunderer den Gejagten Unterschlupf gewährten und sie damit dem Zugriff der Justiz zumindest vorübergehend entzogen.

Einzelgänger wie Michael Heigl oder Mathias Kneißl sind sogar heute noch Volkshelden, deren abenteuerliche Biographien in Büchern und Filmen verarbeitet werden.

Die Sympathien für Michael Heigl waren bei seinen Zeitgenossen sogar so groß, daß sich der Kötztinger Landrichter zu einem ungewöhnlichen Schritt entschloß. Er verfolgte alle, die Heigl halfen oder wenigstens nicht denunzierten, mit unerbittlicher Härte. »Am 1. Juni 1853«, berichtet Otto Ernst Breibeck in seinem Buch *Schurken, Lumpen, Mordgesellen* (Regensburg 1977), »befanden sich achtzehn ›Waldler‹ im Arbeits- und Zuchthaus Ebrach in ›polizeylicher Detention‹, und siebzig weitere waren unter Polizeiaufsicht gestellt. Wirtshäuser, in denen der Heigl Michel eingekehrt war, wurden ›wegen Verstoßes der Verhinderung von Komplotten und Banden‹, wie es im Amtsdeutsch hieß, auf der Stelle geschlossen, und es war gar nicht so selten, daß diese Wirtschaften ein halbes Jahr und noch länger nicht mehr aufmachen durften.« Aber erst, als der Landrichter den Hausierhandel mit Brot verbot und damit die Nahrungsversorgung der Bevölkerung erheblich erschwerte, schlug die Stimmung gegen Heigl um. Schließlich wurde der Tagelöhnersohn, der lange in einer Höhle am Keitersberg gehaust hatte, gefaßt und 1854 wegen 64 Straftaten vom Straubinger Schwurgericht zum Tode verurteilt, später allerdings zu lebenslanger Kettenstrafe begnadigt.

Noch berühmter als Heigl, den die verarmte Bevölkerung des Bayerischen Waldes als Rebellen verehrte, wurde der am 21. Februar 1902 in Augsburg hingerichtete Mathias Kneißl. »Es hat schlimmere Verbrecher gegeben als ihn«, resümiert der Kneißl-Biograph Wilhelm Lukas Christl, »und sie haben doch die Phantasie der Menschen weniger beschäftigt, sind in der Erinnerung weniger lebendig geblieben als er. Denn nicht das Verbrechen als solches macht volkstümlich. Für die Popularität ist allemal das Drum und Dran entscheidend. Ein ganzes Jahr lang hat dieser Kneißl das Königreich Bayern, vor allem aber die Bauern und Gendarmen südlich der Donau in Atem gehalten. Er hatte Courage und Witz und ein paar Charakterzüge eines romantischen Helden, der er freilich insgesamt nicht gewesen ist. Und als er endlich gestellt war, mußten Polizisten in Kompaniestärke eineinhalb Tage lang das Gehöft belagern, in dem er steckte.« Über den Stand der Verfolgungsjagd hatten fast alle bayerischen Zeitungen ihre Leser auf dem laufenden gehalten.

Kneißl führte eine Art Stellvertreterkrieg gegen die allgegenwärtige Staatsmacht. Mit ihm bangten viele, obwohl er auf der Flucht zwei Polizisten erschossen hatte. Für die Gendarmerie blieb nur Hohn und Spott, die sich unter anderem in einem vielgesungenen Gstanzl über den Räuber und seine Häscher artikulierten:

> »So ein Bauernhengel,
> Ein verschmitzter Bengel,
> Sagt zu einem Münchner Polizist:
> Wenn's den Kneißl suchen,
> Da hilft gar koa Fluchen,
> Müßt'n dorten suchen, wo er ist!
> Habt ihr ihn gefunden,
> Nur gleich festgebunden.
> Seht, so macht ihr's, nachat
> Habt's ean glei!
> Ja, so a Bauernluada
> Is a g'scherter Bruada,
> Aber heller als die Polizei.«

Mit ähnlichen Formen von Sympathie oder gar mit tatkräftiger Hilfe konnten um diese Zeit auch Wilderer rechnen, obwohl der blutige Kampf, den sie gegen die Vertreter der Jagdherren oder -pächter führten, schon viele Opfer gekostet hatte. Genaue Zahlen über die Toten und Verwundeten auf beiden Seiten liegen zwar nicht vor, aber einzelne Statistiken und vor allem die Berichte in den Jagdzeitschriften lassen vermuten, daß es in den Wäldern und Bergen Bayerns einen regelrechten Krieg gab, der auf äußerst brutale Weise geführt wurde. In den zwölf Jahren von 1822 bis 1833, hat Bernd Ergert ermittelt, wurden im Königreich Bayern 31 Wildschützen und sechs Förster getötet. 1834/35 waren es allein im Isarkreis 13 Wilderer und vier Förster. Wer gehofft hatte, daß sich die Situation nach der Aufhebung des Jagdregals und des fürstlichen Jagdrechts auf fremdem Boden (Gesetz vom 4. Juni 1848) oder durch die Bindung der Jagdberechtigung an eigenen Grund und Boden (Gesetz vom 30. März 1850) tiefgreifend ändern würde, der sah sich schon bald getäuscht. Der

Krieg ging weiter und lieferte bayerischen Schriftstellern wie Franz von Kobell, Karl Stieler, Heinrich Noë, Georg Queri, Ludwig Ganghofer, Arthur Achleitner oder Ludwig Thoma den Stoff für spannende Erzählungen, die über Bücher oder populäre Zeitschriften wie *Die Gartenlaube* weite Verbreitung fanden. Diese mehr oder weniger literarischen Berichte spiegeln die ganze Tragik wieder, die das oft romantisierte Wildschützentum mit sich brachte. Dem überwältigten Wilderer drohte im besten Fall eine empfindliche Vermögensstrafe, die seine Familie an den Rand des Ruins bringen konnte. Mußte der Ertappte ins Gefängnis, fehlte oft die wichtigste Arbeitskraft auf dem Hof. Wurde der Wildschütze gar getötet, kamen seine Angehörigen fast unweigerlich ins Elend, denn das System der Sozialversicherungen existierte damals noch nicht. Gleiches gilt übrigens auch für die Jäger bzw. Förster, die im Dienst eines adligen Jagdherren, des Jagdpächters oder der Gemeinde standen. Sie hatten in der Regel keine Pensions- oder Rentenansprüche. Die Witwe eines im Dienst erschossenen Jägers war auf die Armenkasse und auf Spenden angewiesen. Erst 1899 gründeten Privatforst- und Jagdbeamte eine Pensionskasse, die zumindest eine bescheidene Rente vorsah. Bei dem Kampf zwischen Jägern und Wilderern stand also nicht nur das Leben der beiden Kontrahenten auf dem Spiel. An der Brutalität und Grausamkeit der Auseinandersetzung änderte das allerdings wenig. Wilderer wurden gejagt wie Gemsen oder Hirsche und rächten sich, indem sie ihre Verfolger, wenn sie ihrer habhaft werden konnten, zum Teil bestialisch quälten und dann ihrem Schicksal überließen. Die Gerichte standen, wenn es zu Verhandlungen kam, nicht selbstverständlich auf seiten der Obrigkeit. Im April 1918 z.B. konnten drei Lenggrieser Bauern, die den gräflich-törringschen Jäger im Handgemenge erwürgt hatten, das Münchner Schwurgericht frei verlassen, weil der Jagdbeamte zunächst einen ihrer Kameraden erschossen hatte und ihnen deshalb von den Geschworenen Notwehr zugebilligt worden war. Daß der bayerische Jagdschutzverein heftig gegen dieses Urteil protestierte, ist verständlich. Die Geschworenen dagegen konnten auf die Zustimmung eines großen Teils der bayerischen Bevölkerung rechnen, denn Wildschützen waren seit der Zeit des Bayerischen Hiasl populär.

Davon zeugen auch die Geschichten, die sich bis heute um Georg Jennerwein oder den Sattler Sepp ranken, und vor allem natürlich die unzähligen gegen die Jäger gerichteten Wildschützenlieder, die u.a. von Kiem Pauli und Wastl Fanderl gesammelt wurden.

Regina Schulte, die für ihr Buch *Das Dorf im Verhör. Brandstifter, Kindsmörderinnen und Wilderer vor den Schranken des bürgerlichen Gerichts* (Reinbek 1989) 70 oberbayerische Wildererakten aus der Zeit zwischen 1848 und 1910 auswertete, kommt zu dem Ergebnis, daß die Wilderei, sofern sie nicht aus reiner Not und mit Schlingen geschah, kein gesellschaftlich geächtetes Delikt war: »Die Wilderei ist in Oberbayern ein Alltagsdelikt und eine Sonntagsfreude. Kriminalakten zeigen, daß Burschen und Männer aller Schichten und Altersklassen wilderten, manchmal auch Frauen vor den Richtern der Landgerichte und Schwurgerichte auftauchten. Die Akten zeigen auch, daß die Wilderei unter den Dörflern selbst nicht kriminalisiert war, weshalb wohl auch nur ein Bruchteil der tatsächlich begangenen Wildereien aktenkundig wurde und mit der Verhaftung der Wilderer endete. Einige dieser Festnahmen waren als Erfolge dem Jagd- und Forstpersonal mit seiner permanenten Verfolgung der Wilderer zuzuschreiben. Viele Fälle zeigen aber auch, daß ohne die Mitwirkung des Dorfes oder die Aussagebereitschaft von Zeugen ein eingefangener und verhafteter Wilderer letztlich nicht überführt werden konnte.«

Die Dorfgemeinschaft hielt zusammen; oft wurden sogar falsche Fährten gelegt. Feste organisatorische Strukturen sorgten, wenn es nötig war, auch für den Absatz des Wildes. Nur selten und dann aus Rache kam es zu Anzeigen, die aber meist anonym erstattet wurden. Für die ledigen jungen Männer des Dorfes war das gemeinschaftliche Wildern, so Regina Schulte, ein Mannbarkeitsritual, das die Übergangsphase von der Familie in die Selbständigkeit markierte und offenkundig als männliche Bewährungsprobe auch dem Liebeswerben diente. Regina Schulte erkennt zudem in der Wilderei eine »Zähmung der Sexualität«, die in das Tier projiziert wird.

Für die älteren Männer des Dorfes war die verbotene Jagd ebenfalls emotional hoch besetzt. Die Grandeln (Eckzähne) des Hirsches, der Gamsbart oder die Spielhahnfeder galten als Zeichen von Mut und Männlichkeit. Der individuelle Aufruhr gegen die Obrigkeit verdeckte die politische Ohnmacht des Dörflers. Ebenso wie die Wilderei wurde auch das Singen der Wildschützenlieder zur offenkundigen Provokation, weil die Jäger darin entweder verhöhnt (bei den Liebesliedern) oder verdammt (bei den Trauerliedern) wurden. Einen besonderen Rang nehmen dabei die in zahlreichen Variationen und aus verschiedenen Landschaften überlieferten Hiasl-Lieder ein.

»Hiasl hat«, schreibt Regina Schulte, »nicht nur stellvertretend den Aufstand immer wieder von neuem für die Bauern unternommen, sondern in der dörflichen Beschwörung seiner Figur vollzog sich der Aufstand immer wieder von neuem, indem die Singenden sich der Bereitschaft dazu im Gesang wechselseitig vergewisserten.«

Den Wildererbanden, die nach den beiden Weltkriegen die bayerischen Wälder und Berge durchstreiften, waren diese Gedanken fremd. Sie trieb die bittere Not. Die Wilderer von heute interessiert nur noch der schnelle Profit oder der vermeintliche »Spaß«. Sie sind mit hochmodernen Gewehren ausgerüstet und können innerhalb kürzester Zeit ein ganzes Revier leerschießen. Auf Sympathien aus der Bevölkerung dürfen diese Wilderer kaum mehr rechnen.

I. Der Bayerische Hiasl

Anonym

Leben und Ende des berüchtigten Anführers einer Wildschützenbande

Wieviel Brisanz in der Lebensgeschichte und dem freiheitlichen Denken des Bayerischen Hiasl steckte, offenbart die Biographie, die wir für diesen Band ausgewählt haben. Sie trägt den Titel »Leben und Ende des berüchtigten Anführers einer Wildschützenbande, Mathias Klostermayrs, oder des sogenannten Bayerischen Hiesels, aus gerichtlichen Urkunden gezogen und mit genau nach den Umständen jeder Begebenheit gezeichneten Kupfern gezieret« (Augspurg, <fiktiv:> Frankfurt und Leipzig 1772).

Das Bändchen ist nur wenige Monate nach der Hinrichtung Klostermayrs bei dem Augsburger Kupferstecher und Verleger Jakob Andreas Friedrich erschienen und basiert auf den Prozeßakten sowie (das steht zu vermuten) auf persönlichen Zeugnissen. Auf dem Titelblatt fehlt der Name des Autors, und es ist bis heute nicht gelungen, ihn zu ermitteln. Daß der Biograph, der zumindest Augenzeuge bei der Hinrichtung gewesen sein dürfte, anonym bleiben wollte, hatte seine guten Gründe, denn so oft er demonstrierte, wie sehr er die Taten der Bande verurteilte und die ausgesprochene Strafe als gerecht empfand, so oft zeigte er auch unverhohlen Sympathie für die »Republik« des Wildschützen und dessen Idee eines »Natürlichen Rechts«. Von Mitleid mit den überfallenen Jägern oder Feinden der Bande ist nichts zu spüren – ganz im Gegenteil: Gleich mehrmals ist die offenkundige Schadenfreude nicht zu überlesen.

Die erste Biographie des Bayerischen Hiasl wurde zum Vorbild für die meisten folgenden, die oft nichts anderes sind als Neufassungen des Textes. Wir bringen einen dem heutigen Sprachgebrauch angeglichenen Auszug aus dem Buch. Der gesamte Text ist in unserer dreibändigen Sammlung Die deutschen Räuberbanden *(Frankfurt, Eichborn Verlag, 1991) zu finden.*

Wie aus dem Klostermayr Mathias der Bayerische Hiasl wurde

Die zeitliche Wohlfahrt der Menschen hängt größtenteils von der Wahl ihrer Lebensart ab. Diese Wahl aber steht in der Willkür der wenigsten. Die meisten werden schon von ihrer Geburt, den Umständen ihrer Eltern oder einem zufälligen Geschick zu einer gewissen Lebensform bestimmt. Und nur sehr wenige haben das Vermögen, sich eine eigene nach ihrem Sinne zu wählen, noch viel weniger aber das Glück, wenn sie sich eine selbst erwählt, darin wohl fortzukommen, weil die Hindernisse, die sie auf dieser wider ihre Geburtsumstände laufenden Bahn antreffen, meistenteils so häufig und so groß sind, daß sie dieselben nicht überwinden können, sondern umschlagen, von einem Übel in das andere verfallen und zuletzt in die betrübtesten Ausschweifungen geraten; da denn der Schluß gemeiniglich durch die Gerechtigkeit und nicht selten durch den Henker gemacht werden muß.

Von dieser Wahrheit gibt der in unsern Tagen so berüchtigte Bayerische Hiasl ein lebhaftes Beispiel ab, der sich ebenfalls seinen Stand übersteigende Gedanken in den Kopf gesetzt, eine Freiheit, die für ihn zu groß war, geliebt und sich von seinen nicht eben schlechten natürlichen Gaben verleiten, aber auch dadurch zugrunde richten lassen; da er sonst entweder als Bauer oder als Soldat, in einem von diesen zwei Ständen, wozu ihn seine Geburt bestimmt, vielleicht ein mäßiges Glück machen und seine Lebensjahre wenigstens mit einem weniger erschrecklichen Ende hätte beschließen können.

Er wurde im Jahr 1738 zu Kissing, einer den Jesuitenvätern zuständigen Hofmark in dem Landgericht Friedberg in Bayern, geboren. Sein Vater, dessen Haus man nach alter Bauerngewohnheit zum Brentan hieß (wovon auch er, Hiasl, diesen Beinamen erhalten), war ein armer Hirte und gab diesem seinem Sohne und noch einer Tochter eine Erziehung, so gut es seine bedürftigen Umstände gestatteten; indem er ihn sowohl zur Schule als auch zu Hause zur Arbeit, welche größtenteils im Spinnen bestand, fleißig anhielt. Mit herannahenden Jahren ging er auch seinem Vater in seinem Hirtenamte an die Hand und blieb bei diesem bis in sein sechzehntes Jahr, wo er, außer denen der Jugend gewöhnlichen Leichtsinnigkeiten, gar kein böses Gemüt, sondern allen Gehorsam gegen seine Eltern und Willigkeit in seiner Aufführung bewies.

Mit Eintritt in das siebzehnte Jahr seines Alters begab er sich aus dem Hause seines Vaters und trat zu Mergenthau, einem ebenfalls den Jesuitenvätern zuständigen Schlosse, in Dienste, wo er sich zwei Jahre ohne Klagen seiner Herrschaft befand und außer einer etwas freien Lebensart sonst gar keinen Anschein eines bösen Gemüts von sich blicken ließ.

Nach Verfluß dieser Zeit ging Hiasl aus diesen Diensten und begab sich zurück in sein väterliches Dorf nach Kissing, wo er sich bei einem Bauern als Knecht vermietete. Auch da erschienen noch keine Spuren einer Verderbnis der Sitten, wohl aber eines muntern und aufgeweckten Naturells, vermöge welchem, nach seinem eigenen Geständnis, sich allgemach eine Neigung zum Wildschießen bei ihm einzuschleichen begann, der er auch, wiewohl allzeit in Begleitung des dortigen Jägers, nachhängte und sich unbemerkt eine ziemliche Fertigkeit und Gewißheit im Schießen erwarb. Inzwischen konnte es doch nicht fehlen, daß er manchmal auch allein die Wildbahnen betreten und sich etwas für sich selber geschossen, welches seine schlimme Neigung nach und nach stärkte, der Unterschleif [Vorteil] aber, den er mit seinem geschossenen

Wildbret nur gar zu häufig fand, und der ihm daraus entspringende Nutzen dieselbe noch mehr von Zeit zu Zeit anfeuerte.

Diesem seinem so angenehmen Wesen hing Hiasl, solange sein Aufenthalt in Kissing, an die fünf Jahre nämlich, dauerte, in aller Stille und Zufriedenheit nach; nach deren Ablauf er einen anderen Auftritt seines Lebens zu machen hatte.

Es wurden in Bayern, und besonders in dem Landgericht Friedberg, Auswahlen gemacht, bei denen die zu den Waffen taugliche Bauernjugend losen mußte; und die das Los traf, wurden unter die Miliz genommen. Man kann sich leicht einbilden, daß Hiasl dabei nicht übergangen wurde. Er wurde auch verschiedene Male gefordert und mußte mitspielen. Das gute Glück aber half ihm aus den Nöten und erledigte ihn elfmal hintereinander. Endlich aber konnte ihm das günstige Glück selber nicht mehr helfen. Denn er wurde im 1761. Jahre, ohne erst zum Los gezogen zu werden, von einer Werbung weggenommen.

Einem solchen unannehmlichen Verfahren setzte sich Hiasl nun zwar mit allen Kräften seiner Beredsamkeit entgegen; allein da er merkte, daß er nur tauben Ohren sang, so nahm er seine Zuflucht zur List, die ihn auch für diesmal glücklich rettete. Er nahm ein aufgeräumtes Wesen an und stellte sich, als ob ihm nichts mehr darum wäre, stiftete auch mit den Werbern eine enge Vertraulichkeit, bis er sie ganz kirre machte, indem er sich willig nach Friedberg bringen ließ und dort unter die übrigen Neugeworbenen gestoßen wurde. Allein er lauerte nur auf einen bequemen Zeitpunkt zur Flucht, der ihm auch gar bald erschien. Denn er bediente sich der Unachtsamkeit der bei dem Trunke etwas gar zu gutherzigen Werber, entwischte durch ein Stadttor und machte sich geraden Weges auf Appertshausen, einem jenseits des Lechflusses gelegenen Dorf in Schwaben, zu, wo er Sicherheit zu haben sich nicht unrecht schmeichelte. Allein die Werber wurden seiner Flucht nicht so bald gewahr, als ihm sofort einige Husaren nachgeschickt wurden, die ihn auch erreichten und im Begriffe waren, ihm den Paß über die Lechbrücke abzuschneiden. Da hatte Hiasl nun einen kurzen Schluß zu fassen. Er faßte auch einen aus dem Stegreif und setzte mit Schwimmen durch den sonst wegen seiner Untiefen und verborgenen Gründe sehr gefährlichen Lech und kam glücklich auf das jenseitige Ufer, von da er sodann durch verschiedene Abwege endlich wohlbehalten zu Appertshausen anlangte.

Sowohl die ungemeinen Beschwerden, die er auf dieser eilfertigen Flucht auszustehen hatte, als auch die beständige Furcht, alle Augenblicke von den nacheilenden Soldaten eingeholt zu werden, hatten ihn bei diesem Abenteuer so mitgenommen, daß er gleich bei seiner Ankunft in Appertshausen in eine schwere Krankheit fiel, die um so viel gefährlicher war, weil sein ganzes damaliges Vermögen in nicht mehr als sieben Kreuzern bestand. Er sah also kein anderes Mittel für sich, als sich der Barmherzigkeit seines Wirtes, der ihn gleich anfangs beherbergt, zu überlassen; und dieser verpflegte ihn auch die drei

Wochen unentgeltlich, bis sich endlich die Krankheit ohne Arzt und Apotheker selber hob und Hiasl wieder zu Kräften kam.

Während seines Lagers geriet er in Bekanntschaft mit einem beschrieenen Wildschützen, Xaverius Bobinger oder dem sogenannten Kretzenbuben, der seit vielen Jahren schon die Wälder durchstrichen und ein sehr berufener Buschklopfer war. Die Not eines Teils und andern Teils seine eigene noch nicht erloschene Neigung zum verbotenen Jagen vermochte alsbald Hiasl, bei diesem würdigen Lehrmeister sich in die Lehre und Dienste zu begeben. Seine Verrichtung während dieses Lehrdienstes war meistenteils Treiben, Wildbrettragen und andere dergleichen geringe Verrichtungen, deren Hiasls höher fliegender Geist bald und um so mehr überdrüssig wurde, als sein Herr etwas geizig war und ihm seine Aufwartung allzu schlecht bezahlte. Hiasl baute also mit diesem ab und suchte sich eine andere Bekanntschaft, die ihm ersprießlicher sein mochte, indem er in einer Gesellschaft sich einverleibte, die nach demokratischer Art regiert wurde und das erlegte Wildbret in gleiche Teile unter sich teilte. Mit dieser löblichen Gesellschaft durchstreifte Hiasl die meisten Waldungen von Schwaben und Bayern mit ungemeiner Vermessenheit und vielem Glück bis auf das 1765. Jahr, da ihm einer seiner Spießgesellen untreu geworden und ihn auch wirklich zu Landsberg verraten; da er dann nebst noch einem seines Schlagers durch die streifenden Soldaten auf dem Lechfeld aufgehoben und anfänglich zu Landsberg in die Fronfeste gebracht, hernach aber zu einer dreivierteljährigen Zuchthausstrafe nach München abgeführt wurde.

Dieser Zeit seiner Züchtigung, welche er zu seiner Besserung hätte anwenden sollen, bediente er sich, auf Mittel zu sinnen, seine neue Profession der Wilddieberei auf einen höheren Grad zu bringen und sie mit größerer Sicherheit zu treiben. Dieses setzte er auch sogleich nach seiner Loslassung ins Werk. Er sammelte sich schon auf dem Wege eine Rotte handfester Wagehälse, an deren Spitze er sich stellte und die Forste mit größerer Kühnheit als zuvor durchzustreifen anfing.

Er hatte seit seiner Gefangennahme einen unversöhnlichen Haß auf die Jäger und Gerichtsdiener geworfen und suchte bei dem Wildbretschießen, neben seiner herrschenden Neigung, auch nunmehr seine heftig entbrannte Rache zu befriedigen.

Der erste, welcher die Wirkungen derselben zu empfinden hatte, war der Sohn des Tussenhausischen Jägers, Franz Joseph Baur, welcher, indem er nebst seinem jüngeren Bruder zur Abendzeit die Vogelrichter [Vorrichtungen für den Vogelfang] besuchte, das Unglück hatte, in die Hände dieser tobenden Rotte zu fallen.

Hiasl sah ihn zuerst und befahl ihm gleich von ferne unter den schrecklichsten Bedrohungen zu stehen. Dieser aber dachte auf nichts, als sich durch eine schnelle Flucht dieser besorglichen Lebensgefahr zu entziehen. Allein Hiasl schickte ihm seinen großen Fanghund nach, der ihn gar bald erhaschte, zu

Boden riß und so lang hielt, bis Hiasl mit noch vier seiner Kameraden ankam, welche ihn mit Schlägen und Rippenstößen sattsam ängstigten und ihm endlich auf Befehl ihres Oberhaupts seine Flinte, Hirschfänger und Pulverhorn abnahmen. Nachdem sie diesen armen Jäger fast eine Stunde lang also umgetrieben und ihre Rache einigermaßen gekühlt zu haben glaubten, so befahl Hiasl, den Elenden zu entlassen, gab ihm sodann in eigener hoher Person noch einige derbe Maulschellen und diese Lehre, mit den allerausgesuchtesten Flüchen und Bedrohungen ausgeziert, auf den Weg, daß er hinkünftig, so ihm das Leben lieb wäre, keine Streife wider ihn zu veranlassen wagen sollte.

Nach Verrichtung dieser Heldentat zog sich Hiasl mit seinem Heere in die österreichischen Waldungen herab. Das Gerücht von den Ausschweifungen dieser verwegenen Rotte hatte zwar allerorten Lärmen erregt, und man kehrte überall von Obrigkeit aus Mittel vor, dieses Übel, ehe es weiter um sich griffe, in der Wiege zu ersticken. Die Jäger und Forstknechte erhielten Befehle, diese Bande auf das schärfste zu verfolgen und sie mit Feuer und Schwert, wie sie zukommen könnten, auszurotten. Die Witterung aber, die schon ziemlich rauh und kalt zu werden begann, legte diesen guten Absichten viele Hindernisse in den Weg; und Hiasl nebst seinem Anhang genoß allen guten Willen von dem Landmann, der ihm nicht nur allezeit Zufluchtsorte anwies und erteilte, sondern auch von allen Anschlägen der Gerichtsdiener und Jäger Nachricht gab, ja ihn sogar mit Geld unterstützte und als einen Beschützer seiner Gründe vor den Verheerungen des Wildes bezahlte; mithin wurden alle Anschläge und Streitereien der Gerichtsdiener und Jäger, die sie, des kalten Wetters ungeachtet, mit ihrer großen Beschwerlichkeit wider ihn unternahmen, vereitelt.

Wie der Bayerische Hiasl
den Augsburgischen Soldaten eine blutige Schlacht lieferte

Seine Bande war nun schon zu einer solchen Anzahl angewachsen, daß sie sich vor kleinen Verfolgungen nicht viel zu fürchten hatte; allein dabei hatte sie auch die Unbequemlichkeit, daß sie schwerer zu unterhalten war und unmöglich lange sich verborgen irgendwo halten konnte. Mithin wurden auf die ersten Nachrichten seiner erfreulichen Ankunft alsbald die gehörigen Mittel vorgekehrt, diese ungebetenen Gäste aufzuheben oder wenigstens zu vertreiben. Man säumte sich also auch hiesiger Orten nicht, wider diese Abenteurer zu Felde zu ziehen.

Die erste wider diese bösen Buben den 7. März 1770 ausgesandte Streife war ein Reichsstadt-Augsburgisches sehr starkes Soldatenkommando, welches auf erhaltene Nachricht, daß sich Hiasl mit seiner Armee in dem Dorf Pfersee befinde, sich nach Kriegshaber verfügte, des andern Tages aber nach Pfersee umschwenkte und den langen und sehr engen über die Wertach geschlagenen Steg bei Pfersee besetzen wollte.

Hiasl war von dieser auf ihn ausgesandten Streife lange vorher schon benachrichtigt und ihm alle Mittel, Wege und Straßen an die Hand gegeben, dieser Streife leichtlich zu entgehen. Gleichwohl hatte er Lust, mit fünf seiner damals bei sich gehabten Kameraden aus bloßem Mutwillen mit diesem Kommando anzubinden und ein kleines Scharmützel zu halten. In keiner von allen seinen Schlachten hat Hiasl mehr Geschicklichkeit und Kriegserfahrenheit, obwohl er nie einen Krieg gesehen und wahrscheinlich auch kein kriegerisches Buch gelesen, blicken lassen. Denn er trennte seinen Verfolgern den Weg ab und hatte den Pferseesteg, welcher ihm abgeschnitten werden sollte, vor ihnen besetzt. Bei diesem Steg steht gegen das Dorf Pfersheim zu einige wenige Schritte davon eine kleine Kapelle mit etlichen darum gepflanzten Bäumen. Bei dieser faßte Hiasl mit seinen Leuten Posto und hatte dort auch den besten Stand, den er nur wünschen mochte, da er davon aus den ganzen Steg, der so eng ist, daß kaum zwei Personen nebeneinander gehen können, bestreichen konnte. Sodann war seine zweite Verfügung, seinen Leuten zu befehlen, nicht zu schießen, sondern ihm und dem Tiroler, welchen man wohl seinen Generallieutenant in diesem Treffen nennen möchte, beständig die Gewehre in äußerster Geschwindigkeit geladen zu bieten. In dieser Verfassung erwartete er die Streife, die über den Steg anrücken sollte. Der Anführer derselben sah aber nun wohl endlich selber ein, daß, wenn ihm auch seine Leute folgten, dennoch bei so bewandten Umständen der halbe Teil davon notwendig draufgehen mußte, ehe sie Hiasl nur nahe kämen, und hielt daher mit dem Hinübermarschieren inne. Drei Helden aber von seinem Volke, die noch vermessenere Ritter als Hiasl selber waren, fingen an, ohne Befehl und ohne selber zu wissen, warum, über den Steg gegen den Hiaslischen Posten aufzumarschieren. Diesen rief also Hiasl mit allerhand spöttischen und lächerlichen Drohungen zu, halt zu machen. Da sie aber, gleichwohl ohne darauf zu achten, fortrückten, brannte er los und schoß, sie zu warnen, überhin. Diesen Schuß beantwortete ihm einer von diesen Kommandierten mit einem gleichen Feuer, auf welches der Tiroler, welchem der zweite Rang in der Gewißheit des Schießens nach Hiasl von seinen Gesellen zuerkannt wurde, ebenfalls ihn zu warnen, schoß. Als aber dagegen zu feuern und weiter anzurücken von diesen dreien nicht nachgelassen wurde, ergriff der Tiroler endlich seinen Stutzen im Ernst und schoß dem mittelsten von diesen dreien so gerade in das Herz, daß er augenblicklich tot darniederfiel.

Der Befehlshaber dieses Kommandos sah also mehr als zu deutlich, daß diesen Leuten auf solche Art nicht beizukommen war, und fand daher für ratsam mit seinem Toten vorlieb zu nehmen und sich samt seinen Untergebenen zurückzuführen. Dieses tat Hiasl, nachdem er noch einige Zeit auf dem Wahlplatze verweilt, ebenfalls und begab sich sodann nebst seinen Leuten nach aller Bequemlichkeit zurück, nicht ohne alle Sorge, nach Art eines behutsamen Feldherrn, daß ihm etwa eine andere Kolonne unversehens in den Rücken kommen und ihm den Rückzug in die Burgauischen Gehölze, wohin er sich zu wenden gedachte, abschneiden möchte.

Dieser große Sieg flocht frische Lorbeeren in den Hiaslischen Heldenkranz und ermunterte ihn nicht nur zu weiteren kühnen Taten durch den guten Erfolg seiner bisherigen Unternehmungen, sondern erwarb ihm auch ein vollkommenes Zutrauen von allen seinen Leuten sowohl als einen starken Zulauf von andern Taugenichtsen, die unter einem so berühmten Haupte sich hervortun wollten und an einer Lebensart von der äußersten Ausschweifung Belieben trugen. Hiasl sammelte auch davon, soviel sich ihm ihrer anboten, und verstärkte seinen ohnehin schon mehr als zu zahlreichen Haufen um ein merkliches.

Wie der Bayerische Hiasl zu seinem Fanghund kam

Es befand sich in Bayern, eine Stunde oberhalb von Mähringen, eine Mühle, Otto Mühl genannt, wo der Müller, weil er von den Hiaslischen Gewalttätigkeiten vieles vernommen, sowohl zu seiner eigenen Sicherheit als auch, welches von dem Müller sehr kühn war, allenfalls zu Beifahung [Gefangennahme] besagten beschrienen Hiasls sich diesen Hund zulegte und ihn wie eine Tochter auf seinem Schoß erzog, durch gutes Füttern groß und leibig machte und zu seiner Absicht in seinen noch beugsamen und zarten Jahren mit allem möglichen Fleiße eines treuen Lehrers abrichtete. Seine Physiognomie betreffend, so hatte er einen großen Kopf, starke Schnauze, lebhafte Augen, große Pfoten und war ungefähr wie ein großes Kalb oder ein kleiner Esel oder ein junges Füllen, größer oder kleiner, wie es alle die, die ihn gesehen, bezeugen können. Seine Wut und Kräfte kamen mit der Größe seines Leibes überein, und sein Fell war bräunlich und schwarz gesprengt, wie die gewöhnliche Livree der Fleischerhunde ist. Dieses eben beschriebene Ungeheuer richtete der Müller also ab, daß er sich im Falle eines Angriffes sowohl seiner annahm als auch bei ergebender Gelegenheit andere anpackte, und sollte dieses, wie oben gesagt, hauptsächlich dem Bayerischen Hiasl gelten, mit dessen Gefangennahme sich der Müller angezeigtermaßen einen Namen zu machen in seinem staubigen Kopfe vorgenommen.

Hiasl hatte inzwischen von diesem wider ihn geschmiedeten Anschlag und dem auf ihn erzogenen und abgerichteten Hund die allergenaueste Nachricht eingezogen und brannte vor Begierde, diesen ihm so mächtig beschriebenen großen Hund in seiner Gewalt und zu seinem Gebrauche zu haben, indem er nicht uneben urteilte, daß eine solche Bestie ihm in hundert vorkommenden Fällen bei seiner halsbrecherischen Lebensart nützliche Dienste leisten könnte.

Er säumte sich also nicht, zu dem Besitze dieser liebenswürdigen großen Bestie zu gelangen. Da er wußte, daß ihn besagter Müller, der ihm ohne Ursache so aufsässig war und sich ihn, von freien Stücken und ohne Beruf dazu zu haben, zu fangen angemaßt, von Person nicht kannte; so ging er gerade Weges auf seine Mühle zu und sprach bei ihm vor. Ungeachtet er gar keinen müllerischen Anzug anhatte, so gab er sich doch für einen Mühlknecht aus und bot dem Müller seine Dienste an. Dieser aber, entweder daß er keinen Knecht brauchte oder an diesem sonderbaren Mühlknecht ein Bedenken fand, schlug dieses Anerbieten aus. Worauf ihn Hiasl ersuchte, ihm etwas zu essen zu verschaffen, welches der treuherzige Müller nicht nur bewilligte und ihm alsbald etwas auftragen ließ, sondern sich auch, um ihm bei der Mahlzeit Gesellschaft zu leisten, zu ihm hinsetzte.

Inzwischen der verstellte Hiasl nun nach aller Bequemlichkeit tischte, brachte er unbemerkt das Gespräch auf den Bayerischen Hiasl und redete von ihm als einem ihm sehr vertrauten Gesellen und braven Kerl, der sich so meisterlich aus allen ihm bis dahin gelegten Stricken herauszuwickeln und aus so vielen Gefahren und Nachstellungen so mit List als Mut zu helfen gewußt, und machte endlich des Lobens und Rühmens von Hiasl so viel, bis dem heldenmütigen Müller das Herz im Leib entbrannte, so daß er endlich herausbrach, wie er sich für seine Person aus Hiasl gar nichts mache und sich lediglich mit Beihilfe seines großen Fanghundes, den er geflissentlich auf diesen Erzdieb und Wildschützen abgerichtet, diesen so berufenen Land- und Leutstörer sich zu fangen getraue, und dieses sollte ihm nicht viele Mühen kosten ins Werk zu richten.

Hiasl stellte sich hierüber ganz erstaunt und setzte mit heftigem Anliegen in den Müller, ihn doch diesen Wunderhund, von dem er sich so viel verspreche, sehen zu lassen. Der Müller tat anfangs spröde und ließ sich lange bitten, ehe er ihm in diesem Begehren entsprach. Endlich aber gab er dem so gar inständigen Gesuche des vermeintlichen Müllerknechts, der ihm auch mit der Ehre, einen so seltenen Hund zu haben, meisterlich liebkoste, nach und holte den Hund aus seinem Stall, worin er ihn wegen seiner Bissigkeit beständig eingesperrt gehalten, um ihm dieses Wundertier zu zeigen. Der Hund war kaum in die Stube gekommen, als er alsbald zu murren anfing, die Zähne bleckte und den angeblichen Müllersknecht, weil er einen grünen Rock anhatte, mit gar nicht guten Augen ansah. Dem Müller, der hieraus eine Ungelegenheit befürchtete, war hierbei nicht gar wohl zumute. Er warnte deswegen seinen Gast und suchte den Hund wieder aus der Stube zu schaffen. Allein dieses war er nicht mehr imstande. Denn ehe er es sich versah, fiel der Hund mit dem größten Ungestüm Hiasl an und suchte ihn in der unsinnigsten Wut zu Boden zu reißen, wo er ihm dann, allem Ansehen nach, noch übler zu warten im Sinne hatte. Alles Rufen, Schlagen und Zerren, welches der Müller an seinem rasenden Hund vornahm, war vergebens und schien die Bestie nur noch erhitzter zu machen, so daß der Müller in der äußersten Angst war und nichts mehr für sich zu haben glaubte, als den Kerl zerreißen zu lassen oder aber den Hund auf der Stelle zu erschießen.

Allein die Geschicklichkeit dieses verkappten Müllerknechts, der sich in diesem Tierkampf als ein anderer Simson erwies, machte, daß man nicht nötig hatte, es weder zu dem einen noch andern von diesen äußersten Mitteln kommen zu lassen. Er gab nämlich während dieses Herumbalgens mit dem Hund auf seinen Vorteil so wohl acht und besaß so viel Gegenwart des Geistes, daß er ihm die Hand geschickt in den Rachen brachte und ihm im Augenblick denselben sperrte. Sodann warf er ihn vollends zu Boden und band ihn mit einem bei sich gehabten Strick an, führte ihn zu des Müllers äußerstem Erstaunen aus dem Haus hinaus und ging mit ihm auf den in der Nähe liegenden Wald zu, wo er seinen bezwungenen Feind einem dort auf ihn wartenden Wildschützen zur Bewahrung übergab, dem Müller aber dies tröstliche Abschiedskompliment machen ließ, daß er heute den Bayerischen Hiasl zum ersten Mal, seinen Hund aber zum letzten Mal gesehen habe.

Wie der Bayerische Hiasl schließlich doch festgesetzt wurde

Hiasl hatte nun alle seine Heldentaten verrichtet und war daran, seine letzte Schlacht anzutreten, welche, weil er sie verlor, die Wirkung hatte, daß ihm die vorigen alle, die er gewonnen, nichts nützten. Es wurden nämlich, da sich seine Bande immerzu vermehrte und in der Vermessenheit weiter schritt, endlich die höchsten Herrschaften aufmerksam und sorgten sich nicht ohne Grund, daß eine solche Gesellschaft, besonders in harten Zeiten, wie die gegenwärtigen waren, leicht überaus üble Folgen haben und einen Zuwachs bekommen könnte, welchen man dann zu zerstören Mühe haben dürfte. Deswegen wurde endlich das rechte Mittel, einen solchen Unfug zu stillen und diesen tollen Haufen mit einem Mal niederzulegen, ergriffen, indem man von hohen Orten aus ein sehr starkes Kommando von Jägern und Grenadieren, aber unter Anführung eines Oberoffiziers, mit dem gemessensten Befehl, es möchte auch kosten, was es wolle, ausschickte, diese Buschklopfer überall und so lange aufzusuchen und zu verfolgen, bis man ihrer entweder tot oder lebendig habhaft geworden sei, um diesem Unwesen mit einem Mal ein Ende zu machen und das gemeine Wesen von dieser beständigen Unruhe gründlich zu befreien.

Mit diesem Auftrag zog der Premierleutnant Schedel, welchen man als einen erprobten Soldaten zu dieser Unternehmung bestimmt hatte, mit einem starken Kommando Hochfürstlich-Augsburgischer Grenadiere, vielen Jägern und einigen Amtsknechten und Hunden aus und jagte diesen bösen Buben unter großen Beschwerlichkeiten seiner Leute wegen der harten Witterung und des vielen Schnees nach. Endlich erhielt er sichere Nachricht, daß sich diese Rotte zu Osterzell, einem Dorfe Reichsritterschaftlich- und Kloster Rotenbuchischer Herrschaft, in dem Wirtshaus in korpore beisammen befinde. Sofort richtete er seinen Marsch dahin, so verdeckt, wie es die Möglichkeit litte, und langte, nachdem er und seine Leute die ganze Nacht über auf seinem Marsch wegen des ungebahnten Weges nicht wenig ausgestanden hatten, endlich glücklich vor Osterzell des Morgens früh um ungefähr sieben Uhr an, wo er noch vor dem Dorfe von der kleinen Tochter des Wirts die zuverlässige Nachricht erhielt, daß sich die ganze Bande im Wirtshaus in aller Sicherheit befinde.

Sie hatten zwar die ganze Nacht über ihre Wachen gehörig ausgesetzt und alles zu ihrer Sicherheit Dienliche vorgekehrt. Gegen Morgen aber, da sie geglaubt hatten, daß keine Nachstellungen mehr zu befürchten wären, zogen sie dieselben unbesonnener, oder richtiger zu sagen: verblendeter Weise alle zurück, setzten sie auch, als gegen Morgen ein so dicker Nebel aufkam, daß man kaum einige Schritte vor sich hinsehen konnte, nicht wieder aus, sondern spielten zusammen, als ob sie vor aller Gefahr vollkommen geborgen wären, Karten.

In diesem günstigen Augenblick und unter diesen vorteilhaften Umständen rückte das Kommando unbemerkt an und besetzte zuerst mit den Jägern den kaum einige wenige Büchsenschüsse von dem Wirtshaus gelegenen Wald, um den Wildschützen, sofern sie sich etwa dahin zu flüchten versuchten, den Weg zu verlegen. Von den übrigen wurde sodann das Haus auf allen Seiten umgeben. Diese, welche ihren Anfall gegen die Stube zu machen hatten, mußten unter den Fenstern hinkriechen, damit sie nicht von den Hiaslanern vor der Zeit entdeckt und etwa übel empfangen werden möchten. Ein anderer Teil dieser Soldaten wurde in ein der Küche gegenüber gelegenes Söldners [Tagelöhner] Haus geworfen, um dort sowohl im Fall der Not einen Zufluchtsort zu haben als auch die gegen die Straße gehende Küchentür, wodurch die Wildschützen einen Ausfall hätten tun können, zu bestreichen. Kaum aber hatten sie diese verabredete Stellung eingenommen, als der wachsame Bube etwas von der Streife gewahr wurde und seine Kameraden sofort davon benachrichtigte. Folglich erhob sich alles vom Tisch und lief der Küche zu, worin sie wie in einem Zeughaus ihre Büchsen zusammengelegt hatten. Sie setzten sich sogleich, so gut es die Verwirrung zuließ, in welche sie ein so plötzlicher Überfall notwendig setzen mußte, in gehörige Stellung und fingen an, auf das herandringende Kommando zu feuern. Der erste, welcher Feuer gab, hatte auf den kommandierenden Offizier selbst angeschlagen, und wenn ihm nicht das Gewehr versagt und das Zündkraut fruchtlos aufgebrannt wäre, würden sie vielleicht durch diesen einzigen glücklichen Fall für dieses Mal auch noch geborgen worden sein.

Sie wurden sodann aufgefordert und öfters sich zu ergeben ermahnt. Allein sie setzten ihr Feuer in einer verzweifelten Gegenwehr unausgesetzt fort. Dabei sahen sie ihre Gelegenheit darin, daß sie ihre Stellung so vorteilhaft nahmen, daß sie aus der Küche, in welche sie sich zurückgezogen hatten, drei Türen zugleich in ihrer Gewalt hatten und bestreichen konnten. Sie wehrten sich also aufs beste, ungeachtet daß durch alle Fenster und Türen von den Jägern und Soldaten ein unausgesetztes Feuer mit voller Heftigkeit gemacht wurde.

Während diesem Scharmützel öffnete Hiasl ein wenig die Küchentür, die in die Stube ging, und faßte einen der wohlgewachsensten Grenadiere mit Namen

Steiner bei dem Ofen, wo er stand, in größter Geschwindigkeit so richtig, daß er ihn mitten durch die Brust schoß und ihn tot zur Erde streckte. Ein anderer Grenadier, Kopp, wurde während des beständigen Feuerns ebenfalls tödlich getroffen, jedoch aber noch aus dem Lärm in ein benachbartes Bauernhaus gebracht, wo er aber in gar kurzer Frist ebenfalls seinem Kameraden in die Ewigkeit nachfolgte.

Inzwischen aber wurde die Tür ebenfalls von den Grenadieren, die ein unaufhörliches Feuer darauf machten, wie ein Sieb durchschossen. Hiasl schrie und fluchte auch unaufhörlich auf sie los und drohte ihnen, daß er ihre Seelen alle noch in die Hölle hinunterschicken und sie dort tanzen machen wollte und daß er mit ihnen ebenso wie mit den Ulmern umspringen würde, wozu er einige tausend Flüche setzte, die er an den bequemsten Orten anbrachte, je nachdem wie es die Gelegenheit seiner drohenden Schmähungen zuließ und zu erfordern schien. Der Offizier sah indessen gar wohl, daß er mit Leuten zu tun hatte, die in der völligen Verzweiflung fochten und ihm, ehe sie bezwungen werden könnten, noch viele seiner Untergebenen zu schanden machen würden. Er befahl deswegen einem Teil seiner Grenadiere und Jäger, sich die Treppe hinauf und in die gerade über der belagerten Küche liegende obere Stube zu begeben. Dieses war ein Unterfangen von großer Gefahr, da sie, wenn sie dieses tun wollten, an einer Tür vorbei mußten, welche die Wildschützen innehatten, die von da aus mit guter Wirkung immer feuerten. Es war also nichts anderes zu tun, als daran in größter Geschwindigkeit und mit vollem Lauf vorbeizueilen, welches auch allen diesen Abgeschickten glückte bis auf den Jäger von Koneberg, Hans Schmidt, der aus bloßem Vorwitz in die Tür hineinschaute, darüber ein klein wenig verweilte und sofort niedergeschossen wurde.

Inzwischen nun die Grenadiere und Jäger in dem unteren Stock beständig mit den Wildschützen scharmützelten, wurde oben der Stubenboden aufgehoben und, als sich darunter ein gemauertes Gewölbe befand, eine Axt aus dem nächsten Bauernhaus geholt und damit das Mauerwerk durchgehauen, wodurch es dann geschah, daß die Schlacht eine andere Wendung bekam. Es wurde in einer anstoßenden Kammer ein Bett gefunden, aus welchem man den Strohsack riß und mit dem Stroh Pulverpatronen umwickelte, dieses sodann anzündete und so brennend durch die Öffnung hinunterwarf. Dieses und das unaufhörliche Hinunter- und Hinaufschießen verursachte einen ungeheuren Dampf in der Küche, daß die Schützen ihre Pulverhörner nicht mehr finden noch sonst sehen konnten, was sie machen und wohin sie hauptsächlich ihre Gegenwehr richten sollten. Sie wurden also notwendig gezwungen, die Küche zu verlassen und sich in das daran stoße Speisegewölbe um so mehr zurückzuziehen, da einem von ihnen, der eben durch das Loch hinauf auf einen Soldaten angeschlagen, durch einen Schuß von oben herunter das ganze Kinn bis auf den Hals hinweggerissen und ein anderer von ihnen unterhalb der Warze auf der linken Brust dergestalt getroffen wurde, daß er, als er fiel, unter dem Loch liegen bleiben mußte, bis er endlich nach dem Ende dieses Angriffs seinen Geist aufgab. Der mit dem abgeschossenen Kinn lag ebenfalls unter der Öffnung und mußte mithin fast alle von oben herabkommenden Schüsse und brennenden Strohpatronen aushalten, so daß ihm die Kleider auf dem Leib verbrannten und die Haut an den Gliedern versengt und gebraten wurde.

Inzwischen aber, da man ohne allen Bedacht den Schützen so mit Feuer zusetzte, fing dieses an, weiter um sich zu greifen, als man verlangte, so daß man genug zu tun hatte, dieser einreißenden Gewalt Widerstand zu leisten. Da nun nicht zu säumen war, sich aber kein Wasser bei der Hand befand, so bediente man sich eines eben auf der Kühle stehenden ganzen Suds Bier, dasselbe zu löschen, welches man von oben durch die Öffnung herabschüttete und dadurch die Wildschützen, die man vorher schier im Feuer verbrannt hatte, nunmehr fast im Bier ersäufte. Der Dampf wurde durch diesen weißen Bierregen noch mehr erregt und die Unmöglichkeit, in diesen feurigen Wolken auszuhalten, für die Schützen vergrößert. Die Verwirrung nahm überall überhand, und ihr Mut fing an zu erkalten, da sie sahen, daß das Glück so wenig damit einstimmen wollte. Hiasl selber sah zwei seiner Gesellen tot vor seinen Füßen liegen. Die übrigen waren fast alle zum Teil hart verwundet. Er selber hatte zwei Schüsse in den Beinen und einen Streifschuß an dem linken Backen. Er bemerkte, daß sich einer in den Backofen, ein anderer darunter, sein getreuester Waffenträger, der Bub aber, der sich bis dahin außerordentlich und doch vergeblich gut gehalten, mitsamt dem geladenen Rohre in das Ofenloch verkrochen, der Sattler in den Kamin hinaufgestiegen und unter das geräucherte Fleisch versteckt und ein anderer sich da, ein anderer dort verborgen hatte, und konnte aus allen diesen Zeichen keine Schlüsse auf einen glücklichen Ausgang dieser Sache ziehen.

In diesen ernstlichen Betrachtungen guckte der Wirt, welcher sich gleich zu Anfang der Schlacht vor Furcht und Schrecken in den Backofen verkrochen, aus dem Ofenloch hervor und rief mit wimmernder Stimme und tränenden Augen, daß man seiner doch um Gottes Barmherzigkeit willen verschonen möchte, da er an allem unschuldig wäre und in allen diesen Dingen nicht die geringste Hand gehabt hätte. Dieses sein Gebet wurde erhört, und er wurde durch einige Soldaten, die ihn erkannt hatten, durch das Loch in der Decke hinaufgezogen.

Hier nun brach Hiasl ebenfalls das Herz, so daß er mit lauter Stimme zu rufen begann, ob denn durchaus kein Pardon zu erhalten sei. Sobald dieses oben vernommen wurde, gab der Leutnant Befehl, mit dem Schießen innezuhalten, und antwortete endlich auf wiederholtes Bitten des Hiasl hinunter, daß ihm, wenn er durch die Stubentür ohne Geschoß und Hirschfänger herauskommen wolle, das Leben bei seinem Worte gesichert sein und ihm übrigens auch niemand sonst das geringste Leid tun solle. Dieses versprach auch Hiasl zu tun, stieß aber, als es zur Aufgabe kam, erst einen andern von seinem Anhang, um zu sehen, wie es diesem ergehen würde, vor sich zur Tür hinaus. Dieser wurde sofort ergriffen, gebunden und in den Schnee vor die Haustür geworfen. Dieses störte Hiasl in seinem guten Vorsatz und brachte ihn aufs neue zu den Gedanken, sich wieder zu wehren. Allein er ließ sie endlich doch wieder fahren und faßte einen ernstlichen Entschluß, sich seinem gegenwärtigen harten Schicksale zu unterwerfen. Er kam also von selbst aus der Tür, welche sofort von den Soldaten mit gespannten Hähnen und vorgehaltenen Bajonetten umgeben wurde, heraus und bat den Offizier nochmals mit erhobenen Händen um das Leben, wobei er ihm mit großer Heftigkeit um den Hals fiel und dieser genug zu tun hatte, seine Leute, welche heftig auf ihn ergrimmt waren, abzuhalten, daß sie ihn in der Hitze, worin sie noch von der Schlacht waren, niedermachten. Hiasl wurde also gebunden und ebenfalls zu seinen Kameraden hinaus in den Schnee geworfen, wo er sodann anzeigen mußte, wie stark sie gewesen und wo die übrigen wären, welches er auch getreulich tat.

Der Rest seiner überwundenen Völker wurde ebenfalls ein jeder aus seinem Schlupfwinkel hervorgeholt, gebunden und in den Schnee zu den übrigen hinausgeworfen. Womit dann endlich diese ziemlich blutige Tragödie endete, nachdem sie vier ganze Stunden, von sieben bis elf Uhr nämlich, gewährt hatte. Die Beute, welche bei diesem erlegten Korps gefunden wurde, bestand in drei Kugelbüchsen, zehn Flinten, einem mit Silber beschlagenen Hirschfänger, drei anderen dergleichen geringeren, nebst noch einigem Pulver und Blei. Die Kriegskasse der ganzen Armee, welche Hiasl in Verwahrung hatte, bestand in vierundzwanzig Gulden und vierundvierzig Kreuzern, bei den übrigen wurde kein Geld gefunden.

Von Seiten der sieghaften Völker waren der Jäger von Koneberg, der Grenadier Steiner und Kopp tot; von den zehn Wildschützen aber, soviel waren es nämlich zu Anfang des Scharmützels, blieben zwei auf dem Platz, sieben aber, unter welchen sich Hiasl selbst befand, waren verwundet. Der Bube allein war ohne Verletzung davongekommen. Die Verwundeten wurden sogleich nach hergestellter Ruhe durch einen Feldscheerer [Militärbarbier, der auch chirurgische Aufgaben wahrnahm] verbunden und die Gefangenen unter Bedeckung der ganzen Mannschaft, acht Jägerknechten und vier Untervögten, nach Buchloe in das Zuchthaus gebracht, wo sodann der Hiasl, der Bube und der Sattler nebst noch drei anderen ihrer Kameraden jeder besonders in Blockhäusern, zwei schwerer Verwundete aber bei anderen Gefangenen, nachdem man sie bis auf die bloße Haut vorher ausgezogen und ihnen die blaue Zuchthausmontur, Hiasl allein ausgenommen, welchem man seine Kleider ließ, umgetan, bis auf weitere Verfügung verwahrt.

Von da wurden sie auf Befehl in weiterer Begleitung des ganzen Kommandos nach Dillingen gebracht und unterwegs, wenn sie durch Dörfer oder an Städten vorbeikamen, von einer ungemeinen Menge Menschen, die ihnen überall entgegengelaufen, -geritten und -gefahren kam, gesehen und beschenkt.

Wie der Bayerische Hiasl am 3. September 1771 in Dillingen
sein schreckliches Ende fand

An dem peinlichen Gerichtstag selber aber, als er vor das Rathaus, um sein Urteil wieder anzuhören, heruntergeführt wurde, verließ ihn seine Großmütigkeit ziemlich, besonders als er die für ihn bestimmte Schleife mit der Zurüstung der Kuhhaut erblickte. Nachdem er sein Urteil verlesen gehört hatte, wurde er in die Kuhhaut eingewickelt und bis an den Kopf, so daß ihm bloß dieser und die Hände mit dem Kruzifix hervorsahen, eingebunden und auf die Schleife gelegt.

In diesem traurigen Pomp ging der Zug vor die Stadt hinaus auf die dort errichtete bretterne Gerichtsbühne unter dem beständigen Zuspruch seiner geistlichen Begleiter zu. Als man dort angelangt war, wurde er aus seiner Haut losgemacht. Er erhob sich sodann, ging allein und ganz tapfer die hölzerne Treppe auf das Gerüst hinauf. Allein beim Anblick seiner Zergliederungsmaschine fing seine Heldenmütigkeit wieder an zu wanken. Er erstarrte ganz und blieb mit gesenktem Haupte eine ziemliche Zeit davor unbeweglich stehen. Endlich, als sich ihm der Henker nahte und ihn angriff, schien es fast, als ob er sich nicht im gutem zu diesem Spiele bequemen würde, bis ihm zuletzt der Nachrichter [Henker] zurief und ihm fortzumachen befahl, weil es Zeit wäre. Zugleich ergriffen ihn die Henkersknechte und setzten ihn mit Gewalt auf die Radbrechmaschine. Sofort wurde ihm der Strick um den Hals gelegt und durch ein Loch des Bodens unter die Bühne, um ihn zu erwürgen, geleitet; andere aber befestigten ihm die Stricke um die Hände und Füße. Sodann wurde überall zugleich gezogen.

Nachdem er erdrosselt worden war, ging sogleich das Zerschmettern der Arme und Beine mit dem Rad vor sich.

Als ihm alle Gebeine gebrochen worden waren, wurde der Körper unter die Bühne, welche unten her mit Brettern verschlagen war, gebracht, wo ihm der Kopf abgehauen und der übrige Rumpf in vier Stücke zerteilt wurde. Der Kopf wurde auf den Dillingischen Galgen aufgesteckt, die Eingeweide aber unter demselben begraben und nicht weit davon das obere rechte Viertel an einem Schnellgalgen aufgehängt. Das linke obere Viertel befindet sich zu Schwabmünchen, das rechte untere zu Oberndorf und das nämliche linke bei Füssen.

Anonym

ICH BIN DER BOARISCH HIASL

Von den zahlreichen Hiasl-Liedern, die im Laufe der Jahrhunderte entstanden sind, haben wir zwei ausgewählt, die die gängigen Motive wiedergeben: Hiasl als unverwundbarer Volksheld und als begehrter Liebhaber. Das erste Lied stammt aus G. Jungbauers Sammlung Volkslieder aus dem Böhmerwalde *(Prag 1930-40) und dokumentiert, daß der Bayerische Hiasl und sein Mut auch außerhalb Bayerns verehrt wurden. Das zweite, längere Gedicht, das wie eine Zusammenfassung mehrerer ähnlicher Lieder wirkt, ist Achim von Arnims und Clemens Brentanos Sammlung* Des Knaben Wunderhorn *(Heidelberg 1806-08) entnommen. Eine ältere, stärker im Dialekt wurzelnde Version findet sich u.a. in der Staatsbibliothek Berlin als Handschrift.*

1. Ich bin der boarisch Hiasl,
Keine Kugel geht mir ein, juchhe,
Drum fürcht i aa kein Jager,
Und soll's der Teufel sein.

2. Im Wald draußt is mein Heimat,
Im Wald draußt is mein Lebn,
Da schiaß ich Reh und Hasn
Und Wildsau aa danebn.

3. Es gibt kan schöners Lebn,
Als ich führ auf der Welt,
Der Bauer gib ma s'Essn
Und wenns grad fehlt, noch Geld.

4. Drum tu ich die Felder schützen
Mit meinen tapfren Leut,
Und wo ich grad nur hinkomm,
Uije, da is's a Freud.

5. Und kommt mein letztes Wörtl,
Mach ich die Augen zu,
Soldaten und ihr Jäger,
Erst nachher habts a Ruh.

6. Dann wird sich 's Wild vermehren
Und springen kreuzwohlauf, juchhe,
Und die Bauern werden rufen:
Hiasl, geh, steh wieder auf!

Anonym

Ei du mein liebe Thresel

Ei du mein liebe Thresel,
Ich bin nun wieder da,
Zu Nacht sollst mich behalten,
Gelt, schlag mir's nicht a'.

Ei bayrischer Mathiesel,
Zieh aus deinen Rock,
Setz dich ein Weil nieder
Bis ich dir was koch'.

Ei du mein liebe Thresel,
Es hungert mich nit,
Ich bin gar weit gangen,
Darum bin ich müd.

Warum bist du gangen
Und bist so sehr derlegt,
Drei Hirsch hab ich g'schossen,
Die hab ich versteckt.

Ei sollt dich nicht hungern,
Ei durstet dich nicht –
Mein Hund hält die Wache,
Das Best ihm zuricht!

Ei bayrischer Mathiesel,
Zieh aus deine Schuh,
Leg dich ein Weil nieder
Und deck dich warm zu.

Ei du mein liebe Thresel,
Allein kann's nicht sein,
Es ist mir zu oasam,
Mußt auch bei mir sein.

Wenn die Kuh ist gemolken,
Die Milch ist geseicht,
So will ich schon kommen,
Da ist es noch Zeit.

Sie schlafen und trama
Die nachtlange Zeit,
Bis als in dem Wald
Da Kuckezer schreit.

»Ei Thresel, sollst aufstehn,
Bring Krapfen heraus,
Zwölf Jäger sind draußen.
Geschwind mach uns auf!«

Ei meine liebe Jäger,
Euch laß ich nicht ein,
Ich tu mich stets fürchten
Und bin ganz allein.

»Ei du mein liebe Thresel,
Du führst uns nur blind,
Dein bayrischer Mathiesel
Ist auch bei dir drin.«

Ei bayrischer Mathiesel,
Du kunstreicher Kund,
Zwölf Jäger sind draußen
Und drei große Hund!

Ei du mein liebe Thresel,
Laß mir sie herein,
Ich tu mich nicht fürchten,
Wenn's noch so viel sein.

Ei bayrischer Mathiesel,
Zieh an deinen Rock,
Du mußt mit uns nun gehen
In Graftilands Schloß.

Und eh ich mit euch gehe,
Mein Leben ich wag,
hab ich noch fünfzig Gulden.
Die geb ich euch dann.

Ja deine fünfzig Gulden,
Die sind uns schon recht,
Die wollen wir kriegen,
Und wär's noch viel mehr.

Ei meine liebe Jäger,
Noch eins ich nur frag',
Ob ich wohl im Heimgehn
Ein Gemslein mir jag'?

Ei, ihr meine liebe Jäger,
Jetzt geht es zum Schluß,
Geh'n wir nicht zusammen,
So gibt's kein Verdruß.

Sechs Jäger sind draußen,
Sechs Jäger sind drinn,
Sechs hat er geschossen,
Sechs laufen davon.

Der Hund tät sie fangen,
Sie fallen aufs Knie.
Die Thresel tut bitten:
»Die tun dir's wohl nie!«

»Ei bayrischer Mathiesel,
Das Leben uns schenk,
Wir tragen dir die Hirsche,
Soweit du gedenkst.«

Trotz Jäger auf Almen,
Merkt: Grün ist mein Hut,
Drauf Schildhahnenfedern
Und Gemsbart mit Blut.

II. Von Dieben, Räubern und Meuchelmördern

August Gottlieb Meißner

Moses Hoyum und sein Weib

Der am 4.11.1753 in Bautzen geborene und am 20.2.1807 in Fulda gestorbene *August Gottlieb Meißner war einer der meistgelesenen Autoren seiner Zeit. Er hatte in Leipzig Jura studiert und war dann als Kanzlist nach Dresden gegangen. 1785 nahm er einen Ruf als Professor für Ästhetik an und ging an die Prager Universität. 1805 wechselte er als Konsistorialrat und Gymnasialdirektor nach Fulda. Bekannt wurde Meißner vor allem mit seinen* Skizzen, *kleinen Prosaerzählungen, die zwischen 1778 und 1796 in 14 Bänden erschienen. Bis auf wenige Ausnahmen sind die Geschichten authentisch. Sie basieren auf tatsächlichen Ereignissen, die der Autor nur literarisch ausschmückte. So ist auch die kurze Erzählung von Moses Hoyum und seinem Weib ganz nach der Realität gestaltet. In seiner breit angelegten Untersuchung des Einbruchs vom 9.* Dezember 1733 *bestätigt* Uwe Danker *(Räuberbanden im Alten Reich um 1700, Frankfurt 1988) die Schilderung Meißners, wenn er über die* »Verhörmethoden« *der Coburger Richter schreibt:* »Insbesondere widmeten sie sich den ›schwächsten Gliedern‹: dem jugendlichen Isaac Meyer und der Ehefrau von Hoyum Moses, um sie in der Gegenwart ihrer Verwandten als Objekte für Psychoterror, der auf die Letztgenannten abzielte, zu gebrauchen. Im Fall von Moses, der seine Frau offensichtlich innig liebte, geriet diese Taktik zu einem großen Erfolg, er wurde zur ergiebigsten Informationsquelle der Inquisition.« Der Text ist der *Elften und zwölften Sammlung der* Skizzen *entnommen.*

Bei einer sehr großen jüdischen Diebsbande, die sich ums Jahr 1733 im fränkischen Kreise furchtbar genug zu machen wußte und die endlich in Coburg beim Einbruch in eine dortige Goldfabrik entdeckt wurde, zog man unter andern auch einen gewissen Moses Hoyum ein. Das Geständnis seiner Mitgenossen sowohl als auch eine Menge andrer Umstände zeugten deutlich, daß er nicht nur Helfershelfer und Teilnehmer, sondern auch Anstifter und Oberhaupt von fast unzähligen Räubereien gewesen sei. Nichts fehlte zur Gewißheit noch als – sein eignes Geständnis; aber eben dasselbe war auf keine Art und Weise von ihm zu erhalten. Ob man ihm drohte oder zuredete; ob man ihn zehnfach verhörte; ob man das Bekenntnis seiner Mitgefangenen ihm vorlas; ob man sie persönlich ihm unter die Augen stellte und durch ihre Vorwürfe und Vorstellungen ihn zum Mitgeständnis aufforderte; ob man endlich auch sogar zur Folter schritt und hart genug damit gegen ihn verfuhr – nichts half! Er beharrte auf seiner Unschuld und auf dem hartnäckigsten Leugnen.

Eben dieser Moses Hoyum hatte ein Weib, die noch jung und hübsch, auch bei allen jenen Diebstählen wenig oder fast gar nicht mit beschwert war. Höchstens ein paar Kleinigkeiten von Mitwissenschaft, Hehl und Verkauf konnten ihr – ja auch das nicht ganz erwiesen – beigemessen werden; und die Haft, in welcher sie gehalten wurde, war daher auch weit gelinder als die Haft der Übrigen. Dieses Weib liebte Moses aufs innigste. Von sich sprach er fast nie; aber sie war der Gegenstand seiner zärtlichsten Bekümmernisse. Für sie sparte er sich von dem wenigen Gelde, das er zum Unterhalt erhielt, beinahe die Hälfte ab; für sie nur bat er bei jeder Gelegenheit und fragte jeden Tag, wie es ihr gehe. Ob man ihr auch ein Leid zugefügt habe und so weiter. Einst, als er wieder diese Frage ergehen ließ, wurde der Kerkermeister aufmerksamer als bisher, dachte ein wenig nach und ging dann zum Vorsitzer der Gerichte und versicherte: Nun habe er das Marterinstrument gefunden, welches dem Räuber gewiß sein Geständnis entreißen solle. Er begehrte nichts als die Erlaubnis, die junge Hoyum im Nebenzimmer ihres Mannes stäupen zu lassen, daß er die Anhörung ihrer Wehklage und ihre Versicherung überhaupt durch sein Geständnis gewiß abkaufen werde, dafür sei er Bürge.

Diese grausame Erlaubnis wurde ihm erteilt: Noch den Abend kündigte man Hoyum jene Seelenfolter für den nächsten Morgen an. Er erblaßte und erschrak. Er weigerte sich, Speise zu sich zu nehmen, und brachte die ganze Zwischenzeit, versenkt in unbeschreibliche Traurigkeit, zu. Noch schwieg er. Aber als die bestimmte Stunde kam, als er wirklich das Jammergeschrei seines Weibes vernahm, da bat er um Gotteswillen, nur damit einzuhalten, weil er gern alles gestehen wolle; und was keine körperliche Qual von ihm erpreßt hatte, erpreßte Liebe in der ersten Minute.

August Gottlieb Meißner

Der Hundssattler und der Leineweber

1796 erschien in Wien unter dem Titel Kriminal-Geschichten *ein Band, der 47 Erzählungen von August Gottlieb Meißner versammelte und zum erstenmal das Wort »Kriminal« in einem Buchtitel verwendete. Ob der Band, der vor allem Prosastücke aus den »Skizzen« enthielt, von Meißner autorisiert worden war, ist nicht bekannt. Unter den* Kriminal-Geschichten, *die Hans-Friedrich Foltin 1977 als Nachdruck neu herausgebracht hat, findet sich auch die Erzählung vom Hundssattler und Leineweber, die, wie Foltin vermutet, auf historischen Vorgängen beruht. Die Quelle konnte allerdings bis heute noch nicht ermittelt werden. Meißner präsentiert sich in der Erzählung als aufgeklärter Kopf, der auch nach den Ursachen für kriminelles Verhalten sucht und dabei nicht mit Kritik an den gesellschaftlichen Zuständen spart.*

Im Fränkischen Kreise durchstrich vor ungefähr vierzig bis fünfzig Jahren ein Krämer das Land, den der größere Haufen, fast durchgängig, nur unter der Benennung des Hundssattlers kannte. Es war ein Mann, der mit Schnittwaren handelte, auf den Dörfern und in den Flecken oft ansehnlichen Absatz fand; jenen Spitznamen aber von zwei englischen Doggen erhielt, die er überall mitzuführen und mit einem Teil seiner Waren zu bepacken, mithin gleichsam zu satteln pflegte. Ein junges Weibsbild, das er für seine Frau ausgab und bei welcher ihm wenigstens alle Rechte eines Mannes frei standen, war seine gewöhnliche Begleiterin. Für so ganz engelrein galt freilich seine Denkungsart und sein Betragen nicht; gleichwohl wußte niemand, ihm etwas Auffallendes nachzusagen und noch minder zu erweisen.

Um eben diese Zeit lebte auf dem Lande, in einem kleinen offenen Marktflecken, ein Leinweber, der schon Vater von sechs Kindern, ein kreuzbraver Mann und nur eben seiner zahlreichen Familie halber so blutarm war, daß oft die Sonne wochenlang in seine Küche schien, ohne einen Funken Feuer auf seinem Herde zu finden. Der Hundssattler hatte ihn, weiß der Himmel durch welchen Zufall, kennengelernt und pflegte zuweilen, wenn Nacht oder übles Wetter sein weiteres Fortkommen hinderten, hier auf einer Streu, denn an ein Gastbette war nicht zu denken, zu übernachten. Wenn ihm dann sein armer Wirt, nach gewöhnlicher Art der Dürftigen, seine Not recht herzlich klagte, schien er ihm mit Rührung zuzuhören und versprach, bei erster Gelegenheit auf Verbesserung seiner Umstände zu denken.

Einst kamen der Krämer und seine angebliche Frau gerade zu einer Zeit, wo die Not des Webers äußerst groß und dringend war. Er sollte vier Gulden, die ein harter Gläubiger ihm vorgestreckt, zahlen oder am anderen Morgen sein Handwerksgerät pfänden lassen. Im ganzen Hause waren keine vier Kreuzer aufzutreiben; zu verkaufen oder zu versetzen war auch nichts mehr; kein neuer Verleiher wollte sich finden, und der ältere war unerbittlich. Die arme Frau rang die Hände; der Mann saß hinter seinem Weberstuhl, stumm, weinend und zur Arbeit unfähig; die Kinder schrien nach Brot. Als der Hundssattler diesem Jammer eine Weile zugesehn und zugehört hatte, sagte er: »Wohlan, hier will ich mich ins Mittel schlagen. Ich bin soeben im Begriff, zu einem meiner vorzüglichsten Kunden zu gehn, eine ansehnliche Summe Silbergeld zu kassieren und einige neue Waren abzuholen. Komm mit, hilf mir tragen! Ich will dich reichlich belohnen. Überhaupt, wenn ich merke, daß du in mein Geschäft dich schickst, so will ich dich von nun an dazu gebrauchen, und ich wette, es soll dich bald besser als dein ärmlicher Weberstuhl nähren. Aber freilich, da deine Not dringend ist, so müssen wir uns gleich aufmachen. Ich hatte ohnehin keine Lust heute zu übernachten. Mein Weib aber mag dableiben und unsere Rückkunft abwarten.«

Wer war dazu bereitwilliger als unser Weber? Da der Krämer noch überdies einen Zwanziger vorstreckte, da sogleich Brot und Bier dafür eingekauft und das Weinen der Kinder gestillt wurde, so entstand aus dem bisherigen Klagen ein ordentlicher Jubel. Man aß, und die beiden Männer machten sich dann sofort auf den Weg. Dieser Weg ging durch einen Wald. Es war schon dunkel, bevor sie sich noch in der Mitte desselben befanden. Als sie an einen Kreuzweg kamen, blieb der Krämer ein paar Augenblicke stehen und pfiff viermal äußerst stark nach jeder Himmelsgegend, ohne daß sein Gefährte begreifen konnte, warum dies geschähe. Sie gingen weiter; nach drei oder vier Minuten rauschte es zur Rechten und zur Linken stark im Gebüsch. Der Weber fuhr erschrocken zusammen; er erschrak noch mehr, als neun oder zehn Kerls hervorsprangen, unsere beiden Wanderer umringten, den Weber mit einiger Verwunderung anstaunten und endlich fast einstimmig riefen: »Willkommen, Hundssattler, willkommen. Wo stecktest du denn so lange? Und wer ist dieser hier?«

»Ein neuer Kamerad ist es!« erwiderte der Krämer. »Armut und Unfälle haben ihn in der Welt bisher genügend durchgebeutelt. Nun will er sich an andrer Leute Beutel dafür schadlos halten. Ich steh' euch für seine Treue; denn ich kenn' ihn schon lange.«

»Wenn dem so ist, so sei er uns willkommen«, antworteten alle, ergriffen einer nach dem andern seine rechte Hand und schüttelten sie gleichsam zur Bestätigung ihres Bundes, und zitternd stand immer noch der Weber in ihrer Mitte. Daß man so ihm helfen, in eine solche Gesellschaft ihn einführen wolle, davon hatte er in den Worten des Sattlers, so sonnenklar sie ihm jetzt wurden, keine Silbe gemutmaßt. Gern wäre er wieder tausend Meilen davon entfernt gewesen; gern hätte er diesen gräßlichen Bundsgenossen gradezu gesagt, daß er jede Verbindung mit ihnen verabscheue. Aber er befürchtete nicht ohne Grund, daß er selbst dann so gut wie geopfert sei. Ein drohender Blick, den der Hundssattler ihm zuwarf, verstärkte diese Besorgnis, und die Liebe zum Leben bewies ihre gewöhnliche Stärke. Er sammelte daher alle seine Kräfte, nahm eine willige Miene an, erwiderte ihren Händedruck, dankte für gute Aufnahme und versprach sein Möglichstes zu tun, um der Gesellschaft nützlich zu werden.

Jetzt sagte der Krämer, der sich überhaupt als Anführer der Bande betrug, wohin es heute gehen solle. Ein reicher Müller, ungefähr eine kleine halbe Meile von hier wohnhaft, dessen Mühle ganz abseitig liege, der weder wegen seiner selbst noch wegen seines Hausgesindes viel zu fürchten sei, habe, wie er gewiß wisse, vor vier oder fünf Tagen dreitausend Gulden bar eingenommen. Diese könnten sie besser brauchen als der Müller. Das Geschäft sei ebenso leicht wie lohnend. Um unerkannt zu bleiben, wollten sie sich das Gesicht schwärzen. Wirt, Wirtin und ein paar Mägde müßten zuerst gebunden und geknebelt werden; die zwei Mühlburschen würden in der Mühle beschäftigt sein und vielleicht nicht einmal merken, was im Hause daneben vorgehe. Merkten sie es und setzten sich zur Wehr, so würde die Gesellschaft leicht den Meister spielen, und müsse zur schuldigen Dankbarkeit alles, was dort Atem hole, umbringen.

Man stimmte einmütig diesem Vorschlag bei, machte sich sofort auf den Weg und verteilte die Rollen bei der Ausführung. Unserm Leinweber, weil er noch Lehrling im Handwerk sei, wurde das bloße Schildwachtstehen zugeteilt. Auch dafür war ihm heimlich bange genug; doch fuhr er fort sich zu verstellen und versicherte, so wachsam wie möglich zu sein. Der Einbruch selbst ging nach Wunsch vonstatten. Der Müller und sein Hausgesinde wurden im tiefsten Schlaf überfallen. Alle waren schon gebunden, ehe ihnen noch von Dieben träumte. Aber gleichwohl fanden auch diese bei weitem nicht alles, was sie suchten. Daß dem Müller ein Kapital von dreitausend Gulden vor wenigen Tagen eingegangen, das hatten dem Hundssattler seine Kundschafter richtig hinterbracht; doch daß eben dasselbe schon wieder ausgeliehen worden, das hatte er nicht erfahren und fluchte daher jetzt fürchterlich, als er das leere Nest antraf. Der unglückliche Müller mußte eben daher an seinem Körper verschiedene Mißhandlungen erfahren, die fruchtlos blieben, weil er doch, auch beim willigsten Herzen, jenes Geld nicht herzuschaffen vermochte. Sein junges Weib und ihre Mägde mußten noch mancherlei erdulden, was ihnen im Herzen vielleicht nicht so unleidlich schien, als sie der Zeugen wegen sich stellten. Man packte dann zusammen, was man fand, knebelte nochmals die Beraubten sorgfältigst und entfernte sich. Im Wald teilte man die Beute; auf unseren Weber kamen fünf Gulden; die übrigen Räuber zerstreuten sich im Gehölze. Der Hundssattler und der Weber gingen gradewegs auf ihre Heimat zu.

Kaum aber sah sich dieser letztere mit seinem angeblichen Versorger wieder allein, als er in die bittersten Vorwürfe, der Tat wegen, wozu er ihn verleitet habe, ausbrach. Der arme ehrliche Mann schwur, daß er eher den Bettelstab als diesen Ausweg gewählt haben würde, wenn er nur mit einer Silbe sein Vorhaben gemutmaßt hätte. Er wollte jetzt noch die ihm zugefallenen fünf Gulden wiedergeben. Es sei Sündengeld, sagte er, es sei eine Blutschuld, die ihn schwerer als selbst der Hunger drücke, und er werde nie an die heutige Nacht denken, ohne zu bereuen, daß bloß die Liebe zum elenden Leben und die Sorge für sein Weib und seine Kinder ihn bewegen können, seine Hand zu einem solchen Bubenstück zu bieten.

Der Hundssattler hörte die ganze Rede gelassen und lächelnd an, nur die fünf Gulden schob er zurück, so oft sein Gefährte sie ihm anbot. »Behalte sie!« sagte er, »ich begreife wohl, daß sie dir feigherzigen Memme sauer genug zu verdienen fielen. Denke daran, daß vielleicht morgen dein Weib und deine Kinder verhungern, wenn du jetzt einen Bettel wegwirfst, der wenigstens nie an seinen eigentlichen Herrn zurückkommen soll. Willst du aus frommer Dummheit mit Gewalt ein armer Teufel bleiben, so bleib es! Ich wies dir wenigstens den Weg, wo du dir helfen könntest, dich mit Gewalt gescheit und glücklich zu machen, wäre Torheit. Nur das merke dir, Kerl, von allem, was du bei uns sahst und hörtest, halte deinen Mund! Unterstehst du dich, auch nur ein Wort davon auszuplaudern, so wird dir die Hütte überm Kopf angezündet; so soll nicht etwa dir allein der Schädel zerschmettert, sondern auch Weib und Kinder vor deinen Augen erwürgt werden; das schwör ich dir, du magst einen Gott oder Teufel glauben, bei beiden! Und das werden gewiß, nebst mir, vierzig bis fünfzig Burschen möglich machen, denen weder vor Galgen noch Gerichten graut.«

Diese herrliche Zusicherung wurde in einem Tone erteilt, der bestätigen half, daß sie ernst gemeint sei. Der arme Weber, für das Leben der Seinigen besorgter als für sein eigenes, verschloß daher auch sorgfältig seinen Mund; selbst seiner Frau sagte er von dieser Geschichte dieser Nacht kein Wort. Er sah den Hundssattler in den nächsten drei oder vier Wochen noch einigemal; er zitterte heimlich, so oft der Räuber zu ihm eintrat, aber wenn der ihn lachend einlud, wieder mitzugehen, antwortete er bloß mit einem treuherzigen »Gott bewahre!« und verschmerzte gern Spott und Schimpfreden seiner Zaghaftigkeit wegen.

Selten entläuft der Dieb lange dem Galgen und noch seltener lebenslang dem Gericht. Und der Hundssattler wurde einige Monate darauf, zu Bayreuth, nicht eines Einbruchs, sondern anderer ähnlicher Räubereien halber, verhaftet. Die Anzeigen gegen ihn waren stark. Er leugnete zwar frisch weg, doch konnte er sich von der Tortur, die damals bei Gerichten noch allgemein im Schwange war, nicht losleugnen. Sie erging, und zwar ziemlich scharf über ihn. Er ertrug sie, wie man einen mäßigen Kopfschmerz erträgt; beharrte fest auf seiner Verteidigung und erhielt endlich nicht nur wieder seine Freiheit, sondern auch schriftliche Anerkennung seiner Unschuld, nebst der Erlaubnis, sich, wie bisher, von seiner Krämerei zu nähren und wegen erlittner Untersuchung weder Schaden noch Vorwurf dulden zu dürfen. So ging er aus dem Kerker mit dem festen Vorsatz, sein bisheriges Handwerk treulich, nur etwas vorsichtiger als ehmals, fortzusetzen.

In der Vorstadt von Bayreuth war ein Wirtshaus, wo er vordem oft einzukehren pflegte. Auch jetzt nahm er dahin einen seiner ersten Ausgänge, und weil es gerade Jahrmarkt war, fand er im untern Zimmer eine Menge Gäste beisammen. Einige alte Bekannte umringten ihn beim Eintritt, freuten sich, ihn wieder ledig zu sehn, und fragten, wie es denn eigentlich damit hergegangen sei. Ob er viel ausstehen mußte, ob er völlig gerechtfertigt wurde und dergleichen mehr. Er prahlte dagegen, so viel sich nur prahlen läßt, mit seiner Unschuld, seiner Herzhaftigkeit in unverdienten Leiden und seiner endlich anerkannten gerechten Sache. Er wies überall den erhaltenen Freiheitsbrief herum und unterließ freilich nicht, auch gegen die löbliche Justiz manches bittre Wörtchen fallen zu lassen, weil sie einen ehrlichen Kerl so mir nichts dir nichts quälen könne und doch am Ende, wenn diesem nur das Herz am rechten Flecke sitze, vor den Mund sich schlagen müsse. Diese Erzählung wirkte. Man bedauerte seine erlittenen Schmerzen, bewunderte seinen Mut bei ihrer Ertragung und drängte sich von allen Seiten um ihn herum, nicht nur, um ihn zu hören, sondern auch, um gleichsam zur Entschädigung ihm etwas abzukaufen.

Aber unter den Gästen in eben diesem Zimmer war auch einer befindlich, dessen der Hundsattler sich gewiß nicht versah und von dem er nicht ahnen konnte, daß er bald als sein schrecklichster Peiniger auftreten werde; und dies war – der Freimann von Kulmbach. Niemand kannte ihn, und wohlweislich hatte er auch niemandem sich zu erkennen gegeben; denn die Denkart damaliger Zeiten entfernte noch Gerichtsdiener und Freimänner beinahe von jeder bürgerlichen Gesellschaft. Einsam und still saß er in einem Winkel bei seinem Kruge Bier. Doch eben dieser Freimann war selbst, ein Jahr vorher, zur Nachtzeit völlig ausgeraubt worden; und jetzt, so wie er den Hundssattler eintreten sah, erkannte er den Rock desselben für eines seiner ehemaligen Kleider, und den Anzug seiner Begleiterin für einen Sonntagshabit seiner eigenen Frau. Daß er gegen ein also gekleidetes Paar aufmerksam wurde, ergibt sich von selbst, und gleich aus den ersten Reden sah er noch deutlicher, mit wem er es zu tun hatte. Er entfernte sich daher leise aus dem Zimmer, rief aber den Wirt bei Seite und sagte: »Herr, mit seinem Haus und Vermögen haftet er mir oder vielmehr der Gerechtigkeit für den Mann dort. In einer halben Stunde spätestens bin ich, und zwar hoffentlich mit hinlänglicher Begleitung, wieder da. Will der Vogel indes ausfliegen, so halt er ihn auf, es sei im Guten oder Bösen. Treff ich ihn nicht noch oder erfahre wenigstens nicht pünktlich, wo er hinging, so sitzt der Herr selbst heute noch als ein Diebshehler in Ketten und Banden.«

Der Wirt wollte dagegen verschiedenes einwenden, doch jener ging unverweilt fort; auch bedurfte man beim Hundsattler weder List noch Gewalt, ihn so lange aufzuhalten, bis das Eisen fertig geschmiedet war. Er dachte an keine Gefahr, sondern zechte, schwatzte und prahlte noch immer fort, als der Kulmbacher schon mit der Wache eintrat. Jetzt, als diese Hand an ihn legte, stutzte er freilich nicht wenig, spielte bei der Verhaftung und bei der Frage, wo er diese Kleider her habe, den Unwissenden oder vielmehr den Beleidigten, mußte aber doch, so ungern er wollte, wieder in eben den Kerker wandern, den er vor kurzem erst verlassen hatte.

Verdächtige Umstände, fremde Zeugnisse, eigene Widersprüche häuften sich jetzt stärker als vorher gegen ihn. Die Justiz, ihrem damaligen Schlendrian getreu, sprach abermals auf geschärfte peinliche Frage. Man fand dies vollkommen in der Ordnung; nur war man verlegen drüber, welche Marter eigentlich gegen eine Person zu gebrauchen sei, deren Hartnäckigkeit man schon aus Proben kannte. Der Kulmbacher Freimann bot auch hier seine Beihilfe an, und mit einem Scharfsinn, der jeden gefühlvollen Menschen zwar zu Unwillen und Abscheu reizt, den man aber ein halbes Jahrhundert früher bei Leuten seiner Art sehr zu billigen pflegte, zwang er das wirklich, was er zwingen wollte. Denn ein feines baumwollenes Hemd, in Baumöl eingetaucht und mit einer gewissen Vorsicht am Leibe des Hundssattlers angezündet, verursachte diesem so unerträgliche Schmerzen, daß er sich endlich alles zu bekennen erbot.

Schändlich, gräßlich, unmenschlich – ich wiederhole es – war diese Marter. Ich würde sie verdammen, selbst wenn sie gegen einen Kavaillac oder gegen jene Teufel in der Weltgeschichte, gegen die Urheber der Pariser Bluthochzeit, gebraucht worden wäre. Wenn dieses Verfahren indes ja durch etwas entschuldigt werden könnte, so müßte es dadurch sein, daß es gegen ein solches Ungeheuer erging. Die Richter, als der Hundssattler einmal zum Geständnis kam, erfuhren mehr als sie wollten, mehr als die kühnste Einbildungskraft sich vorgestellt hätte. Nicht zufrieden damit, seit vielen Jahren, bald allein und bald in Gesellschaft, bald des Tags in Wäldern und auf der Straße, bald des Nachts durch gewaltsamen Einbruch zu rauben, hatte dieser Bösewicht auch eine ungeheure Menge Menschenblut auf sein Gewissen geladen, hatte nicht nur unschuldige Freunde, freundschaftliche Reisegenossen, sondern sogar sein eignes Fleisch und Blut gemordet. Hatte, um gleichsam desto eigentümlicher in seiner Art zu sein, es nicht aus Habsucht allein, sondern auch aus einem Aberglauben getan, in welchem Grausamkeit und Wahnsinn um den Vorzug wetteiferten. »Hätt' ich nur den einzigen Tag, als ich gefangen war, noch überstanden«, sagte er im Verhör mit halben grimmigen Lachen, »so hätt ich euch und eure Käfige, eure Wachen und Henker verspotten können.«

»Und warum das?«

»Weil ich an eben dem Abend das neunte schwangere Weib zu ermorden dachte und alle Gelegenheit dazu mir schon ausersehen hatte.« Ein allgemeines Erstaunen bemächtigte sich jetzt der Gerichtspersonen, sie forschten weiter und genauer nach; und siehe da, der fast fabelhafte Bösewicht hatte schon acht schwangere Weiber meuchelmörderischer Weise getötet, aus ihren Leibern die Geburten gerissen und die Herzen derselben, indem sie noch lebten oder viel-

mehr zuckten, gefressen. Ja, um dieses abscheuliche Bubenstück recht vollständig zu machen, hatte seine eigne erste Frau (ein unschuldiges Geschöpf, das ihn
nie beleidigt, aber deren er bald überdrüssig geworden), hatte sein eignes erstes
Kind auch das erste Opfer abgeben müssen. Man schauderte bei diesem
Geständnis zurück; aber man wußte nicht, was man vollends von der Ursache
denken sollte, die er angab. Denn der grausame Abergläubische hatte gehofft,
nach dem Genuß des neunten Herzens fliegen zu können wie ein Vogel.

So willig übrigens der Hundssattler war, sich seiner Untaten gleichsam zu
rühmen, so verschlossen war er in Angabe seiner Zunftgenossen. Man befragte
ihn oft ernstlich und mit Bedrohung abermaliger Folter nach denselben. Er
blieb dabei, daß er weder ihre eigentlichen Namen noch Wohnungen kenne,
sondern, daß er nur immer auf der Straße, an bestimmten Tagen und Orten sie
getroffen habe. Auch hätten sie ganz gewiß nun sämtlich schon aus Deutschland oder wenigstens aus den nächsten Kreisen sich weggeflüchtet, denn sie
wären darüber einig geworden, sich sofort zu zerstreuen, sobald einer von
ihnen, zumal ihr Oberhaupt, eingezogen werde. Daß man ihm dies nicht glauben wollte, war sehr natürlich. »Wohlan«, sagte er, als man einst scharf in ihn
drang, »eines Namen und Wohnung kenne ich allerdings und glaube auch, daß
man seiner habhaft werden dürfte. Dieser war in allen meinen Räubereien mein
treuster Genosse, war, so einfältig er sich stellt, schlauer als ich und kann allerdings noch mehr gestehn als ich selbst.« Man fragte nach dem Namen und er
nannte – sollte man es glauben? – jenen armen Leinweber.

Daß derselbe, auf diese Angabe, sofort geholt und hingesetzt wurde, errät
man leicht. Aber keine Zunge erzählt, und keine Feder beschreibt den Schrek-
ken, den der Unglückliche dabei empfand. Schon lange vorher, als er des
Hundssattlers erste Verhaftung hörte, hatte er heimlich gefürchtet, in sein
Schicksal damit verwickelt zu werden; doch nunmehr war er schon seit einer
geraumen Frist wieder ruhig und sicher, denn was ging ihn jener Kulmbacher
Diebstahl an, und überdies sprach man auch bereits im ganzen Lande davon,
daß jener sonst vermaledeite Bösewicht doch so ehrlich sei, keinen seiner Gehilfen zu verraten. Eben hatte dem Weber seine Frau den Tag vorher die freilich
nicht tröstliche Nachricht mitgeteilt, daß sie zum siebentenmale schwanger sei.
Auch darüber nachdenkend saß er grade in der Dämmerung und erholte sich
ein wenig von den Arbeiten des Tages, als er den fürchterlichen Besuch der
Gerichtspersonen eintreten sah. Ein Schauder am ganzen Leibe überlief ihn
sofort; aber vollends jedes Haar auf seinem Haupte, jeder Blutstropfen in seinen
Adern erstarrte, als er, wiewohl noch kurz und dunkel, von der lügenhaften
Aussage jenes Bösewichts etwas vernahm. Indes sein Weib in Ohnmacht hin-
sank, seine Kinder um Hilfe und Erbarmen schrien und seine Nachbarn zusam-
menliefen, ließ er sich hinschleppen wie ein Sinnloser und gestand, gleich bei
der ersten Frage vor Gerichte, alles, was er getan hatte, alles, was er wußte.

Aber auch bei der größten Aufrichtigkeit traf sein Geständnis mit der

Angabe des Hundssattlers noch äußerst wenig überein. Umsonst beteuerte der Weber im Verhör mit seinem Ankläger, daß er an allen übrigen Untaten schuldlos sei; umsonst beschwur er mit Tränen, mit aufgehobenen Händen den Verleumder, sich nicht so frevelhaft, so grundlos an ihm zu versündigen, dieser blieb unverrückt auf seiner Rede. Die immer steigende Herzensangst des Webers galt für einen Beweis gegen ihn. Eben die Armut, die ihn hätte verteidigen sollen, machte, daß man ihn auch jedes Unternehmens fähig hielt; seine Akten wurden unter Umständen versandt, die im voraus nicht viel Gutes ihm versprachen; das Urteil hierauf war, wie gewöhnlich: Tortur, und zwar von Rechts wegen! Er erlitt sie und zwar schreckbar! Denn so oft er sich unter Scharfrichters Händen befand, gestand er aus Schmerz alles, was man fragte und was man wollte. Ließ man mit Quälen nach, so widerrief er alsbald und verhalf sich durch diesen Widerruf nur zu erneuerter, verstärkter Qual. Sein wiederholtes Ableugnen galt für bloße Bosheit; Beihilfe zu einer Räuberei war er doch einmal geständig, auf die Richtigkeit der übrigen erbot sich sein Mitgenosse zu sterben. Daß eine Privatfeindschaft zwischen ihnen geherrscht habe, konnte man aus nichts abnehmen. Dies waren für die Urteilsverfasser Gründe genug, um auf den Tod zu sprechen. Sie erkannten für den Hundssattler das Rad, für den Weber den Strang. Als der kleinere Verbrecher sollte dieser letztere eine Todesangst minder leiden und zuerst an den Galgen kommen.

Als den beiden Gefangenen dieser Ausspruch eröffnet wurde, lächelte der Hundssattler verächtlich, und der Weber rang voll Jammer die Hände. Die Liebe zum Leben, mehr noch der Gram um seine nackten Kinder, um sein hilfloses Weib erwachten mit größter Stärke in ihm. Auch war diese letztere in der Tat noch bedauernswerter als er selbst. Während seiner Verhaftung hatte sie und ihre sechs Weisen fast ganz von Almosen der Nachbarn gelebt. Nur mit äußerster Mühe hatte sie zwei- oder dreimal die Erlaubnis erhalten, ihren Gatten zu sprechen. Sie hatte ihn gesehn, als man ihn mit noch ganz verrenkten Gliedern aus der Folterkammer zurück in den Kerker brachte. Steine hätten damals ihren Jammer erweichen sollen. Daß sie in gegenwärtigen Umständen, bei der schwersten Handarbeit, beim öftern Laufen in die Stadt und wieder zurück in ihre Heimat, bei unablässiger Angst zur Nachtzeit und am Tage, bei der Not, die sie drückte, bei der noch größeren, die sie bedrohte, doch nicht ganz erlag, sondern immer noch in ihrer Schwangerschaft nach dem gewöhnlichen Laufe der Natur fortging, dies würde unbegreiflich scheinen, wüßte man nicht schon aus andern Beispielen, wie ungeheuer viel ein Mensch, und zumal ein Weib, ertragen kann.

Ein einziger, aber schwacher Trost blieb ihr noch übrig; derjenige, welcher die Unglücklichen so selten ganz verläßt, die Hoffnung! Daß ihr Mann, bis auf jenes unselige Schildwachtstehen, von allen Verbrechen ledig sei, das wußte sie gewiß; denn noch im Gefängnis hatte er es aufs heiligste ihr geschworen, und sie wußte, er werde sie nicht hintergehen, wußte noch aus mancherlei Umständen, daß er unmöglich des Hundssattlers guter Freund gewesen sein könne. Daher hoffte sie immer, seine Richter würden doch endlich einsehen, was ihr so sonnenklar vor Augen stand; hoffte, der Himmel werde sich seiner Unschuld, und wäre es mit Zeichen oder Wunder, annehmen. Aber als der zum Hochgerichte anberaumte Tag nun da war, als sie das Todesurteil schon öffentlich aussprechen hörte, als sie sah, wie man den Stab brach, wie sich der Zug bereits in Bewegung setzte, und ihr Mann mit tränendem Auge sie zum letztenmal umarmen wollte, da glaubte sie freilich an keine Rettung mehr. Sie riß sich von ihm los und mit der ganzen Fülle der Verzweiflung, in dem sie ihr jüngstes Kind auf dem Arm trug, das nächste an der Hand fortriß, und den andern ihr zu folgen gebot, flog sie zum Schlosse hin und verlangte vor ihren Fürsten gelassen zu werden.

Die Wache verwehrte ihr den Zutritt, denn sie glaubte, eine Wahnsinnige in ihr zu sehen. Aber eine freundschaftliche Seele flüsterte ihr zu, daß die Markgräfin soeben im Schloßgarten sich befände; alsbald eilte die Ärmste dorthin, fand die Fürstin und stürzte vor ihr aufs Knie hin. Auch hier von ihren Kindern umringt, beschwor sie bei diesen unglücklichen Geschöpfen, bei dem noch unglücklicheren, das unter ihrem Herzen liege und in wenigen Tagen das Licht erblicken solle, bei ihrem Jammer ohne Maß und Namen, bei allem, was der Himmel Erhabenes und Heiliges hat, bei diesem und bei tausend andern Dingen noch, beschwor sie die Markgräfin, sich ihres Mannes anzunehmen und nicht zu dulden, daß er in diesem Augenblick gemordet werde. Gemordet, denn er habe zwar gefehlt, doch nicht auf eine Art, die den Tod verdiene. Selbst, wenn er es hätte – Gott sei ja gnädig – warum nicht auch Menschen und Fürsten?

Das Herz der Prinzessin war edel und weich. Sie fühlte sich von dem Jammer dieses unglücklichen Weibes, von den Tränen derer, die soeben wahre Waisen werden sollten und vom Schicksale dessen, der vielleicht kein Verbrecher war, gerührt. Sie ging zu ihrem Gemahl und bat selbst für das Leben des Webers. Er zögerte ein Weilchen, gewährte es ihr aber endlich doch. Der Zwerg des Fürsten erhielt Befehl, aufs schnellste Roß aus dem Markgräflichen Stall sich zu setzen und dem Weber Pardon zu bringen. Die Markgräfin ermahnte ihn zweimal ja zu eilen, was er könne, denn sie fürchtete, daß er zu spät kommen würde.

Ihre Sorge war nicht ohne Grund. So sehr jene unglückliche Halbwitwe und auch die Prinzessin sich gefördert hatten, so war doch eine ziemliche Frist darüber hingegangen und der Zug zum Hochgericht indes fortgesetzt worden. Das ganze Volk, das mit hinausströmte, bedauerte den Weber; selbst diejenigen, die sonst wegen seines hartnäckigen Leugnens Verdacht geschöpft hatten, schlossen nun aus seinem Betragen auf seine Unschuld und wünschten seine Befreiung. Der Weg zum Hochgericht war fern, man suchte ihn noch zu verlängern, so viel man konnte. Man wurde immer lauter, immer unwilliger, je mehr man sich dem Ort der Hinrichtung näherte. Immer glaubte man jetzt oder jetzt werde Hilfe kommen. Sie kam nicht, und man war endlich an der unglücklichen Stelle. Der Priester hatte bereits seine letzte Schuldigkeit getan, und der arme Sünder stieg oder wankte vielmehr die Leiter hinauf. Jetzt, indem er schon auf der dritten Sprosse stand und der Henker den Strick um den Hals legen wollte, jetzt wandte sich der größte Teil der Zuschauer, halb unwillkürlich, noch einmal gegen die Stadt zu, und einige sahen von weiten etwas Weißes in der Luft. Man schrie dem Nachrichter zu einzuhalten. Man erkannte in nächster Minute das Roß, den Zwerg und das weiße Tuch. »Pardon! Pardon!« riefen wohl hundert Stimmen auf einmal. Man eilte dem Zwerg entgegen; man jauchzte von neuem, als man die Hoffnung bestätigt fand. Man rief von neuem: »Pardon, dem Weber, Pardon!«

Stark war also die Wirkung, die diese angekündigte Gnade auf die Menge machte, noch stärker diejenige, welche eben dadurch auf einen einzelnen verursacht wurde, und dieser war nicht etwa der Weber selbst, sondern der Hundssattler. Hartnäckig hatte dieser Bösewicht ohnegleichen im Gefängnis alle geistliche Zusprüche, alle Erinnerungen an ein jenseitiges Leben zurückgewiesen. Er werde schon als ein Mann und nicht als ein altes Weib zu sterben wissen! Dies war seine gewöhnliche Antwort, wenn man ihn zur Reue über seine Missetaten ermahnte. In den letzten drei Tagen, wo man ihm (nach einer in verschiedenen Ländern bei Verurteilten gewöhnlichen Sitte) freistellte, was er zu essen und trinken wünsche, hatte er sich noch so gütlich als möglich getan, hatte am heutigen Tage den Richtern, als sie das weiße Stäbchen brachen, ins Auge gelacht; auch im Hinausgehen noch über den Lärm des Pöbels, über den Unwillen, den einige gegen ihn äußerten, und über das Zittern seines Kameraden gespottet. »Das soll meine letzte Freude sein«, sagte er, »zuzusehen, wie dieser fromme Dieb seine Abschiedskapriole schneidet!« Und mit unverwandten Augen, mit immer gleichbleibender Gesichtsfarbe schaute er wirklich hin, als dieser Arme die Leiter hinaufstieg.

Doch als gerade im letzten möglichen Augenblick die Rettung wirklich noch sich einstellte, da wurde der Hundssattler auf einmal bleicher als eine weißgetünchte Wand, trat ein paar Schritte zurück und rief: »Ja, es ist ein Gott im Himmel und eine Vorsehung, an die ich bisher niemals glaubte! Dies ist die Probe, die ich mir setzte! Ich glaubte schon gewonnen zu haben und sehe nun, daß ich verliere.« – Man fragte ihn, was er eigentlich damit meine. – »Unschuldig«, sprach er, »ist der Weber. Nur gezwungen tat er jene Wacht, indes wir raubten. Selbst das Geld, das er bekam, wollt er zurückgeben, so sehr ihn auch Mangel und Hunger drückten. Jeden Diebstahl hat er sonst wie den Tod selbst gehaßt. Alles dies wußt' ich und verleumdete ihn absichtlich. Doch nicht etwa aus Rachbegier, sondern nur um zu sehen, ob es eine göttliche Gerechtigkeit gebe, die sich der Unschuld annehmen werde. Jetzt erkenn' ich, es gibt eine und ich bitte, man führe mich zurück, damit ich mich bekehren könne, ehe ich sterben muß. Ich will dafür auch noch manches bekennen, was wohl verdient, daß man einige Tage länger mich leben läßt.«

Man dachte, ich weiß nicht, soll ich sagen, billig oder fromm genug, um sein Verlangen ihm zu bewilligen. Er wurde wieder zurückgebracht, und man erfuhr bei einem neuen Verhör allerdings manches von ihm, was nützlich und wichtig war. Denn jetzt erst zeigte er seine ehemaligen Genossen wahrhaft an; viele wurden noch eingezogen und das Land von Bösewichtern gesäubert. Über eine Menge von Diebstählen bekam man ersprießliche Erläuterung. Die Unschuld des Webers war außer Zweifel gestellt. Als ungefähr zehn oder zwölf Tage darauf der Hundssattler zum zweitenmal hinausgeführt wurde, betrug er sich mit einem so reuigen Tone und mit so vieler Ergebung in sein Schicksal, daß wenigstens die Menge dadurch erbaut wurde. Ob eine solche Änderung viel inneren Wert besitzt, vermag ich zwar nicht zu untersuchen, aber mich dünkt, es ist in dieser Geschichte noch sonst mancher Zug des menschlichen Herzens merkwürdig, und vorzüglich der, daß auch der verstockteste Bösewicht Gelegenheit sucht, seine Zweifel gegen göttliche Vorsicht und Vergeltung entweder aufzuklären oder mit einem Grunde mehr zu unterstützen; ja, daß er durch Prüfungen, die er dem Schicksal entgegenstellt, sich gleichsam zu verwahren sucht, wenn es doch vielleicht ein Leben und eine Rechenschaft jenseits des Grabes geben sollte. So mächtig ist der Wunsch des menschlichen Herzens, auch beim offenbarsten Unrecht noch Recht zu behalten!

Friedrich Panzer

DAS MÄRCHEN VON DER PRINZESSIN
UND DEN RÄUBERN

Angeregt durch die Sammeltätigkeit der Brüder Grimm durchstreifte der Münchner Ministerialoberbaurat Friedrich Panzer (*22.10.1794 in Eschenfelden/Oberpfalz, †16.11.1854 in München) Bayern auf der Suche nach Volksüberlieferungen und »Stätten des alten Cultus«. 1848 und 1855 erschienen in München seine Bayerischen Sagen und Bräuche in zwei Bänden. Aus dem zweiten Teil stammt das Märchen von der Prinzessin und den Räubern. Panzer fand die Geschichte, die sehr stark an das im gesamten deutschsprachigen Raum verbreitete Märchen vom Schneewittchen erinnert, in seiner oberpfälzischen Heimat, in dem Ort Hirschau.

Eine schöne, aber böse Königin hatte eine Stieftochter, die noch schöner war als sie. Mal fragte die Königin ihren Spiegel: »Spiegel, Spiegel an der Wand, welche ist die Schönste im Land?« Sprach der Spiegel: »Du bist schön, aber deine Tochter Ruta ist noch schöner!« Auf den Anschlag einer Hex fuhr die Königin mit der Prinzessin in einen tiefen Wald, ließ ihren Handschuh aus dem Wagen fallen, befahl der Prinzessin ihn aufzuheben und schenkte ihr dafür einen goldenen Ring, welchen ihr die Hex gegeben hatte. Wie die Prinzessin den Ring an den Finger steckte, fiel sie tot nieder. Die böse Königin fuhr davon. Als sie in das Schloß zurückgekommen war, fragte sie gleich ihren Spiegel: »Spiegel, Spiegel an der Wand, welche ist die Schönste im Land?« Der Spiegel antwortete: »Königin, du bist die Schönste im Land!« Darüber war sie sehr erfreut. Nun aber fanden Räuber die Prinzessin, schleppten sie in ihre Höhle, und wie sie ihr den goldenen Ring vom Finger zogen, wurde sie wieder lebendig. Über eine Zeit fragte die Königin ihren Spiegel wieder: »Spiegel, Spiegel an der Wand, bin ich noch die Schönste im Land?« Sprach der Spiegel: »Du bist schön, aber deine Tochter Ruta ist noch schöner!« Die Hex mußte nun der Königin versprechen, die Prinzessin umzubringen. Die Hex kundschaftete die Höhle aus, kam als Bettlerin, wie eben die Räuber fort waren, und reichte der Prinzessin einen Apfel, welchen sie aß und tot niederfiel. Die Räuber legten die Prinzessin im Sarg auf einen Baum. Als sie aber die Leiche den Berg hinabfuhren, um sie zu begraben, erbrach sie durch das Rütteln den Apfel; die Prinzessin wurde wieder lebendig und blieb in der Räuberhöhle.

August Gottlieb Meißner

DIE RÄUBERSCHENKE IM SPESSART

August Gottlieb Meißners Erzählung über die Räuberschenke im Spessart, die erstmals 1788 in der neunten und zehnten Sammlung seiner Skizzen erschien, ist der Ausgangspunkt für eine Spessarträuber-Romantik, die in Wilhelm Hauffs »Wirtshaus im Spessart« 1828 ihren ersten Höhepunkt erreichte und bis heute anhält – nicht zuletzt durch den 1957 gedrehten Spielfilm mit Carlos Thompson und Liselotte Pulver.

Hauff hat Meißners Erzählung ganz offensichtlich gekannt. Die Figur seines Räuberhauptmanns ist deutlich an die bei Meißner angelehnt. Beide Schriftsteller waren bemüht, einen edlen Räuber zu präsentieren, den nur die Umstände ins Unglück gebracht hatten. Daß die Realität anders aussah, werden die der Räuberschenke nachfolgenden Texte noch zeigen.

Vor einigen Jahren reiste der Graf von L., ein Mann von Mut, Geist und Vermögen, durch einen Strich des Spessart-Waldes. Er traf eben auf den dichtesten, unbesuchtesten Teil dieser ohnehin ziemlich einsamen Gegend. Ein einziger Bedienter war sein Begleiter, die Jahreszeit ziemlich rauh schon, der Tag trüb und kurz. Unser Graf sowohl als sein Reitknecht kamen zum erstenmal in ihrem Leben in dieses Land. Nichts natürlicher daher, als daß sie, da es dunkel zu werden anfing, vom rechten Weg ab und immer tiefer in den Wald hineinkamen, so gern sie auch längst wieder heraus gewesen wären.

Endlich sahen sie ganz von weitem ein blasses Licht. Der Graf hielt es für ein Merkzeichen menschlicher Gegenwart, der Reitknecht für ein Gespenst. Jener hoffte, bald an einem Bauernhaus absteigen zu können, dieser besorgte sich, augenblicklich in einem Sumpf zu versinken. Dieser erschrak, jener freute sich. Ein Nachtlager unterm nächsten Baume schlug der Reitknecht vor, der Graf spottete und lenkte sein Pferd grade drauf los. Als sie ankamen, hatte, wie gewöhnlich, der Beherztere recht, denn es war ein Wirtshaus. Man tat beim ersten Anklopfen ihnen willig auf, versprach zu einem Nachtquartier alle mögliche Bequemlichkeit und wies dem Grafen eine Stube an, die wirklich ziemlich sauber für eine Waldschenke war.

Doch die Zufriedenheit des Kavaliers hielt nicht lange an. Denn indem er, unter Erwartung seiner Mahlzeit, auf und ab im Zimmer ging, trat sein Diener hinein; im Blick, im sträubenden Haar, im Zittern der Arme und Füße, kurz in seinem ganzen Betragen des leibhaftigen Schreckens Ebenbild.

»Kann uns jemand zuhören, gnädiger Herr?«

»Daß ich nicht wüßte! Aber was fehlt dir?«

»Ach, wir sind Kinder des Todes, gnädiger Herr! Leibhaftige Kinder des Todes!«

»Wie alle Menschen: das glaube ich wohl.«

»O nein! nein! Jetzt schon – diese Nacht – wir sind in eine Mördergrube gefallen.«

»Fabelst du?« fragte der Graf, indem er doch stracks, aus löblicher Vorsicht, nach einer Pistole griff, die bis jetzt nachlässig hingeworfen auf dem Tische gelegen hatte. »Was fällt dir wieder ein? Vielleicht auch ein Geschichtchen, wie unterwegs?«

»Wollte der Himmel! Aber ich sage nur, was meine eigenen Augen gesehen haben.«

»Deine Augen? So erzähle rasch hintereinander, ohne Unterbrechung und Märchen!«

»Man hatte mir allzuwenig Heu für unsere Pferde gegeben. Ich suchte daher nach mehr in allen Winkeln, fand noch einen Stall und sah da einige Heugebunde liegen. Gefunden, dachte ich und langte zu. Doch als ich sie wegnehmen wollte, wurde ich hinter ihnen einer nur angelehnten Tür gewahr. Wo muß denn die hingehen? Und warum ist sie so versteckt? dachte ich, guckte erst und kroch endlich ganz hinein. Guter Gott, wie eiskalt lief es mir bald über den Leib, und was sah ich da!«

»Nun?«

»Eine Menge Gewehre, Hirschfänger, Pistolen und Flinten, ganze große Haufen von Kleidern und fast an allen Blut!«

Die Miene unseres Grafen wurde hier auch ein wenig stutzig. »Blut!« wiederholte er bei sich selbst, ging ein paarmal überlegend in dem Stübchen auf und ab, fragte nochmals seinen Reitknecht, ob er auch recht gesehen habe, und befahl ihm dann, so schnell und doch so leise als möglich die Pferde wieder aus dem Stall zu holen.

»Ei ja, gnädiger Herr«, war die Antwort, »aus dem Stall ging es wohl, nur aus dem Hofe nicht! Das Tor ist verschlossen. Zu sehn, ob da der Zimmermann das Loch offen gelassen habe, war auch mein erster Gedanke.«

»Vortrefflich! Und mich im Stiche zu lassen, dein zweiter. Wohlan, wenn es denn nicht anders sein kann, so muß man sich vorsehen wie ein gescheiter und wehren wie ein braver Mann. Triff du nach Belieben deine Maßregeln! Ich will die meinigen schon auch zu treffen suchen.«

Der Reitknecht, so ungern er es tat, mußte nun wieder in den Stall. Der Graf schob seinen Stuhl im Winkel, der Türe schief gegenüber. Ein Tisch quer davor verhinderte, daß man ihm von eher nicht allzunah kommen könnte, von hinten deckte ihn die Mauer. Zwei scharf geladene Pistolen legte er vor sich, neben sich einen entblößten Hirschfänger.

Man brachte ihm bald darauf sein Abendessen. Dem Grafen war die Begier danach vergangen. Man schien sich über die Stellung des Tisches und die Lage des Gewehrs auf solchem zu wundern; der Graf antwortete ganz kalt, daß dies in Wirtshäusern seine Art so sei. Man sagte ihm, daß sein Nachtlager daneben bereitet worden, und er erwiderte, daß er sich nicht erst zu legen gedenke. Endlich ließ man ihn allein.

Aber er blieb es nicht lange. Die Stubentüre ging plötzlich auf, und sechs bis sieben Männer traten hinein; sämtlich wie Jäger gekleidet, mit Flinten, über ihren Rücken hängend, mit tüchtigen Pallaschen an ihrer Seite; Kerls von fürchterlichem Blick und baumlangem Wuchse. Der Graf griff nach seiner Pistole, aber sie grüßten ihn noch ziemlich höflich und ließen sich an seinem Tisch in des Zimmers anderer Ecke nieder, wo sie bald zu zechen und zu singen begannen. Nur derjenige, der zuerst hineingetreten war und auch an Kleidung und Betragen der Erste unter ihnen zu sein schien, setzte sich nicht, sondern hielt seinen Spaziergang auf und ab, wobei er oft dem Grafen ziemlich nahe kam und ihm starr ins Auge sah.

Dessen Lage war freilich jetzt nicht die angenehmste. Alle Augenblicke versah er sich eines Angriffs und konnte kaum begreifen, warum man noch so lange zögerte. Doch verließ ihn die Gegenwart des Geistes nicht. Ja, als jener Anführer immer dichter an seinem Tisch vorbeistrich und sich ganz über ihn hinbeugen zu wollen schien, erklärte ihm L. dreist heraus, daß er allzu große Nähe sich verbitten müsse.

»Und warum das?«

L.: »Weil mir allerdings hier verschiedenes anders, als es soll, zu sein scheint. Auf jeden daher, der allzusehr sich mir naht, brenne ich meine Pistole los.«

»Würde das hier viel helfen? Haben meine Leute etwa kein Schießgewehr? Und was kann einer gegen so viele?«

L.: »Teuer wenigstens sein Leben verkaufen.«

»Halten Sie uns denn für Mörder oder Straßenräuber?«

L.: »Das ist jetzt nicht die Frage! Gedanken sind zollfrei auf beiden Seiten. Genug damit zu meiner Erklärung: Auf den meine Pistole, der Miene gegen mich macht!«

Der Fremde lächelte, fuhr fort in seinem Gange und beugte bald sich wieder über die Tafel.

»Bei meiner Seele, Herr, ich halte Wort!« wiederholte L. und spielte am Hahn seiner Pistole.

»Und ist es möglich, Graf«, lachte jener plötzlich mit veränderter Stimme auf, »möglich, daß du mich nicht mehr kennst? Wenigstens freut mich die Probe, daß am rechten Ort das Herz dir sitzt!«

Unbeschreiblich bei dieser Anrede war das Erstaunen unseres Reisenden. Genauer sah er nun dem Abenteurer ins Gesicht und erkannte in ihm einen seiner besten akademischen Freunde, der als Hauptmann bei einem Freikorps im letzten Bayerischen Erbfolgekrieg gestanden hatte, ein Mann von bewährtem Mut und tadelfreiem Ruf, der mit dem Ende jenes Krieges auch verschwunden war, man wußte nicht, wohin.

»Um Gottes willen«, schrie L. laut auf, »wie finde ich dich in dieser Gestalt? Wie könntest du...« Scheu vor den übrigen Zeugen, die um den Tisch sich stellten, erstickte den Überrest dieser Rede; ein Überrest, der dem Hauptmann doch gar leicht zu erraten fiel. Er lud den Grafen ein, mit ihm auf ein besonders Zimmer zu gehen, das für ihn ganz allein in des Hauses verstecktestem Winkel der Wirt aufbewahre, und dieser, der ohnehin in seinen Händen sich sah und der auch zutrauungsvoller durch die Erkennungsszene geworden war, folgte mitten durch die Reihe der Räuber, doch stets mit beiden Pistolen bewaffnet, seinem Freunde nach.

Trepp auf, Treppe nieder ging jetzt ihr Marsch. Endlich sahen sie sich in dem versprochenen Zimmer, und der Räuberhauptmann bot traulich dem Grafen Hand und Kuß. »Sieh nun«, rief er, »gib nun deine Verwunderung, mich so wieder zu finden, ganz nach deiner Willkür zu erkennen! Du bist sicher, nicht gehört und noch minder beleidigt zu werden. Unter welch einer Gattung von Menschen du dich befindest und wer deren Anführer ist, das ergibt der Augenschein freilich. Aber ich bin noch der Alte, darauf vertraue! Und daß sie, die allerdings gegen manche andre Gesetz' und Ehrlichkeit verletzen, mit mir besser als die sogenannte ehrliche Klasse von Menschen umgegangen sind und noch umgehen, das ist gleich gewiß.«

»So brenne ich vor Ungeduld, deine Geschichte und die Veranlassung deines jetzigen Lebens zu hören.«

»Die ist kurz und nicht die freiwilligste, doch natürlich genug. Was für eine Stelle ich im letzten Kriege bekleidete, weißt du, und daß ich brav zu tun pflegte, hoffentlich auch. Eines nur konnte ich nicht, den Höfling mit dem Soldaten verbinden. Daher liebte mein Oberst mich nie, ob er schon überall mich hinsandte, wo Mut und Kopf vonnöten waren. Der Friede kam, unser Freikorps wurde eingezogen. Schon die Verfügung, die man über die Gemeinen traf, indem man sie zwang, in einem ihnen ganz fremden Lande Kolonisten zu werden, war hart, doch notwendig genug. Die Maßregeln, die man gegen uns Offiziere traf, schienen billiger und waren grade das Gegenteil. Man versprach uns Dienste, hielt sie wenigen, hielt sie selbst diesen wenigen, Gott weiß wie. Mich traf es vorzüglich. Mein Oberst, der meiner nicht mehr bedurfte, besann sich nun erst recht darauf, daß er mir feind sei. Vermögen hatte ich nie gehabt, erplündert noch minder. Schmeicheln, betteln um Beförderung konnte ich nicht. Ich wartete ein Weilchen, bald vermochte ich auch das nicht mehr, denn Freunde, deren Geldvorschuß mich unterstützte, hatte ich kaum. Auch sie waren nicht reich und schienen darunter zu leiden. Das merkte ich und konnte es meiner selbst wegen nicht länger tragen. Jetzt hielt ich bei allem, was nur Kriegsminister, General, Kriegsrat und dem ähnlich hieß, meinen Umgang. Zweimal vertröstete man mich, das drittemal ließ man sich verleugnen. Graf! Welchen Buben von Kammerdienern hab ich dann oft fruchtlos ein gutes Wort, welchem elenden Schuhputzer meinen letzten halben Gulden gegeben. Beides fruchtlos! Da war an keine Aussicht unter Jahresfrist zu denken, und meine Besoldung... still davon!

Bei solchen Umständen war mein Entschluß – Entschluß der Verzweiflung. Frankreich nahm damals schon, wie du weißt, teil an den Unruhen der englischen Kolonien. Meine Absicht war, nach Straßburg zu gehen und dort Dienste zu suchen. Gelingt auch dies mir nicht, dachte ich, so wollen wir sehen, ob die neue Welt gegen mich besser als die alte gesinnt ist. Auch sie hat des Kriegs ja wohl genug und der Wildnisse nur mehr als zuviel; in jenen will ich mein Heil versuchen, in diesen, wenn der letzte Ankertau zerreißt, mein Elend beschließen. Ich verkaufte, was ich besaß, bezahlte, was ich vermochte, verschwieg meinen Plan und verschwand. Die Dürftigkeit meiner Börse zwang mich zur Fußreise. Ich kam bis an diesen Spessart-Wald; es ging mir hier, wie es auch dir vermutlich gegangen sein mag, ich verirrte mich. Plötzlich sprangen hinter einem Gesträuch fünf rüstige Kerle hervor, und zwei von ihnen setzten mir die Pistole auf die Brust, indem sie mit dem drohendsten Ton meinen Beutel forderten. Ich griff gelassen danach, aber im Nu schlug ich das eine Terzerol aus des Räubers Hand, entwand seinem Nachbar das zweite und drückte es los.

Mein erster Angreifer stürzte. Ich zog meinen Hirschfänger und verteidigte mich gegen die übrigen. Zwar waren noch vier übrig, aber mutmaßlich hätte ich doch ein Weilchen mich gehalten, wären nur nicht auf den lauten Pfiff des einen Räubers noch drei herbeigeeilt. Jetzt wäre längeres Widerstreben Unsinn gewesen. Als sie daher nochmals mir zuriefen, daß ich mich ergeben solle, war ich bereit dazu. Sie versprachen mir das Leben. Ich wandte meine Taschen um, was herausfiel, war kaum der Rede wert.

›Ha, das lohnte sich wohl‹, brach einer von meinen Plünderern aus, ›daß wir soviel Müh uns gaben und unser Anführer hart verwundet wurde. Bei meiner Seele, du hättest verdient, daß man an deinem Kopf unsre Hirschfänger probierte!‹ Er schien Miene zur wirklichen Probe zu machen, und ich hielt stand. ›Auf euer Wort‹, sagte ich, ›hab ich mein Gewehr gestreckt, gebt mir dasselbige zurück, und es werde dann mit mir, wie's dem Glück gefällt. Was euch wenig dünkt, ist nicht weniger als meine ganze Barschaft, und doch habe ich sonst bereits hundert solcher Leute, wie ihr seid, angeführt.‹ Das Entschlossene meines Tons und das Zweideutige meiner Rede taten Wirkung auf sie. Sie sprachen ein Rotwelsch unter sich, das ich nicht verstand, und sahen nach dem Verwundeten, der mit dem Tode zu ringen schien. ›Es ist unerhörte Gnade von uns‹, hub der eine wieder an, ›wenn wir das Leben dir lassen. Aber sag uns an, wer bist du?‹ Ich sah keine Ursache, warum ich's ihnen verhehlen sollte, und erzählte ihnen ungefähr das nämliche, was ich dir jetzt erzählt habe. Ihr Rotwelsch begann abermals und dauerte wieder einige Minuten hindurch.

›Du siehst selbst‹, redete endlich der Drohendste von ihnen mich an, ›was du getan und was du zu fürchten hast. Bloß eine gewisse Achtung vor deinem Mut bewog uns, dir Pardon anzubieten, nun mußt du aber auch ihn dir verdienen. Deiner Erzählung nach hast du nicht viel zu verlieren; sieh hier eine Gelegenheit viel zu gewinnen. Wir haben tapfere Leute gern, willst du unser Mitglied sein, oder ...‹ sie schwenkten drohend ihre Hirschfänger, entschlossen erwiderte ich: ›Nein!‹

›Auch nicht unser Hauptmann! Sieh, wir sind, wenn wir alle hier wären, nah an vierzig. Einträglich sind unsere Posten und unsere Vorratskammern voll. Freibeuter hast du sonst im Krieg geführt, wir sind die nämlichen, sind sicher braver noch als sie und haben auch Krieg. Freilich mit der ganzen Welt, aber was tut das! Eben dieser Welt bist du ja wenig oder nichts schuldig. – Entschließ dich schnell daher oder ...‹

Noch einmal war ich im Begriff, mein voriges Nein herauszustoßen, aber, ich leugne es nicht, der Anblick ihrer gezogenen Gewehre wurde mir allmählich wichtiger, je näher er mir kam. Verachtung des Lebens findet gewöhnlich nur in gewissen ersten Augenblicken des Enthusiasmus statt, und Haß gegen ein undankbares Menschengeschlecht kann, wo er einmal nur sich eingenistet hat, auch leicht durch eine Räuberberedsamkeit noch vergrößert werden. Kurz, nach einigen Bedingungen, die ich mir noch machte und die sie mir gewährten, gab ich der Notwendigkeit nach, schlug ein und wurde ihr Hauptmann; bin es jetzt noch, wie du siehst. Was du von dem allem denkst, was du vielleicht an meiner Stelle getan haben würdest, das lieber Graf, sage mir nun ebenso aufrichtig, als ich jetzt alles mich Betreffende dir erzählt habe!«

»An deiner Stelle getan?« erwiderte L. »Wahrscheinlich ganz eben dasselbe! Wie sehr mich dein Schicksal rührt, das wird bei verschiedenen Stellen deiner Erzählung dir meine Miene gesagt haben. Du bleibst mein Freund, ich finde dich, wo es sei. Und wenn ich einmal in Räuberhände fallen sollte, muß es mich freuen, daß du deren Hauptmann bist. Nur dein Plan für die Folge, ich beschwöre dich, was ist der?«

»Was du ziemlich leicht erraten könntest.«

»Doch nicht zu bleiben bei dieser Lebensart?«

»Wenigstens so lange, bis ich nicht nur unverhindert von meinen Spießgesellen, sondern auch mit ziemlich voller Börse entfliehen kann.«

»Aber bedenkst du, welch ein Los dir bevorsteht, wenn man euch entdeckt, überfällt, übermannt?«

»Ein hartes allerdings, aber doch vielleicht, wenigstens dem natürlichen Recht nach, nicht der Tod. Jener Zwang entschuldigt viel, und mehr noch entschuldigt mich, vor meinem Gewissen wenigstens, ein anderer Umstand.«

»Der wäre?«

»Sieh, so sonderbar ist das Schicksal des Menschen, daß er unter Räubern selbst noch Gutes stiften kann, wenn er nur will. Diese Elenden, denen nichts heilig zu sein pflegt, halten doch heilig unter sich selbst ihr Wort. Blinden Gehorsam schworen sie mir, und allmächtig beinah auf Erden wäre derjenige Fürst, der nur zehntausend dergleichen getreue Untertanen zählte. Mit Menschenblut fand ich, als ich zu ihnen kam, fast aller Hände besudelt. Abzuwaschen diese greuliche Schuld, das freilich vermochte ich nicht, doch zu verhindern, daß nicht von neuem diese Schuld sich mehre, das ist seither mir gelungen und soll auch fernerhin mein Bestreben sein. Schon bin ich der Retter von wenigstens zwanzig Menschenleben gewesen; schon hat allmählich von mancher Barbarei mein Beispiel sie abgehalten und dieses Wirtshaus, sonst jede Woche beinah die Grabstätte eines Unglücklichen, ist nun seit sechs Monaten schon unser Teilungsort nur und unser friedlicher Schlupfwinkel geworden.«

Der Graf lobte dies, aber er fuhr fort, seinen ehmaligen Freund zu bitten, ein so gefahrvolles Leben sobald als möglich zu verlassen. Er trug ihm selbst seine Börse zum Geschenk an und nahm erst dann sein Anerbieten zurück, als er sah, daß die beleidigt scheinende Miene von jenem sein Ernst sei.

Bis tief in die Nacht dauerten ihre Gespräche. So weich das Lager war, so wenig schlief L., denn zu gedankenvoll war seine Seele. Früh wollte er wieder abreisen. Der Hauptmann ließ es erst gegen Abend zu und führte ihn, ehe er aufbrach, noch einmal unter seine Leute.

»Wir sind mit dir umgegangen, Graf«, sprach er, »wie mit einem vertrauten

Freunde. Nun gib uns dein Ehrenwort, daß du nie von dieser Geschichte reden, nie eine Spur von unserer Bande, nie eine Beschreibung von dem Inneren und Äußeren dieses Wirtshauses, nie irgend etwas, das Nachsuchung und Verdacht erwecken könnte, vor Gericht oder Nicht-Gericht kundmachen wirst, bis ich selbst dir die Erlaubnis dazu gebe.

Der Graf gab gern sein Ehrenwort. Ein schrecklicher Eid band die Zunge des Reitknechts, für den noch überdies sein Herr sich verbürgte. Ein freiwilliges Geschenk belohnte die Bescheidenheit der gemeinen Räuber. Zwei von ihnen geleiteten, als die Sonne untergegangen war, den Fremdling bis auf die Landstraße, wo unverirrbar der Weg zum nächsten Städtchen hinging, und dann entfernten sie sich plötzlich.

L. hielt sein Wort. Aber nach sechs bis sieben Monaten meldete ihm sein Freund durch einen Brief, daß nun zerstreut ihre Bande, er selbst mit drei seiner vertrautesten Leute entkommen und jetzt als Hauptmann in spanischen Diensten sei. Es traf dies kurz vor dem Zeitpunkt jener berühmten schwimmenden Batterien, und ungewiß ist es, ob nicht auf einer von diesen unser Abenteurer seinen Tod gefunden; denn sein erster Brief ist auch sein letzter geblieben.

Anonym

DAS ENDE DER GROSSEN NIEDERLÄNDISCHEN BANDE

Als den rheinischen Räuberbanden, die aus der Großen Niederländischen Bande hervorgegangen waren, in ihren angestammten Revieren der Boden unter den Füßen brannte, zogen sich ihre noch nicht verhafteten Mitglieder in die anderen Teile Deutschlands zurück, wo sie noch gefahrloser ihrem Handwerk nachgehen konnten. So kamen in den ersten Jahren des 19. Jahrhunderts einige der Haupträuber in den Spessart, in die anderen Teile Frankens, nach Schwaben und nach Bayern. Dort versetzten sie die Bevölkerung ebenso in Angst und Schrecken wie noch kurz zuvor zwischen Aachen und Mainz. Als 1804 der zweite Teil der Actenmäßigen Geschichte der Räuberbanden an den beyden Ufern des Rheins *in Köln erschien, befanden sich die meisten der aus dem Rheinland geflüchteten Räuber noch auf freiem Fuß. Der unbekannte Autor, der die umfangreichen Akten des öffentlichen Anklägers von Köln, Anton Keil, ausgewertet hatte, sah sich deshalb genötigt, seiner Actenmäßigen Geschichte einen Nachtrag und eine Liste der noch nicht gefaßten Räuber beizugeben. Die meisten Gesuchten konnten übrigens schon nach kurzer Zeit hinter Schloß und Riegel gebracht werden. Wir geben den* Nachtrag über den gegenwärtigen Aufenthalt der ehemaligen niederländischen Bande *ungekürzt wieder. Beide Teile der* Actenmäßigen Geschichte *sind komplett in unserer Sammlung* Die deutschen Räuberbanden *enthalten.*

Wer da glauben wollte, daß Menschen wie Picard, der seit seinem fünfzehnten Jahre an bis jetzt in sein dreißigstes ununterbrochen vom gewaltsamen Raub gelebt hatte, der vielleicht zwanzigmal in den Händen der Justiz gewesen und, sooft er entschlüpfte, wieder zu seinem abscheulichen Handwerk die Zuflucht nahm, wie Damian Hessel, der Student, der fast bei jedem in der niederen Rheingegend verübten Diebstahl zugegen gewesen, wie Johann Müller, wie der Major, die keine Gefahr scheuten, wo es nur galt zu rauben, wie Afrom May, wie Leibchen Schloß, die ergraut im Banditenstand allenthalben an der Spitze sich zeigten, daß solche Menschen durch erworbenen Reichtum, durch Zurückkehren der Vernunft, durch moralische Einwirkung ihrem alten Sünderleben entsagen und sich einem erlaubten Gewerbe ergeben könnten, wer, sag' ich, diese Meinung nähren wollte, der müßte seine Abstraktionen aus Dichtungen genommen und keinen Blick in die wirkliche Welt getan haben. Roman-Räuberhauptleute, aber keine Räuberchefs, wie sie existieren und wie wir sie kennen, lassen sich durch moralische Motive von ihrer Laufbahn abbringen.

Sobald die ehedem in Neuwied bestandene Räuberbande auch aus ihren Schlupfwinkeln in und um Gelnhausen verjagt war, zog sie durch den Spessart nach Franken, hielt sich einige Zeit in der Gegend von Ansbach auf und begab sich endlich nach Schwaben, wo ihr die vielen kleinen sich durchkreuzenden Territorien mehrerer Landesherren jene Ruhe und Ungestörtheit zu gewähren schienen, die sie einst in Mersen und später in Neuwied genossen hatten. Hier finden sich Räuber ein, die einst unter der brabantischen Bande große Rollen gespielt hatten, aber nur selten am Rhein erschienen waren, diese Räuber sind Waldmann und Süßkind, von denen jeder eine kleine Räubertruppe kommandiert.

An der Spitze der großen Bande steht der Major, der sich den Namen Pindray gibt, eigentlich heißt er Rouchet oder Laroche. Im Juni 1802 erschien er als ein Kaufmann aus Bourdeaux, war stattlich gekleidet und hatte Domestiken. Einst war er nur subordiniertes Glied der Bande, jetzt aber hatte er das Kommando, und zwar bei jeder Gelegenheit, erhalten. Er war Militär, er war Franzose, hatte einige Bildung und konnte so leicht eine Art von Superiorität über die übrigen erhalten. Sein Aide de Camp und Factotum war Johann Müller, der Anführer bei dem Langenfelder Postkarrenraub, auch jetzt Daumen genannt, vermutlich weil ihm bei einem obenangeführten Raub der Daumen abgeschossen worden ist. Picard, Waldmann und Süßkind hatten kleinere, meistens aus Juden bestehende Räuberbanden, die jedoch, wie es schien, alle unter dem Major standen. Nicht minder hatte der Student Damian Hessel, der seit neuerer Zeit den Beinamen Beutel erhalten hatte, einen kleinen Räubertrupp, der aber ebenfalls unter dem Major stand. Picard hatte ein Christenmädchen bei sich, die sich Bletten nannte, er sah blaß und kränklich aus. Damian Hessel hatte an einer galanten Krankheit gelitten und trug davon noch geheime Merkmale; in Donauwörth hatte er wegen Räubereien gefangengesessen, war aber auch hier wie in Neuss, Erkelenz, Uerdingen, Frankfurt usf. entsprungen.

Zahllose Diebstähle gewalttätiger Art hatte der Major mit seiner Bande in Schwaben und Franken verübt, aber keiner war beträchtlicher, keiner merkwürdiger als jener, den wir jetzt mit allen Umständen erzählen werden. Selbst unter den ansehnlichen großen Räubertaten, die uns die Geschichte der Batavischen und Mersischen Bande liefert, waren vielleicht nicht viele, die mehr Aufsehen gemacht, die die Gegend rund umher in größeren Schrecken gesetzt hatten. Wir folgen der Erzählung eines Augenzeugen, des Juden Löw Ulmann, des Bedienten des Majors. Die Art und Weise, wie er uns den Hergang der Sache schildert, ist zu interessant, als daß wir einen anderen Faden auffassen sollten.

»Ungefähr im Juni des Jahres 1802«, so berichtet Ulmann vor dem Gericht zu Donauwörth, wo er gefangensaß, »ungefähr um diese Zeit traf mich ein fremder, wohlgekleideter Mann auf der Straße von Augsburg nach Oberhausen und fragte mich, ob ich nicht Lust hätte, bei einem Kaufmann in Dienst zu gehen. Ich erwiderte, daß ich jedes Mittel fortzukommen mit Vergnügen ergriffe. Der Fremde versprach mir, daß ich zufrieden sein sollte, und erklärte sich, daß er der Kaufmann sei, der mich in Dienst nehmen wollte. Ohne lange mich zu besinnen, schlug ich ein, und so kam ich plötzlich in sein Brot. Mit ihm, der sich Pindray nannte und von Bourdeaux gebürtig sein wollte, reiste ich auf der Stelle über Biberbach nach Buttenwiesen und endlich nach Kettingen, wo wir über Nacht blieben. Hier fand sich ein Fremder ein, der sich Müller nannte, einen eingebundenen Daumen trug und mit meinem neuen Herrn, dem Kaufmann aus Bourdeaux, ganz intim Freund war. Er gesellte sich zu uns, und so nahmen wir den Weg nach Kleinerdlingen, wo wir an einem Donnerstag eintrafen. In diesem Ort kehrten wir bei einem Mann ein, der den Beinamen Bäckermaz führte. Hier verweilten wir bis Sonntag, an welchem Tage ein zweiter, mir ebenfalls Unbekannter zum Vorschein kam; der Kaufmann flog ihm entgegen, küßte und drückte ihn. Anfangs stand ich in dem Wahn, dieser Mensch müsse wohl ein Bekannter des Bourdeauxer sein, später aber hörte ich, daß er wie ich nur diene, und endlich sagte man mir, er habe im Jahr 1801 in Donauwörth gefangengesessen. Mein Herr, der Kaufmann, schickte mich am Samstag voraus und hieß mich, in dem nächsten gegen Wassertrüdingen zu liegenden Ort seiner zu harren, er werde auf einen Markt reisen und Waren kaufen. Ich ging in den Ort, mein Herr, Müller und der Bediente folgten mir nach. In dem Ort gaben sie mir Geld, um Stricke, Schwefelfaden und Wachsstöcke zu kaufen. Die ersteren, hieß es, dienten Waren zu packen. Ich verrichtete mein Geschäft, und wir brachen alle nach Ansbach auf.

Gleich vor Ansbach blieb mein Herr mit seinem Gefährten in einem etwa

eine Viertelstunde Weg entfernt liegenden Wald. Ich habe einige Comptoirdie-
ner an der Hand, sagte er, die mir gewöhnlich an diesen Ort Waren bringen und
die mir dieselben hier etwas wohlfeiler lassen. Mit diesen Worten suchte er
mich über sein Vorhaben zu täuschen, aber mir kam das Ding so verdächtig vor,
daß ich Reißaus nehmen wollte. Ein gewisser Beutel (Damian Hessel), der
zugegen war, sprang mir nach, holte mich ein, setzte mir eine Pistole auf die
Brust und rief: »Kerl, du bist des Todes, wenn du entfliehst«, und so nahmen
er und der mit dem verbundenen Daumen (Johann Müller) mich in die Mitte
und brachten mich zurück. Auch mein Herr sprang hinzu, setzte mir das Messer an die Gurgel und drohte mir, den Hals abzuschneiden, wenn ich den
geringsten Laut von mir gäbe, würde ich aber schweigen, so sollte ich in der
folgenden Nacht auf immer glücklich werden. Dieses war bei einbrechender
Nacht etwa gegen neun Uhr. Bis gegen elf blieb die Gesellschaft, die jetzt aus
meinem Herrn (dem Major), Müller (Johann Müller), dem sogenannten Beutel
(Damian Hessel) und mir bestand, im Wald liegen. Um diese Zeit ging mein
Herr aus dem Gebüsch an die Landstraße und schlug mehrmals in die Hand.
Auf meine Frage, was das bedeute, entgegnete man mir, daß noch zwölf Kameraden kämen und daß dieses das Zeichen sei, daß man sie erwarte. Es ging
einige Zeit herum, aber – keine Antwort folgte. So wurde es halb zwölf.

Mein Herr nahm geheime Absprache mit seinen Gefährten. Soviel erfuhr ich,
daß sie sich zu ihrem Vorhaben zu schwach fühlten, weil die anderen nicht
gekommen wären, und sie es aufgaben. Wir kehrten also in den Wald zurück.
Mich banden sie fest und ließen mich so die Nacht über liegen. Jetzt brach der
Tag an. Mein Herr schickte seine Gefährten umher, um diejenigen, die ausge-
blieben waren, zu suchen und Essen zu bringen, während ich mit ihm zwölf
Stunden im Wald gelagert war. Abends spät kamen die beiden, Daumen, wie sie
ihn nennen (Müller), und Beutel (Damian Hessel), mit etwas Essen zurück, aber
die Kameraden hatten sie nicht gefunden. Die Nacht brach an, sie erschienen
nicht. Es wurde zwölf, mein Herr gab mehrmals das Zeichen, aber niemand wollte
antworten. So floß auch diese Nacht herum. Der Montag begann. Noch einmal
sandte mein Herr sie aus, aber auch diesmal vergebens. So kam die dritte Nacht.

Gegen elf Uhr wachte mein Herr auf. Er hatte beschlossen, die Ankunft der
übrigen nicht zu erwarten und mit Müller und Beutel den großen, kühnen
Raub allein auszuführen. Unterwegs hatte er ein Pflugeisen mitgenommen,
dieses trug er in seinem Mantel verborgen. Leisen Trittes nahte er sich dem Gar-
ten des Generals Baron Kneipli, den man gewaltsam berauben wollte. Mit dem
Pflugeisen sprengte mein Herr, den sie, wie ich jetzt erfuhr, Major nannten, ein
Gartenschloß auf, dann kam er an das Haus, stieß ein Fenster ein, öffnete den
Laden, stieg hinein, forschte, ob alles schlief, und erschien dann, die Haustür
von innen zu öffnen. Attila! ihr Jungen, schrie er, und auf dieses Wort stürzten
Müller und der Beutel in das Haus. Ich folgte.

Der Major brannte die Wachslichter durch den mitgebrachten Schwefelfaden an, hieß mich ihm leuchten und forcierte die untere Tür. Den Beutel stellte er als Wache auf. In den unteren Zimmern fand sich nichts, das ihnen behagte, sie gingen somit eine Stiege hinauf. Ich immer hintendrein. Gleich oben fand sich eine Stube mit einem kleinen Fenster. Mein Herr, der Major, zog sich aus, schlüpfte durch die Öffnung, nahm das Licht zu sich herein und wurde gewahr, daß er sich in der Gewehrkammer befände. Er öffnete die Tür, kleidete sich an, schwärzte sich das Gesicht, verband sich das Kinn mit einem Halstuch, ergriff zwei Pistolen von jenen des Generals, lud sie, reichte seinen Gefährten gleichfalls scharfgeladene Gewehre und machte Anstalten vorzurücken. In diesem Moment erschien der alte General inwendig an der in die Gewehrkammer gehenden und verschlossenen Tür und rief: ›Wer da?‹ – ›Das werdet ihr gleich erfahren‹, antwortete der Major, rannte mit seiner Achsel wider die geschlossene Tür, daß sie in Trümmer fiel. Noch habe ich anzuführen vergessen, daß der Major in der Gewehrkammer eine Kommode mit einem Eisen aufgesprengt hatte, worin gestickte und bordierte Kleider gelegen hatten, die gewiß mehrere tausend Taler wert gewesen sein müssen, daß er aber, nach größerer Beute lüstern, nichts von allem anrührte oder anrühren ließ.

Kaum war die Tür aufgesprengt, als wir den alten General in einem grünen Pelz vor uns stehen sahen. Auch er erblickte uns, und da er nicht ungewiß über unsere Absicht sein konnte, wollte er nach seinem Licht springen, es auszulöschen; aber der Major und Müller warfen sich schnell auf ihn, rissen ihn nieder, banden ihm Hände und Füße und warfen das Deckbett über ihn.

Der General suchte dem Major und seinen Gefährten in das Gewissen zu sprechen und erinnerte sie an den Ewigen im Himmel, der das Laster strafe; der Major aber scherzte und sagte, Gott habe sie geschickt, weil er unfreund mit dem General sei. Sobald der General gefesselt und zugedeckt darniederlag, machte sich der Major ans Aufbrechen. Eine neben dem Bett stehende Kiste, mit rotem Scharlach überzogen, deren Ecken mit Silber beschlagen waren und die Silbergeräte aller Art enthielt, war das erste, was er aufsprengte. In einen oben gefundenen, großen Getreidesack packte der Major mit Müller die Kostbarkeiten ein, und beide schleppten sie zum Schildwache stehenden Beutel hinab. Jetzt kam der Major an einen zweiten Kasten und nahm hieraus drei Hüte voll Goldstücke, die er in sein Hemd schüttete und ebenfalls hinabtrug. Ein dritter Kasten wurde geöffnet, und er fand sich mit Silbermünzen angefüllt. Diese hinabzubringen, nahm der Major ein ledernes Kopfkissen, trennte es auf und füllte es an. So kam es zu den übrigen. Nicht einmal, mehrmals – wenn ich mich nicht irre, siebenmal wurden Kissen und andere Überzüge mit Silbergeld aus der Kiste geholt. Nun kamen sie an einen buxbaumenen, mit Perlmutt eingelegten Kasten, aus dem drei Uhren, eine goldene Dose, Ringe und dergleichen genommen wurden. Mitten in diesem Plündern rief auf einmal der Wache Stehende: ›Stuttgart! Stuttgart!‹ – das Zeichen zum Aufbruch. Schnell stürzten alle die Treppe hinab, packten auf, was sie fassen konnten, und so ging es nicht weit von dem Garten weg die Straße von Ansbach nach Rothenburg an der Tauber hin in den nahen Wald. In einer Höhle, die ihm wohl bewußt sein mochte, vergrub dort der Major drei Säcke mit Silbergeld in der Erde, den Sack mit dem Silbergeschirr aber ließ er gleich vorn in den Wald hineinwerfen und sagte: »Forttragen können wir ihn nicht; wer das Glück hat, ihn zu finden, mag sich freuen.« Die übrigen Säcke mit Silber und Gold nahmen sie mit sich fort.

Es war ein Uhr, da gingen wir über Dalmassing nach Öttingen. Im Wald vor dem letzten Ort beratschlagten sich plötzlich Müller und Beutel, was mit mir anzufangen sei. Sie wollten mir anfangs, aus Furcht, verraten zu werden, ans Leben. Mein Herr aber nahm sich meiner an. Er kann noch brav werden, sagte er, laßt ihn gehen. Müller und Beutel forderten mich auf zu schwören. Der Major aber wurde laut und drohte dem, der mir das geringste zuleide tun würde, ein Messer in den Leib zu rennen. Wir gingen nun nach Öttingen. Müller und sein Gefährte begaben sich in die Stadt, eine Postchaise zu bestellen. Ich aber und mein Herr, schwer beladen mit der Beute, umgingen die Stadt. Unterwegs begegneten uns zwei Bauern. Ey, riefen sie, als sie uns erblickten, diese tragen schwer. Mein Herr, der Major, entgegnete ihnen auf der Stelle: Ihr Narren glaubt wohl, es sei Geld, Kupferplatten sind es, die wir nach Wallerstein zur Vermählung (die soeben dort gefeiert werde) tragen müssen. Auf der Landstraße setzten wir uns nieder und harrten, bis Müller und Beutel mit der Chaise kamen. Kaum erblickte mein Herr den Wagen, als er die darin Sitzenden grüßte. Sie stiegen aus, umarmten einander und taten, als ob sie sich eine Ewigkeit nicht gesehen hätten. Die beiden in der Chaise fragten, wohin der Landsmann zu reisen gedächte, und mein Herr erzählte ihnen, daß er die Kupferplatten nach Wallerstein bringen müsse; er bat sie, sie möchten ihn doch mitnehmen, er wollte gern dem Postillon ein gutes Trinkgeld geben. Natürlich waren die Herren in der Chaise zufrieden. Der Postillon war es nicht minder, als er von einem ansehnlichen Trinkgeld hörte, und so stiegen sie nach einigen Zeremonien ein. In dem Wagen wurde trefflicher Wein getrunken, und so fuhren wir bis Nördlingen. Am Tor stiegen mein Herr und ich mit den Geldsäcken aus. Die zwei anderen fuhren in die Stadt hinein und hielten sich dort bis gegen Abend auf. Mein Herr und ich ruhten von den Strapazen hinter der Ziegelstadt aus. Später brachen wir auf und begaben uns nach Kleinerdlingen zu dem bekannten Bäckermaz.

In Kleinerdlingen war die Frau oder Geliebte des Majors schon vorher über einen anderen Weg eingetroffen. Damals, als wir das erste Mal in Kleinerdlingen waren und von da aus zu dem Raub auszogen, hatte sie sich schon dort eingefunden und hatte ruhig dort den Streifzug nach Ansbach abgewartet. Es war etwas später, als wir in Kleinerdlingen eintrafen. Wir blieben hier die Nacht über. Als diese herangebrochen war, führte mich mein Herr in eine Kammer und schloß sie von außen mit einem Vorhängeschloß zu. Dann begab er sich mit Müller und dem Studenten (Beutel, Damian Hessel) in ein oberes Zimmer, und nun ging es an die Teilung der überschwenglich großen Beute. Einen Teil, so erfuhr ich nachher, bekam der Major als Anführer und Kommandant, einen zweiten als Mitglied, ein Teil wurde für den, der den General angegeben hatte (den Baldowerer) zurückgelegt und von meinem Herrn in Verwahrung genommen; der Student und Müller erhielten jeder seinen Teil. Die ganze Nacht durch konnte ich das Klingen des Zählens hören. Am folgenden Morgen gab mir mein Herr 63 Karolin in Schaumünzen mit dem Auftrag, in Nördlingen zwei schöne Pferde zu kaufen, wenn ich sie brächte, sollte ich das Geld, was ich auslegte, wiederbekommen und sollten die 252 Taler mir geschenkt sein. Müde des gefährlichen Lebens bat ich meinen Herrn und Müller, mich doch nach Hause zu meinen Eltern zu lassen; aber sie redeten mir zu zu bleiben, besonders der letzte, der von einem Handel (Raub) sprach, bei dem sie eine Million bekommen könnten und der uns alle auf immer glücklich machen würde. Ich folgte nach einigen Gegenreden dem Befehl meines Herrn, begab mich nach Nördlingen, kaufte ein schönes Pferd mit Sattel und Zeug, aber statt die Absicht zu haben, zu den Räubern zurückzukehren, entschloß ich mich davonzureiten. Schon war ich auf der Landstraße und eine Strecke von Nördlingen weg, als ich hinter mir her meinen Herrn kommen sah, er rief mir zu zu halten, aber das bewegte mich nur, mein Pferd schneller fortzutreiben. Da der Major meine Absicht merkte, kehrte er um, nahm eine Chaise mit zwei Pferden und folgte mir in aller Eile nach.

Ich kam nach Möttingen und trat in das Zollhaus, wo sich mehrere Leute aufhielten. Hier nahm ich etwas zu mir und erzählte den Anwesenden, daß ich fürchte, es möchte mir jemand nacheilen und mir abnehmen, was ich bei mir hätte, daß ich gerne nach Harburg möchte, um dort den, der mir nachfolgen würde, arretieren zu lassen. Die Leute sagten mir, ich sollte ihn nur kommen lassen, sie würden mir helfen. Da unterdessen ein Bauernwagen nach Harburg und mit diesem auch ein Jude abfuhr, so gab ich diesem die Schaumünzen und auch das Geld, das ich hatte, in Verwahrung und ritt an der Seite des Wagens nach Harburg zu. Auf einmal sah ich eine Chaise schnell hinter mir dreinkommen, die mich auch bald erreichte. Aus ihr sprang der Major heraus, faßte mein Pferd beim Zaum, zog das Messer und hieß mich sogleich absteigen, oder er würde mich über den Haufen stechen. Den Leuten sagte er, daß ich sein Bedienter sei, der ihm mit Geld durchgegangen sei. Auf diese Worte reichte der Jude, dem ich den Beutel in Verwahrung gegeben hatte, sogleich dem Major alles dar. Mit diesem war auch noch ein Jude aus Kleinerdlingen gekommen, der sich sogleich auf mein Pferd schwang. Ich wurde von den betörten Bauern meinem Herrn überlassen, in die Chaise gezwungen und mußte so mit ihm fort. Wenn du laut wirst, flüsterte er mir zu, so ist's um dich geschehen, schweigst du aber, so soll alles vergessen sein. Wir fuhren bis vor Nördlingen, aber in die Stadt selbst wurde ich nicht gelassen. Mein Herr zwang mich, ihm auf einem Seitenweg nach Kleinerdlingen, wo Müller und der Student harrten, zu folgen. Dort nahm man mir alles ab, und ich wurde in einem Augenblick wieder so arm wie ich vorher war. Müller und Beutel bestanden darauf, daß ich, da man mir nicht trauen dürfe, mein Leben hergeben müsse. Der Major nannte mich ein Kind.

Gleich neben dem Bäckermaz in Kleinerdlingen, der uns Aufenthalt gab, wohnte ein Jude, Nathan Samuel. Bei diesem wechselte mein Herr 83 große Schaumünzen, wofür er 28 Karolin erhielt. Der Jude muß wohl recht genau mit meinem Herrn und seinen Gesellen bekannt gewesen sein, denn aus seinem eigenen Mund habe ich gehört, wie er sich über die Undankbarkeit meines Herrn beklagte, daß dieser, der doch nun so reich sei, ihm, der ihm doch allein Gelegenheit zu dem Handel (Raub) verschafft und ihm sogar die Gewehre dazu geliehen habe, so wenig hergeben wolle. Nathan erklärte, er hätte geglaubt, doch wenigstens die Hälfte zu erhalten. Der eigentliche Anbringer des Raubes ist jedoch ein anderer Jude gewesen. In Kleinerdlingen ließen Beutel und Müller ihr Geldchen springen; der eine kaufte einen Rappen, der andere einen Fuchs. Dieses machte großen Lärm, und zwar so, daß sie beide sich genötigt sahen, von Stund an den Ort zu verlassen.

Müller ging nach Neresheim. Hier hatte er ein Mädchen, die Tochter einer armen Wollspinnerin, deren Vater jedoch ein vornehmer Mann, der Baron von S..., war. Mit dieser hielt er Vermählung. Auch wir, nämlich der Major, seine Frau und ich, zu denen sich noch der Student schlug, verließen Kleinerdlingen. Bei Nördlingen umgingen wir die Stadt, während der Major in dieselbe sich verfügte, einen Wagen zu bestellen. Noch lagen wir nicht lange – es war Nacht – an der Ziegelstadt unweit Nördlingen, als plötzlich ein Haufen bewaffneter Menschen auf uns zu kam und uns ein lautes ›Wer da?‹ entgegenschrie. Der Student antwortete. Beides geschah in französischer Sprache. Der Anführer des Haufens, der aus zwölf Mann bestand, trat vor. Beutel gab ein Zeichen mit dem Mund, eine Art von Schnalzen. Der Anführer antwortete, und nun umarmten sie sich und legten die Gewehre ab. Es war der französische Jude Süßkind mit seiner Truppe, derselbe, den der Major im Wald bei Ansbach vergebens erwartet hatte. Beutel zeigte ihm die auf dem mitgebrachten Pferde aufgeschnallten Geldsäcke. ›Ihr Kerle alle seid mehr nicht wert, als daß euch der Kommandant totschießen läßt‹, rief Beutel. ›Warum seid ihr nicht nach Ansbach gekommen? Ihr hättet alle Geld und Silber in Fülle haben können.‹ Sie erwiderten, daß sie auch einen Handel vorgehabt hätten. Der Student erkundigte sich nach der Ursache ihres Erscheinens hier an der Ziegelstadt, und sie erklärten, daß sie auf einen Fang ausgehen wollten. Diesmal glaubte der Student, genug zu haben; er beschied sie nach Harburg zu einem Schneider. Sie entgegneten, daß sie, wenn sie viel Geld handeln sollten, nicht kommen würden und daß er durch Briefe den Ort ihrer künftigen Vereinigung erfahren solle. Sie brachen nun auf und gingen nach Dinkelsbühl zu.

Lange harrten wir auf den Major; endlich kam er, aber ohne Chaise. Seine

Frau mußte also reiten. Wir übrigen gingen zu Fuß bis Möttingen, wo wir im Adler über Nacht blieben. Am folgenden Tag war bei Gelegenheit der Vermählung der Prinzessin von Öttingen eine feierliche Wasserjagd angestellt. Dieser Zufall verursachte, daß wir in Harburg, in welchen Ort jedoch nur die Frau meines Herrn und ich gekommen waren, keine Chaise, so teuer wir sie auch bezahlen wollten, bekommen konnten. Vor Harburg hatten bereits der Major und Beutel einen Weg durch das Gehölz nach Buttenwiesen eingeschlagen. Nach großer Mühe erhielten endlich die Frau des Majors und ich einen Wagen, der uns nicht auf der Straße, sondern über die Brücke nach Kettingen führte. Hier kam uns ein Jude aus Buttenwiesen entgegen, der uns einlud, so schnell wie möglich an diesen Ort zu kommen. Was vorgefallen war, erfuhr ich durch den Wirt. Dem Major und dem Studenten begegnete nämlich auf dem Weg nach Buttenwiesen der Beamte des Ortes mit Begleitung. Der Major und Beutel waren bereits verraten und von Donauwörth aus beschrieben. Die Leute des Beamten hielten ihnen, als sie sie erblickten, die Gewehre vor und hießen sie halten und die Pässe zeigen. Der Major stieg ab und zeigte seinen Paß vor, den er in Burgau auf einen von ihm selbst gemachten französischen Paß erhalten hatte. Den Beutel gab er für seinen Domestiken aus. Der Beamte ließ sie ziehen.«

Wegen Mangel an hinlänglichen Papieren sind wir nicht imstande, den Ausgang des Abenteuers genau zu beschreiben; nur soviel ist gewiß, daß das tätige und sorgsame Land- und Stadtgericht zu Donauwörth mehrere Mitglieder der Bande im März 1803 – und unter diesen auch den Chef selbst, den Major – gefangengenommen hat. Müller und Damian Hessel, der sich bald den Namen Corneli, bald den Duel gibt, vagierten umher. Der Major ist später ausgebrochen und ist bis jetzt noch nicht aufgefunden.

Der Major sowie alle übrigen Christen, die die Bande ausmachten, pflegten sich ganz nach Art der niederländischen Bande zuweilen für Juden auszugeben und in Judenherbergen einzukehren. Der Major spricht etwas Hebräisch und hat auf seiner Schreibtafel das jüdische Tischgebet mit lateinischen Buchstaben aufgeschrieben. So wie Süßkind zur Bande gehört, so gehören auch Waldmann, der etwa fünfzehn unter sich hat, ein gewisser Wetzl oder auch Anton, ebenfalls Anführer eines kleinen Haufens, und dann endlich Picard dazu.

Ob die Bande sich ganz oder teilweise auch jetzt noch in Schwaben aufhält oder nicht, ob die vielen Diebstähle in Bayern, die die Regierung selbst aufmerksam gemacht und neue Polizeimaßregeln hervorgebracht haben, von eben dieser Bande verübt worden sind oder nicht; kurz, wo sie jetzt sich herumtreibt, können wir nicht mit Gewißheit angeben. Wenn sich aus der Räubermanier so gut auf die Täter schließen läßt, wie man aus der Manier des Pinsels den Künstler erraten kann, so darf man kühn behaupten, daß sich erst vor kurzem noch Mitglieder der Bande – und wo einer ist, sind sie meistens alle – am Main gezeigt haben.

In der Nacht vom 14. Oktober 1803 umstellte eine bewaffnete Räuberbande von 25 bis 30 Mann das etwas frei gelegene Pfarrhaus in dem Ort Sommerau, das der Freiherr von Fechenbachischen Familie gehört und einige Stunden von Aschaffenburg liegt. Einige der Räuber stiegen zum Fenster hinein. Die Magd, die solches zuerst gewahr wurde, machte Lärm bei dem Pfarrer im oberen Stock; dieser verriegelte seine Tür und schrie zum Fenster hinaus um Hilfe. Der Nachbar, ein Wirt, eilte hinzu, wurde aber durch einen Räuberposten mit der Pistole in der Hand unter schrecklicher Drohung nach seiner Wohnung zurückgewiesen und ebenso der Pfarrer durch Drohung zum Schweigen gebracht. Indessen brachen die eingestiegenen Räuber die Stubentür ein, banden und schlugen den Pfarrer, mißhandelten den aus seinem Zimmer gekommenen Kaplan, warfen ihn in sein Bett und stellten eine Wache zu ihm. In dieser angstvollen Lage mußten die beiden Geistlichen bleiben und entdecken, wo Geld und andere Dinge von Wert lagen. Indessen gab es doch Lärm im Ort, da der Wirt seinen Knecht durch die Hintertür abschickte, um die Leute im Dorf zu Hilfe zu rufen. Nun entstand ein Scharmützel. Die Räuber und die Bauern feuerten aufeinander. Diejenigen von der Bande, die im Innern des Hauses waren, krochen zu den unteren Fenstern hinaus. Der Pfarrer wand sich von den Fesseln los, eilte nach und erhaschte noch einen der Räuber bei den Haaren, der sich aber losriß. Bald darauf klopften die Bauern an der Haustür. Der gute Geistliche glaubte, es seien abermals Räuber, und sprang aus Angst aus dem Fenster, wodurch er auf der Brust großen Schaden litt und krank darniederlag. Die Räuber zogen auf ein französisches Kommandowort langsam und immer feuernd fort. Sie nahmen den Weg den Berg hinauf dem Wald zu, wo sie sich zu teilen schienen und den nacheilenden Bauern jede Spur abschnitten. Einmal hielt die Bande etwas still, wodurch man glaubte, daß etwa einer verwundet sein müsse, man fand aber auf dem Feld kein Blut, sondern nur ein Messer und einen runden Hut, wie sie alle einen hatten. Sie sprachen rein deutsch, fluchten aber französisch; übrigens waren sie gut gekleidet und hatten alle Stiefel an. Der Knecht des Wirtes wurde von ihnen am Backen blessiert.

Ungeachtet aller Streifereien, schreibt man von dorther, war man noch nicht so glücklich, der Bande auf die Spur zu kommen, was unsere Leser, die in der Verfahrensart der Räuber, von ferne beizukommen und also jeder Streifzug in der Nähe fruchtlos sein muß, sich leicht erklären können. Da Sommerau sozusagen am Fuße des Spessarts liegt, so kam es, daß mehrere deutsche Zeitungen und sogar Pariser Blätter versicherten, im Spessart hause eine neue Schinderhannesbande. Gegen dieses Gerücht glaubte man von seiten einer gewissen Behörde auftreten und behaupten zu müssen, daß der Spessart sorgsam durchstreift würde und in der dortigen Gegend keine Bande sich befände. Da es keineswegs die Maxime der niederländischen Räuber ist – und von diesen waren unzweifelhaft welche bei dem Sommerauer Raub –, in der Nähe des Orts, wo sie hausen, ihre Werke zu treiben, so läßt sich in der Tat annehmen, daß die Bande nicht im Spessart sei. Aber wo?

Ludwig Aloys Pfister

Die Spessarträuber

Wie *elend das Leben von Räubern im Spessart ablaufen konnte, dokumentiert die* Aktenmäßige Geschichte der Räuberbanden an den beiden Ufern des Mains, im Spessart und im Odenwald, *die der Heidelberger Stadtdirektor und Untersuchungsrichter Ludwig Aloys Pfister (1770-1829) 1812 herausbrachte. Pfister hatte vor allem die Banden um Georg Philipp Lang, genannt Hölzerlips, Veit Krähmer, Philipp Friedrich Schütz, genannt Manne Friederich, und Johann Adam Heusner untersucht. Ein ins Unglück geratener Offizier wie bei Meißner oder Hauff war nicht darunter. Die wirklichen Spessarträuber stammten aus den untersten Schichten. Sie waren mit Meerschweinchen über Jahrmärkte gezogen, hatten Tragringe fabriziert oder ihre Kinder zum Betteln geschickt, damit wenigstens die etwas zum Essen bekamen. Recht und Gesetz spielten in diesen Leben nur eine untergeordnete Rolle.*

Fünf der von Pfister verhörten Räuber wurden am 31. Juli 1812 in Heidelberg mit dem Schwert hingerichtet.

Aus der Aktenmäßigen Geschichte *haben wir einzelne Verbrechen aus den Jahren 1802 bis 1811 ausgewählt, die typisch für die Vorgehensweise der schlecht organisierten Räuberbanden im Spessart sind.*

Der Diebstahl geschah im Jahre 1802 zur Zeit der Heuernte. Die Teilnehmer waren von der Druckenbich, einem aus drei Häusern bestehenden Hof, nach Kloster Neustadt gezogen. Als sie dort ankamen, war es schon ein oder zwei Uhr nach Mitternacht, und die Einwohner fingen bereits an, auf der Straße hin- und herzugehen. Die Diebe konnten daher an den Kramladen, auf den sie es abgesehen hatten, nicht herankommen, sie machten sich deshalb hinten an die Scheuer, welche an den Laden anstößt. Grünewald brach hier mit einem Meißel eine Öffnung und holte durch dieselbe so viele Waren, wie er erreichen konnte. Diese betrugen zwei Traglasten und bestanden in verschiedenen Gewürzen, leinenen und floretseidenen [aus Flock- oder Rauhseide bestehenden] Schnüren und Band. Grünewald stieg sodann auch noch durch die in die Scheuer gemachte Öffnung in dieselbe und drang von da in die Küche, wo er das Zinn mitnahm. Das Zinn und Gewürz erhielt ein Jude von Rieneck. Um Band und Schnüre kamen die Diebe bei Lohr. Sie wurden hier von den Heumachern verfolgt und suchten, sich über einen Bach zu retten. Des Grünewalds Magd, Caroline Eckardin, eine berüchtigte Gaunerin, welche jetzt im Zuchthaus zu Mannheim sitzt, die Band und Schnüre in einer Züge hatte, blieb, als sie über den Back setzen wollte, mit ihren Röcken an einer Faschine [einem Reisig- oder

Strauchbündel, das zur Grabenfüllung verwendet wurde] hängen und ließ in der Angst die Züge in das Wasser fallen, welches dieselbe mit sich fortnahm. Heusner kam ihr noch zur Hilfe und brachte sie über den Bach. Der Wert des Ablati [des Entschwundenen] konnte nicht ausgemittelt werden.

Das Verbrechen fiel zwischen Höhfeld und Wertheim am 10. November 1803 vor.
Teilnehmer waren
Johann Adam Heusner und
das kleine Krämer-Johannchen – oder Schneiderchen (Johannes Kinzingerl).
    Beide Räuber kamen aus der Gegend von Rimbach nach Miltenberg, von wo aus sie nach Wertheim gingen. Hier kehrten sie bei dem Bäcker und Nebenwirt H... ein, der mit beiden bekannt war und ihnen die Nachricht gab, daß der Rosenwirt von Höhfeld in Wertheim anwesend sei, Wein dahin gebracht und dafür ungefähr 700 fl. einzunehmen habe und daß die Nacht herbeikommen werde, bis derselbe von Wertheim wegfahre. H... selbst war nach der Aussage des Rosenwirts einer von denjenigen, welcher von dem Wein erhalten, den er mit seinem Bruder Peter Fiederling dahin um Lohn gefahren hatte.
    Beide Räuber machten sich auf diese Kundschaft von Wertheim voraus fort auf den Weg nach Höhfeld. Sie kamen auf demselben bis an den nächst diesem Ort liegenden Hof, ohne daß ihnen der erwartete Rosenwirt nachgekommen wäre. Indem sie daher den Weg wieder zurück nach Wertheim zu nahmen, begegnete ihnen der Brudersohn des Rosenwirts, der mit seinem Ochsenwagen voraus zurückfuhr. Die Räuber gesellten sich zu demselben, gingen wieder eine Strecke mit ihm zurück, ließen sich mit ihm in ein Gespräch ein, fragten ihn hierbei auch nach dem Rosenwirt und erfuhren, daß solcher noch zurück sei und nachkomme.
    Beide kehrten sich nun wieder nach Wertheim zu. Es war sechs Uhr abends und vollständig Nacht, als sie bald nachher dem Rosenwirt und seinem Bruder Peter Fiederling, die nach vier Uhr von Wertheim weggefahren waren, begegneten. Mit der Pistole auf die Brust gesetzt, wurde ihnen das Geld abgefordert. Der Rosenwirt reichte sein Beutelchen, in dem sich etwa 3 fl. befanden, hin, wurde aber von Heusner angewiesen, dasselbe auf die Erde zu werfen, und gleich seinem Bruder aufgefordert, auch das übrige Geld herzugeben. Da beide versicherten, daß sie keins mehr bei sich hätten, die Räuber aber nach der von ihrem Kundschafter angegebenen Nachricht glaubten, daß dieselben solches nur verleugneten, wurden solche nun persönlich angepackt, mit Schlägen miß-handelt und zu Boden geworfen. Johann Adam Heusner hatte es hierbei nach seiner Angabe mit dem Bruder des Rosenwirts, das Krämer-Johannchen aber mit diesem zu tun. Zur Erde geworfen, visitierte Heusner die Kleidungsstücke, indem er dabei seine Pistole und seinen Stock neben sich auf die Erde legte. Der von dem Schneiderchen zu Boden geschlagene Rosenwirt rief seinem Bruder: »Gott sei meiner armen Seele gnädig! Bruder, ich bin hin!«

Heusner glaubte, daß sein Kamerad in Gefahr sei, ließ deshalb den Bruder des Rosenwirts fahren, suchte im Dunkeln nach Pistole und Stecken, während jener ihm entschlüpfte, seinem Bruder zu helfen suchte und dabei dem Schneiderchen mit einem kurzen Stecken (Heusner nennt es einen Peitschenstiel) auf den Kopf schlug. Nun rief dieser: »Bruder, jetzt schieß!«, sprang zu gleicher Zeit zurück und schoß seine mit Schrot geladene Pistole auf den Peter Fiederling los und verwundete ihn am linken Arm. Diese Wunde hinderte indes denselben nicht, den Räubern zuzurufen: »Halt ihr Kerle, der Schuß hat mir nichts getan! Jetzt kommt wieder her, wir wollen es euch machen!«

Diese hielten es aber nicht für gut, länger zu verweilen, sondern machten sich fort, da auch der Rosenwirt, welcher durch den Schuß aus seiner Betäubung, in welche er durch die Schläge auf den Kopf versetzt gewesen, wieder zu sich selbst gekommen war und rief: »Bringt mir mein Wagenbeil her!«

Seine Pistole ließ Heusner auf dem Platz zurück, wo sie am anderen Morgen aufgefunden wurde. Sie war mit einer kleinen Kugel geladen.

Der, nachdem die Untersuchung gegen Johann Adam Heusner längst geschlossen war, durch den von Aschaffenburg hier zur Konfrontation gewesenen kleinen Johann entdeckte und zur gefänglichen Haft gebrachte Johann Kinzinger (Krämer-Johannchen) stellt indes in Abrede, den Schuß getan zu haben, und behauptet, daß es vielmehr Heusner gewesen sei, der geschossen habe, da er sich gegen die beiden Angegriffenen nicht mehr habe wehren können, die auf dem Platz vorgefundene Pistole auch nicht dem Heusner, sondern ihm, Kinzinger, zugestanden habe. Der verwundete Bruder des Rosenwirts starb am 17. November, also am zweiten Tag nach seiner Verwundung, am Brand. Zufolge der nach seinem Tod vorgenommenen Legal-Inspektion [gerichtlichen Untersuchung] war der Schuß in die äußerste Seite des linken Arms gegangen und ein Schrotschuß. Dieser Stelle der Verwundung nach war solche durchaus nicht absolut letal, sondern vielmehr unter geschickten chirurgischen Händen unbedeutend. Das von dem Fürstlich-Löwensteinischen Landamt zu Wertheim erhaltene, aber leider in der Mitte abgebrochene und nicht einmal unterschriebene Untersuchungsprotokoll über das Ableben des laesi [Verwundeten] läßt auch in seiner jetzigen Gestalt nur zu sehr vermuten, daß der Tod lediglich eine Folge ebenso unwissender wie ungeschickter und vernachlässigter Behandlung war.

Sehr zu wünschen wäre es gewesen, daß der die Inspektion des Leichnams vorgenommen habende Arzt – eine Sektion konnte wegen allzugroßer Fäulnis nicht vorgenommen werden – sich darüber näher geäußert hätte, ob nach der Beschaffenheit der Verwundung der hinzugetretene Brand unabwendbar und derselbe in der Beziehung absolut letal oder ob der Brand Folge unwissender und ungeschickter Behandlung und so die Ursache des Todes war.

Die Wunden des Rosenwirts Georg Fiederling bestanden in vier oberflächlich gequetschten Hautwunden in osse parietatis [am Scheitelbein]. Nicht lange nach dieser Tat hatte Heusner, wie er selbst erzählt, die Frechheit, als Kastenkrämer dem Rosenwirt in seinem eigenen Haus ein paar Bockfelle zum Verkauf anzubieten; er erzählt dies mit dem Zusatz: Der Rosenwirt müsse sich dieses Umstandes selbst noch erinnern, und der Krämer sei er, Heusner, gewesen. Das nächste Nachbarhaus war dessen gewöhnliches Quartier zu Höhfeld.

Heusner hatte mit dem Bekenntnis dieses Verbrechens lange zurückgehalten und, wie er zu jenem überging, zur Entschuldigung angeführt, daß er es deshalb nicht angegeben hatte, weil er und sein Schwager, das Schneiderchen, dabei allein gewesen seien.

Einbruch und Diebstahl zu Bronnland

Der Schulmeister zu Münster hatte ein armes Mädchen aus Barmherzigkeit aufgenommen und großgezogen. Seine Frau hatte das Mädchen selbst im Nähen und Stricken unterrichtet. Von herumziehenden Eltern geboren, sehnte sich dieses Mädchen, als es größer wurde, wieder nach dem früheren, freieren Leben. Es führte ihr Vorhaben aus und war bald unter den Gaunern unter dem Namen Knöpf-Lischen bekannt. Dieses Knöpf-Lischen war es, welches den vorverzeichneten Gaunern verriet, daß ihr Pflegevater, der Schulmeister Johann Georg Wehner zu Münster, stets 300 bis 400 fl. bares Geld vorrätig habe, auch sonst schönes Gerät besitze. Zugleich gab sie alle näheren Notizen über die örtlichen Verhältnisse an die Hand. Die Diebe zogen gegen Ende September 1806 nach Münster; wirklich zeigte sich ihnen, wie Knöpf-Lischen richtig gesagt hatte, vor dem Schulhaus ein Hündchen, welches sogleich laut bellte und auf sie lossprang; ihm wurde der vergiftete Knochen vorgeworfen, welchen Albert Krähmers Konkubine, vorher geehelichte Selserin, zu diesem Ende gebacken und dem Veit Krähmer mitgegeben hatte. Ungefähr eine Stunde später, um Mitternacht, nahten sich die Diebe dem Schulhaus wieder und fanden dessen treuen Wächter auf der Haustreppe vom Gift getötet liegen. Sie machten nun Anstalten, die Hofmauer zu übersteigen. Zu ihrem großen Schreck stürzte aber diese Mauer mit großem Gerassel zusammen, und sie mußten fliehen. Auf dieser Flucht brachen sie in dem nahe bei Münster liegenden Ort Bronnland in verschiedene Häuser ein und nahmen mit, was sie fanden. Der Wert des Gestohlenen betrug jedoch zusammen nur 15 bis 16 fl.

In der Nacht vom 12. auf den 13. November 1806 wurde bei dem Schulmeister zu Münster wirklich eingebrochen; auch diesmal war er aber so glücklich, daß ihm mehr nicht gestohlen wurde als der Betrag von 30 fl. 24 kr.

Raub bei Aschaffenburg auf der Spessarter Straße

Dieser Raub wurde am 30. September 1810 morgens zwischen zwei und drei Uhr im Spessart unweit Rohrbrunn an dem Kaufmann Johann Richard Söltel aus Nürnberg verübt. Die Räuber waren ausgegangen, um in der Nacht einen Fuhrmannskarren vor einem Wirtshaus aufzuschneiden und zu berauben. Es wurde auch wirklich einer aufgeschnitten; da sich aber fand, daß er bloß Säcke mit Wolle enthielt, so verließen ihn die Räuber und setzten ihren Weg weiter fort. Oberhalb Aschaffenburg fanden sie in einem Dorf wieder Frachtwagen vor einem Wirtshaus stehen; es befanden sich aber Hunde dabei. Der kleine Johann war für diesen Fall mit Krähenaugen [vergiftetem Fleisch] versehen und brachte auch wirklich den Hunden welche bei. Es krepierte aber nur einer der Hunde, und sie mußten ihr Vorhaben aufgeben. Am anderen Morgen hatten sie die Frechheit, sich in dasselbe Wirtshaus zu begeben und sich von dem Wirt die Vergiftung seines Hundes erzählen zu lassen. Sie zogen dann weiter, um in der folgenden Nacht bei einem im Wald liegenden, einzelnen Wirtshaus, vor welchem auch Frachtwagen zu halten pflegten, ihr Heil zu versuchen. Sie kamen an, fanden aber keinen solchen und traten nunmehr den Rückweg an. Auf diesem Rückweg fuhr eine Chaise an ihnen vorüber. Hannfriedel versuchte den Koffer abzuschneiden; er war aber angeschraubt oder mit Ketten festgemacht, und darum mißlang sein Versuch. Die Reisenden in der Chaise hatten inzwischen Unrat gewittert und sahen sich nach dem Koffer um. In diesem Augenblick sprang der kleine Johann, welcher der Chaise gefolgt war, bei und schlug das eine Pferd mit einem Stein nieder. Die anderen kamen auch bei und schlugen mit ihren Prügeln auf den Chaisenkasten. Die Reisenden, welche das Kommando des einen Räubers: »Haltet die Pferde an, werft die Chaise um!« und das Schlagen und Werfen auf die Chaise bange gemacht hatte, sprangen heraus und entflohen; auch der Kutscher entsprang. Sämtliche wurden mit nachgeworfenen Steinen und Prügeln verfolgt, entkamen aber glücklich. Die Räuber brachen nun mit Gewalt den Koffer ab, zertrümmerten und plünderten ihn; eben waren sie im Begriff, auch die Chaisenkisten zu plündern, als auf die von den Entflohenen gemachte Anzeige schon Hilfe herbeikam. Sie entliefen in den Wald, so eilig, daß sie mehrere Rollen Geld, 1200 Stück Brabanter Taler, im Fond der Chaise zurückließen. Der empfindliche Verlust des Herrn Söltel war der seiner Meßbücher, wovon sich jedoch später ein Teil im Wald fand.

Sein Verlust an Geld und Effekten betrug nach eidlicher Angabe 1200 fl. (...)

Einbruch ins Lagerhaus zu Miltenberg

Am 22. Februar 1811, bei Einbruch der Nacht, versuchten die Räuber, auf der Straße von Miltenberg nach Bischofsheim am Tiefenthaler Tannenwäldchen den Koffer von einer vorüberfahrenden Chaise abzunehmen. Hölzerlips will zwar von diesem Versuch nichts wissen, doch versichert er, wenn ihnen eine Chaise entgegengekommen wäre, so würde sie gewiß angegriffen und beraubt worden sein. Der Koffer war aufgeschraubt; die Reisenden drohten mit Schießgewehren und verscheuchten die Räuber. Diese zogen nun in den auf vorgedachter Straße liegenden Ort Neukirchen und brachen abends neun Uhr in die Behausung des Zentschöfen Blank ein; sie fanden aber nichts wie einen Meißel, einen Hammer und einen weißen Schurz, welches alles sie mitnahmen. Damit diese Nacht nicht ungenutzt bleibe, faßten sie den kühnen Entschluß, in das Lagerhaus zu Miltenberg einzubrechen und führten ihn auf der Stelle aus. Durch Hilfe eines starken Hebels, einer Schrotleiter und eines Schiffseiles, welche Gerätschaften sie vor dem Lagerhaus fanden, bogen sie eine der starken eisernen Stangen aus der vergitterten Fensteröffnung des Lagerhauses. Hölzerlips wurde in einiger Entfernung als Wache aufgestellt, die beiden anderen stiegen ein. Sie öffneten einen großen Verschlag, fanden aber, zu ihrem Verdruß, daß er nichts enthielt als Papier und Pinsel. Es wurde nun ein anderer Verschlag geöffnet, welcher zu nicht geringer Freude der Räuber mit Kattun gefüllt war. Die Räuber hatten bei der Arbeit Durst bekommen; sie öffneten ein vor dem Lagerhaus liegendes Weinfaß und taten sich daraus gütlich. Sie waren dabei so freundschaftlich und froh, daß sie auch ihren wachestehenden Kameraden nicht vergaßen. Ein im Lagerhaus gefundenes Gefäß wurde mit Wein gefüllt und dem Hölzerlips auf seinen Posten gebracht. Nun wurden einige Säcke, worin sich Waldsamen befand, ausgeleert und in diese der Kattun gepackt. Die Räuber trugen ihre Beute an den nahen Main, machten dort einen an ein Schiff befestigten großen Nachen los und setzten darin, obgleich der Wasserfahrt unkundig, über den hochgeschwollenen, stark mit Eis treibenden Mainfluß.

Es sind zur Bewachung des Lagerhauses in Miltenberg besondere Wächter angestellt; einer dieser Wächter behauptet zwar, er habe die Diebe entdeckt und sei von ihnen bis nach vollbrachtem Diebstahl festgehalten worden. Hölzerlips leugnet dies aber, und zwar nicht ohne die größte Wahrscheinlichkeit für sich zu haben, mit dem naiven Zusatz ab: Wenn der Wächter wirklich zu ihnen gekommen wäre, würde so wohlfeilen Kaufes nicht davongekommen sein. Erst als die Diebe auf dem anderen Mainufer waren, gab es in Miltenberg Lärm. Am 23. Februar wurden die Diebe in Mönchberg durch die Wachsamkeit des Kommandanten der Landmiliz, Herrn Lauerwald, in der Behausung eines Häfners ausgehoben und als verdächtig eingezogen. Man fand bei ihnen den gestohlenen Kattun. Sie waren abends zuvor mit einem Esel, welcher leere Körbe trug, bei dem Häfner eingezogen. Am anderen Morgen entdeckte eine Frauensperson dem Häfner, daß die leeren Körbe angefüllt seien; der Häfner pflog, während die Räuber frühstückten, Nachsicht und fand die Körbe mit Kattun gefüllt. Er machte im stillen eine Anzeige, die Räuber hatten aber Lunte gerochen, und als die Wache kam, fanden sich, zu des Häfners hohem Erstaunen, die Körbe wieder leer. Doch entdeckte sich, bei genauer Nachsicht, bald der in der Scheuer versteckte Kattun. Dessen ungeachtet leugneten die Räuber, ihn gehabt zu haben. Nun kam auch die Sage von dem Einbruch zu Miltenberg nach Mönchberg. Die Diebe wurden festgehalten und nach Miltenberg Nachricht erteilt. Das Amt Miltenberg begehrte ihre Auslieferung, allein man war über die Formalitäten noch nicht einig, und ehe diese berichtigt waren, entflohen die drei Räuber, bei 28 Mann Wache, aus ihrem Arrest auf einem Torturm. Nur der eine, Heinrich Pfeiffer, welcher sich damals Nicolaus Müller genannt hatte, wurde durch Nacheile wieder eingefangen und sollte mit den auch arretierten drei Weibern und den Kindern der Räuber nach Miltenberg ausgeliefert werden. Bei der Überfahrt über den Main sprang er, kreuzweis geschlossen, in diesen Fluß und ersäufte sich im Angesicht der seiner Ankunft entgegenharrenden Menge von Neugierigen. Erst mehrere Tage nachher wurde sein Leichnam tiefer unten am Mainufer gefunden.

Paul Friedl, genannt Baumsteftenlenz

Der Räuber vom Keitersberg: Michl Heigl

Um Michael Heigl, den Tagelöhnersohn aus Beckendorf, ranken sich noch heute viele Geschichten im Bayerischen Wald. So soll er einem Dirndl, das sein gesamtes Heiratsgut bei sich trug und sich vor dem Räuber Heigl fürchtete, als Unbekannter ein sicheres Geleit gegeben haben. Ähnlich Sagenhaftes wird allerdings auch vom Schinderhannes und von Matthias Kneißl erzählt. Die ungebrochene Popularität Heigls, die nur schwer zu erklären ist, findet ihren Niederschlag auch in Aufsätzen und Büchern, zuletzt sogar in einem Roman von Manfred Böckl.

Der 1902 geborene Paul Friedl, der als Baumsteftenlenz zu den großen bayerischen Volkssängern gehört, hat dem Räuber aus seiner Heimat ein kleines Denkmal gesetzt, das 1974 in dem Band Wildschützen, Räuber und Schwärzer im Waldgebirg *erschienen ist.*

Der Räuber vom Keitersberg

Wohl der berüchtigtste und seltsamste Raubgeselle des Waldgebirges war der Michl Heigl von Beckendorf im Landkreis Kötzting. 1816 in einem Weiler unterm Keitersberg als armer Häuslleute Kind zur Welt gekommen, begann sein abenteuerliches Leben schon in seinen jungen Jahren. Ein frisches, sauberes Bürschl, sagt die Überlieferung, kräftig, stolz und schlau, ein unsteter Charakter, rauflustig, aber auch gern zu Gefälligkeiten bereit und mit der geregelten

Arbeit auf dem Kriegsfuß. Er kam früh schon zu einem Bauern in Beckendorf als Kleinknecht und verprügelte als 15jähriger dessen beide erwachsene Söhne etwas zu arg, weil sie das Kleinknechtl schikanieren und frozzeln wollten. Dann verdrosch er noch eine Anzahl halbwüchsiger Nachbarsbuben, die die Kinder seiner Schwester belästigten – und der erste Krach mit den Amtsleuten war fertig. Er sollte zur Bestrafung und Einweisung in ein Arbeitshaus dem Landrichter in Kötzting vorgeführt werden, doch die Gendarmen fanden ihn nicht. Er trieb sich in den Wäldern am Keitersberg herum, die er als Streuner wie seine Hosentasche kannte, bettelte und stahl bei den Bauern, um sich zu ernähren, versuchte einen Geschirrhandel und verschwand immer in letzter Minute, wenn die Häscher auftauchten.

Man sprach im Kötztinger Gericht schon viel von dem Heigl Michel, und wo ein Huhn oder ein Gänslein fehlte, schrieb man es auf sein Konto. Trotzdem fand er immer wieder eine Winterbleibe in den entlegensten Einödhöfen, war dort freundlich und willig und drückte sich wieder, wenn der Schnee schmolz. Er nächtigte in den Städeln der Bauern, die es duldeten, da sie seine Rachsucht fürchteten. Er war aber auch bereit, ihnen für diese Duldung Dienste zu erweisen, machte für sie Holz auf dem Keitersberg, raufte für sie in den Wirtshäusern und war immer rechtzeitig verschwunden, wenn es brenzlig wurde und die Gendarmen erschienen.

Seine List und sein Mut wurden legendär. Seine Drohung, daß er nur den Reichen etwas nehme und den Armen etwas geben wollte, brachte ihm manche Sympathien ein. Die Anzeigen und Akten beim Landgericht Kötzting wuchsen indessen zu einem Berg, wobei der Michl Heigl einmal in Lam ein Schwein, zur selben Zeit aber auch im weit entfernten Rimbach ein Schaf gestohlen haben sollte, fast eben um die gleiche Stunde einen Bauern in Simpering verprügelte. Die Fahndung nach dem kleinen Rauber ging weiter, die Gendarmerieposten wurden verstärkt. Wo aber die Polizei auftauchte: der Michl Heigl war wie weggeblasen. Ihn in den Wäldern zu suchen war aussichtslos. Dann hatten zwei Gendarmen das Glück herauszufinden, daß der Heigl mit einer Bauerndirn angebandelt hatte und ab und zu an deren Kammerfenster kam. Das war die Rothen Res von Gotzendorf, und den lauernden Häschern fiel diesmal der Heigl doch in die Hände. Er wehrte sich nicht, ließ sich in die Fronfeste nach Kötzting verbringen, wo anderntags die lustige Geschichte passierte, die heute noch unvergessen ist. Während der Herr Aktuarius den Heigl verhörte und ein Protokoll verfaßte, spürte dieser ein menschliches Rühren und verlangte zu einem stillen Örtchen gelassen zu werden. Der Aktuarius genehmigte dies, als plötzlich der Gerichtsschreiber aus dem Fenster schauend rief: »Herr Aktuarius, da draußen rennt der Heigl!« Worauf der Aktuarius ungerührt antwortete: »Der lauft uns net davon, hat ja seinen Hut noch da.«

Der Heigl kam aber nicht wieder. Auf ähnliche Weise legte er auch zwei Gendarmen herein, die ihn bei Langdorf unterhalb Bodenmais aufgegriffen hatten. Während sie ihn auf einen Misthaufen bei einem Wirtshaus führten und ihn bei seiner Notdurft links und rechts festhielten, klatschte er ihnen zwei Hände voll Mist ins Gesicht und sprang davon. Das Aussehen des Heigl war nicht allen seinen Häschern bekannt und so gelang es ihm einige Male, sich geistesgegenwärtig auf dem Felde oder beim Heuen beschäftigten Bauern und deren Ehhalten anzuschließen, die sich nicht getrauten, ihn zu verraten. Inzwischen hatte sich der erwachsene Räuber in einer Höhle unter dem Kreuzfelsen des Keitersberges eingenistet, und es hatte sich ihm ein Kumpan angeschlossen. Da dessen Rücksichtslosigkeit und Brutalität dem Heigl nicht behagte, jagte er ihn wieder fort. Einige Jahre später verriet dieser Geselle der Polizei die Felsenhöhle. Bald darauf verletzte den Verräter aber die Kugel des Räubers lebensgefährlich. Denn inzwischen hatte sich der Michl Heigl bewaffnet, und ständig verfolgt, wuchs seine Gefährlichkeit.

Der Vater der Rothen Res von Gotzendorf hatte das Mädel zum Himmelbauern ins Zellertal als Hütdirndl gegeben, doch der Heigl spürte sie dort auf und nahm sie zu sich als seine Gefährtin. Das Verhältnis blieb nicht ohne Folgen. So soll es dreimal geschehen sein, daß begüterte und kinderlose Bauern des nachts geweckt wurden, der Heigl ans Fenster klopfte und sagte: »Da leg ich Dir was her und wenn Du es net halten willst wie dein eigenes Kind, dann brenn ich Dir das Haus weg.« Er kam dann auch noch öfter, um sich nach dem Wohlergehen der Kinder zu erkundigen. Um in seiner Felsenhöhle nicht zu verhungern, kam er auf einen besonderen Einfall. Er sperrte einem Bauern im Zellertal an der hoch im Wald liegenden Quelle das Hauswasser ab und gab es nur dann wieder frei, wenn dieser der Rothen Res, die der Heigl zu ihm schickte, die geforderten Lebensmittel gab.

Bis zum Frühjahr 1849 handelten sich die Anzeigen im Tagebuch des Brigadiers in Kötzting ausschließlich um Diebstähle und Einbrüche und Anzeigen gegen Bauern und Häusler, die dem Heigl Unterschlupf gegeben hatten. Uhren, Ringe, Kleider und Lebensmittel, ja sogar einmal ein Pflug waren die Beute. Bis dahin hatte er jedoch nur die reichen Bauern heimgesucht und manchem armen Häusler etwas von seinem Diebesgut zukommen lassen. Bei einer Freundin des Heigl in Arndorf fand die Polizei ein ganzes Warenlager, und als man das Dirndl dafür wegen Hehlerei festnahm und in das Arbeitshaus einwies, schwur der Räuber vom Keitersberg blutige Rache.

Verbürgt ist aber aus jener Zeit auch folgende Geschichte: Auf der Straße durch den Wald bei Schönbuchen traf der Michl Heigl ein Dirndl an, das froh war, einen Begleiter gefunden zu haben, weil sie, wie sie dem jungen Mann erzählte, sich vor dem Heigl fürchte. Sie habe nämlich im Zeger (Tragtasche) ihr gesamtes Heiratsgut, 450 Gulden und was sie sonst noch an kleinen Wertsachen besaß und sei auf dem Weg zu ihrem Hochzeiter. Der Heigl tat freundlich und erbot sich sogar, ihr die Tasche ein Stück zu tragen, tat dies bis zum Ende des Waldes und verabschiedete sich dann von dem Dirndl mit den Worten: »So Dirndl, da hast dein Zeugl wieder und kannst es den Leuten sagen, der Heigl hat dir's bis daher getragen.«

Bis dahin zeigte der berüchtigte Michl Heigl noch manchmal eine gute Seite. Als er bei den Felstürmen der Rauchröhren einen Bauersknecht fand, dem ein fallender Baum die Beine abgeschlagen hatte und der vor Schmerz schon das Bewußtsein verloren hatte, trug er den Verletzten bis zum Bauernhof nach Eschlsaigen hinunter, legte ihn in Rufweite nieder, schrie den Bauern herbei und verschwand wieder im Wald. Als aber dann im gleichen Jahr die große Treibjagd auf den Rauber vom Keitersberg begann, stahl und plünderte er rücksichtslos und verschonte auch die kleinen Leute nicht mehr.

Als es ihm zu heiß wurde, wanderte er mit seiner Resl aus, betrieb in Preßburg, damals noch zu Ungarn gehörig, eine Weinschenke, gab nach drei Jahren wieder auf, da bei ihm Wagenschmierhändler aus dem Wald auftauchten und ihn erkannten. Wieder kehrte er in den Wald zurück und bezog seine Höhle auf dem Keitersberg. In diese Zeit fiel ein Zusammentreffen mit einem Kötztinger Bürger, den er von früher her kannte und der ihm zuredete, doch endlich sein Räuberleben aufzugeben und einen ordentlichen Weg zu gehen. Er versprach dem Kötztinger unter Tränen, daß er den Versuch machen wolle. Im Lande selbst, wo an allen Gemeindetafeln und in allen Wirtshäusern sein Steckbrief hing, war ein neuer Anfang aussichtslos und so zog er ein zweites Mal mit seiner Gefährtin nach Ungarn und übernahm dort ein Dorfwirtshaus. Doch als die revolutionären Wirren des Jahres 1848 ausbrachen, wollte man ihn zum Soldatendienst zwingen. Dies widerstrebte dem Freiheitsdrang des Michl Heigl, und so wanderte er ein zweites Mal mit seiner Res bei Nacht und Nebel zurück in die Wälder. Bald merkte man seine Anwesenheit wieder und da er nun alle Hemmungen fallen ließ, hüben und drüben vom Keitersberg den Leuten mit Drohungen abpreßte, was er zum Leben brauchte, verlor er auch die letzten Sympathien der Waldler. Ihr einstiges Wohlwollen verkehrte sich in Feindschaft und sie verhielten sich nur neutral und waren für Streifendienste nicht zu gewinnen, weil sie seine Rache fürchteten. Beim Landgericht in Kötzting wuchs indessen der Aktenberg der Anzeigen immer höher und eine Großaktion gegen den Rauber Heigl wurde angesetzt. Fünfzehn Jahre lang konnte er sich dem Zugriff der Gendarmen entziehen, nun sollten ihn 400 Soldaten in den Wäldern aufstöbern und festsetzen. Da inzwischen sein ehemaliger Kumpan, wie schon berichtet, dem Kötztinger Brigadier den Schlupfwinkel des Heigl, die Höhle unter dem Kreuzfelsen, verraten hatte, konnte der Ring der Soldaten gezielt angesetzt werden. Trotzdem gelang es dem Heigl, dem der Einsatz des Militärs nicht entgangen war, mit seiner Resl die Einschließung zu durchbrechen und hinunter zum Regenfluß zu flüchten, wo er den Verräter seines Schlupfwinkels bestrafen wollte. Er traf ihn auch an, schoß ihm eine Kugel an den Kopf und verletzte ihn. Doch der große Hund des ehemaligen Kumpan sprang den Heigl an und riß ihn zu Boden. Gendarmen, denen gesagt wurde, daß man den Heigl und seine Resl im Tal gesehen habe, während droben auf dem Berg die Soldaten die Höhle einkreisten und stürmten, eilten herbei und faßten den mit dem Hunde raufenden Rauber. Zuvor aber hatten Bauern einer Streife den Schauplatz der Vorgänge schon erreicht, den Heigl angegriffen und zu Boden geschlagen. Der Brigadier mußte ihn vor weiteren Tätlichkeiten schützen. Es war der 18. Juni 1853, als man den Räuber Heigl und seine Resl auf einem Leiterwagen festgebunden in die Fronfeste nach Kötzting fuhr. Dort wurde der Michl Heigl in Ketten gelegt und nach Straubing verbracht. Die Zeit seines langjährigen Räuberlebens in den Wäldern am Keitersberg war zu Ende.

Aber auch in Straubing wäre ihm beinahe die Flucht wieder geglückt. Da er sich ruhig und gesittet verhielt, wurden ihm zeitweilig die Ketten abgenommen. Das ermöglichte ihm, einen Gefängnisaufeher zu überlisten, diesen in der Zelle einzuschließen und das Weite zu suchen. Doch die vielen Gänge, Treppen und Türen im Gefängnis verwirrten den Heigl und er fand schließlich eine Kammer und verkroch sich in einem Bett. Inzwischen hatte man den lärmschlagenden Aufseher befreit, suchte das ganze Gefängnis nach dem entflohenen Räuber ab, durchsuchte ganz Straubing und sandte Streifen in die Umgebung. Erst am Abend, als der Aufseher seine Kammer aufsuchte, fand er den Gesuchten in seinem Bett.

1854 wurde dem Heigl Michl in Straubing der Prozeß gemacht, und er wurde zum Tode verurteilt. Nun waren es wieder die Waldler, die dieses Urteil für zu hart hielten und sich in Bittschriften an den König wandten, der auf dem Gnadenwege das Urteil in lebenslange Kerkerhaft abänderte. Seine Führung im Kerker muß wieder gut gewesen sein, denn man überstellte ihn ein Jahr später dem Zwangsarbeitshaus Au in der Hallertau, wo er bald als Aufpasser für eine Sträflingsgruppe tätig wurde. Dort erschlug ein Strafgefangener 1857 den Michl Heigl mit der eisernen Kugel an seiner Fußkette. So endete das unglückselige Leben des Raubers vom Keitersberg in seinem 41. Lebensjahr. Die Überlieferung deckt sich in der Hauptsache mit den Strafakten, in denen sogar der verwegene Mut und die ausgefallene Schläue des Heigl schier anerkennend vermerkt sind. Die große Zahl seiner Untaten, die ihn zuletzt zum steckbrieflich verfolgten Verbrecher machten, sind fast vergessen. Verblieben ist im Volke der Waldler das, was er sich an guten Dingen und an originellen Streichen leistete, und die Moritat, mit der Jahre danach Moritatensänger auf die niederbayerischen Jahrmärkte gingen, endete schon mit dem Refrain: Der Heigl war kein böser Mann.

Von der Rothen Res, der treuen Gefährtin des Räubers Michl Heigl, weiß man nur, daß sie nach dreijährigem Aufenthalt in einem Arbeitshaus freigelassen wurde, in den Wald zurückkehrte, dort einen Häusler heiratete und ein ruhiges und arbeitsames Leben führte.

Anonym

Moritat vom Raubmörder Gumpp

*I*ch *bin der Sohn des Kolonisten Gumpp von Walding«, begann Ferdinand Gumpp am
6. Juli 1873 sein Geständnis im Münchner Untersuchungsgefängnis. »In meinem sech-
zehnten Jahre <1860> kam ich nach Reichertshofen zum Zimmermeister Heckersmüller,
bei dem ich das Zimmerhandwerk erlernte. Dort war es, wo ich den Eduard Gänswürger,
mit dem ich bereits in die Schule gegangen war, näher kennenlernte.« Diese Freundschaft
sollte für beide verhängnisvoll werden. Zunächst wilderten sie und stahlen Kleinigkeiten.
Dafür wanderte Gumpp ins Zucht- und Arbeitshaus Ebrach. Gänswürger mußte ins
Münchner Zuchthaus, aus dem er im September 1872 entfloh. Mit Gumpp, der unterdessen wieder auf freiem Fuß war, gründete er eine kleine Bande, die schon bald zum
Schrecken der Holledau wurde. Zusammen mit einem Komplizen ermordeten die beiden
Räuber am 11. Dezember 1872 bei Meilenhofen zwei Bauern und erbeuteten 500 Gulden. »Nicht ich, sondern, so wahr Gott lebt, Gänswürger schoß die beiden Bauern nie-
der«, bekannte Gumpp später seinen Richtern.*

*»Ich fürchtete, er schösse auch noch den dritten tot. Er stürzte sich wie ein Tiger auf
die beiden Leichen. Gleich nach dem Mord fing ich an, die Tat zu bereuen. Ich machte,
als wir die Straße verließen und in den Wald kamen, dem Gänswürger heftige Vorwürfe
über sein mörderisches Werk. Dieser aber ließ bei sich keine Reue aufkommen. Er sagte
nur: ›Wenn dir's nicht recht ist, mach ich's dir geradeso.‹ Er kam von neuem so in Wild-
heit hinein, daß er wieder auf die Straße wollte und selbst im Walde noch mehrere Schüsse
abfeuerte. Ich schrie, er sei ein Mörder und des Todes schuldig. Darauf zankte er mich
aus und wollte seinen Revolver aus der Tasche holen. Wir gerieten in ein Handgemenge.
Gänswürger riß dem dritten einen Ärmel aus dem Rock. Mir schlug er seinen Stutzen
auf dem Rücken entzwei und warf heftig fluchend die beiden Stücke gegen einen Baum. —
Später versöhnten wir uns wieder. Wir setzten uns im Wald nieder und teilten die Beute.
Gänswürger erhielt den größten Teil. Der dritte bekam nur 27 Gulden. Mir ekelte vor
Gänswürger. Ich würde auch nicht länger Gemeinschaft mit ihm gehalten haben, wenn
ich nicht gefürchtet hätte, daß er ohne mich noch andere Menschen umbringen würde. Das
wollte ich verhindern. Er hatte allen Bauern Rache geschworen, nur weil er und sein
Bruder früher einmal bei einem Diebstahl von Bauern gefaßt, an einen Baum gebunden
und mit Mist- und Heugabeln mißhandelt worden waren. Er hatte auch gelobt, nicht
früher aus Bayern wegzugehen, bis er 30000 Gulden zusammengeraubt hätte.«*

*Am 16. Dezember 1872, also nur wenige Tage später, wurde einer der Komplizen von
Gumpp und Gänswürger, Johann Faltermeier, erschossen aufgefunden. Wahrscheinlich
hatte es Streit unter den Räubern gegeben. Wer Faltermeier ermordet hatte, Gumpp oder
Gänswürger, blieb ebenso ungeklärt wie der gewaltsame Tod der Krämersgattin Marga-*

rethe Kufner von Manching, die offensichtlich mit beiden Räubern ein Verhältnis hatte.
Gumpp behauptete später, Gänswürger sei der Täter gewesen und hätte sogar versucht,
ihn zu erschießen. Noch in derselben Nacht, vom 3. auf den 4. Februar 1873, trafen die
Räuber wieder zusammen. Gumpp schilderte die tragischen Vorgänge, die sich dann erei-
gneten, in seinem Verhör so:

»An dem bei Mendelfeld über den Donaukanal führenden Steg setzte ich mich nieder und wartete auf Gänswürger. Er mußte hier vorbeikommen, wenn er in sein Versteck in Mansing oder Mendelfeld gelangen wollte. Ich überlegte mir, ich wollte den Gänswürger, der mir doch ein gar zu schlechter Mensch zu sein schien, verraten. Ich hätte dies so gemacht, daß ich einen Zettel an die Gendarmen geschrieben und darin offenbart hätte, wo sie ihn antreffen könnten.

Um fünf Uhr morgens kam Gänswürger auf mich zu. Ich saß am rechten Ufer des Kanals. Er hatte seinen Lefaucheux und seine Doppelpistole, meinen Zwilling aber hatte er nicht mehr bei sich. Als ich ihn erkannte, rief ich ihm in freundschaftlichem Tone zu: ›Eduard!‹ Er entgegnete: ›Ja, Fendl, bist du's? Weil nur du da bist, ist mir jetzt alles recht. Ich hab gemeint, du bist gestorben. Da wären mir schon lieber hundert andere hin wie du.‹ Ich stellte ihm hierauf vor, wie er habe so unsinnig sein und ohne irgendeinen Grund auf die Krämerin schießen können. Er erwiderte: ›Jetzt ist es schon geschehen. Du mußt mir nur verzeihen. Ich weiß selbst nicht, wie ich dazu gekommen bin.‹ Er erwähnte nichts weiter über die Sache. Als ich ihn fragte, wo er meinen Zwilling gelassen hätte, gab er mir zur Antwort: ›Der ist gut aufgehoben. Du wirst ihn schon wiederbekommen.‹ Was wir dann noch weiter gesprochen haben, weiß ich nicht mehr. Ich dachte nur immer daran, daß ich ihn verraten wollte. Die Worte sind mir da nicht mehr von Herzen gegangen, und ich mußte mit ihm scheinheilig umgehen.

Wir sind nun nach Reichertshofen, von da am linken Ufer die Paar entlang, wo sie in die Donau mündet, nach Mansing gegangen. Da kamen wir erst abends um zehn Uhr an. Dort wollte ich ihn verraten. – Zu der an und für sich nicht langen Strecke hatten wir somit den ganzen Tag gebraucht. Wir schliefen unterwegs, verzehrten rastend unsere Lebensmittel, und so ging uns denn der Tag dahin.

Während wir so herumlungerten, sagte Gänswürger zu mir, der mir wohl die Unruhe anmerken mochte: ›Ich weiß nicht, wie du mir heute vorkommst, grad so wie nach der Meilenhofer Geschichte.‹

Als ich ihm erwiderte, es sei auch nichts Kleines, daß er die Kufner und bei Meilenhofen die beiden Bauern so ohne weiteres erschossen habe, fing er an: ›Ach was, du machst dir immer ein Gewissen daraus und meinst, es gebe einen Herrgott. Aber es gibt keinen Gott. Der Mensch lebt, und das Leben ist der Geist. Wenn der Mensch tot ist, dann ist der Geist ausgehaucht, und dann ist's aus mit ihm!‹

In ähnlicher Weise sprach er sich noch längere Zeit über Gott und Unsterb-

84

lichkeit aus. Ich hielt ihm vor, daß es einen Gott gebe und daß man ja dessen Walten überall in der Natur erkenne. Er aber widersprach mir heftig und sagte, daß er über diese Dinge von Zuchthaussträflingen, die oft sehr gescheite Leute wären, belehrt worden sei, und noch mehr derartiges. Wir waren mit diesem Gespräch noch eine Viertelstunde vor Gänswürgers Tod beschäftigt.

So wurde es Nacht. Gegen zehn Uhr, als wir in der Nähe von Mansing lagerten, sagte Gänswürger, daß er drüben im Altwasser der Sandrach einen Fischteich wisse. Er wolle dort Fische holen, die könnten wir uns in irgendeinem Haus zubereiten lassen. Ich war damals zu einem Diebstahl nicht aufgelegt und suchte, ihn abzuhalten. Er ließ sich aber nicht irremachen, sondern ging fort. Ich blieb am Ufer der Sandrach liegen, und bald kam auch Gänswürger vom Fischteich zu mir zurück.

Ich muß jetzt zur Sache kommen. Da ich sah, daß Gänswürger ein unverbesserlicher, gottvergessener Mensch war, der auch mir seinen Unglauben einimpfen wollte, da er mehrere Menschen bereits ums Leben gebracht hatte, und mit dem deutlich ausgesprochenen Vorsatz umging, noch mehrere zu ermorden, und da ich einsah, daß ich ihn nicht mehr bessern könnte, so beschloß ich, ihn aus dem Wege zu räumen und ihn zu erschießen. Ich wollte dies schon tun, als er mit dem Fischkasten die Sandrach heraufkam. Ich verschob es aber wieder um einige Stunden, und so gingen wir denn noch einträchtig nebeneinander über die Sandrach und auf dem andern Ufer noch eine ziemliche Strecke dahin. Wir hatten uns wieder niedergelegt. Aber nun, als wir wieder aufstanden, beschloß ich, die Tat auszuführen. Diesen Entschluß fing ich gleich an ins Werk zu setzen. Ich schützte Müdigkeit vor und blieb ungefähr vier Schritte hinter Gänswürger zurück. In dieser Entfernung folgte ich ihm ungefähr eine Viertelstunde und beschäftigte mich immer mit dem Gedanken, ob ich ihn jetzt wirklich erschießen und ohne Reue und Beichte und ohne die heiligen Sterbesakramente in das Jenseits hinüberschicken sollte oder nicht. – Ja, wahrlich, das habe ich mir gedacht. Ich hatte von jeher eine gute Religion, und unser lieber Herrgott hat mich immer gnädig behandelt und aus manchen Gefahren gerettet. Ich habe auch immer zwei Amulette getragen, eins auf der Brust und eins im Geldbeutel, daß mich die Heiligen in Schutz nehmen sollten und daß ich nicht erschossen und so bei einem raschen Tode ohne Buße aus dem Leben scheiden möchte. Nachdem ich mir aber vorstellte, daß Gänswürger selbst drei Personen ohne Beichte und Buße ins andere Leben befördert hatte, so fühlte ich mich in meinem Gewissen wesentlich erleichtert. Als ich – in der Nähe von Mansing war es – drei bis vier Schritte hinter Gänswürger dreinging, murmelte ich die Worte: ›Herr, gib ihm die ewige Ruh und vergib ihm seine Sünden!‹ und feuerte erst den rechten Lauf meines Lefaucheux-Zwillings, den ich aber nicht an die Wange legte, sondern an die rechte Brustseite anliegend festhielt, auf ihn ab. Der Schuß drang dem Gänswürger in die rechte Seite des Rückens, und sofort stürzte er mit ausgebreiteten Armen, den Ruf ›Hah!‹ ausstoßend, zu

Boden. Er röchelte stark. Ich wollte deshalb seinem Leiden rasch ein Ende machen und feuerte auch den zweiten Lauf meines Zwillings auf die rechte Seite seines Kopfes. Als er tot vor mir lag, habe ich die Flucht ergriffen und bin in mein Versteck nach Reichertshofen geeilt.

Mein Gewissen machte mir über die Tat keinen Vorwurf. Ich betete für Gänswürger ein paar Vaterunser und verließ ihn mit leichtem Herzen, weil ich die Welt von einem Scheusal befreit hatte. Denn das ist er gewesen. Er hat oftmals gedroht, daß er alle Gendarmen in Reichertshofen und den Kommandanten von Geisenfeld ermorden würde. Dem Herrn Regierungsrat, der wegen der Räubereien eigens von München abgesendet worden war, hatte er geschworen, ›ihm das Fleisch stückweise vom Leibe zu reißen, wenn er ihn erwische‹.«

Ob diese Aussage die tatsächlichen Geschehnisse wiedergibt, ist zumindest fraglich. Denn Gumpps Gewissen, das sich in jener Nacht so heftig geregt hatte, blieb später erstaunlich ruhig – bei weiteren brutalen Überfällen und bei dem Mord an dem Gendarmeriekommandanten Anton Bauer am 22. März 1873. Es drängt sich der Verdacht auf, daß Gumpp in dem Verhör möglichst viel Schuld auf seine nicht mehr lebenden Komplizen laden wollte, um sich selbst als einen von bösen Buben verführten, im tiefsten Inneren seines Herzens aber guten Menschen darzustellen. Genaueres hätte sicherlich ein Prozeß erbracht. Aber dazu kam es nicht mehr. Am 25. November 1873, ein halbes Jahr nach seiner Verhaftung, starb Gumpp an Lungenschwindsucht im Münchner Gefängnis.

Die von einem anonymen Autor verfaßte Moritat ist offensichtlich kurz nach der Verhaftung Gumpps entstanden und dann auf Jahrmärkten einem sensationshungrigen Publikum vorgetragen worden. Wir entnahmen sie Otto Ernst Breibecks Buch Schurken, Lumpen, Mordgesellen *(Regensburg 1977).*

Einer von den schlimmsten Räubern
Gumpp, getaufet Ferdinand
War in seiner frühsten Jugend
Schon ein rechter Höllenbrand.

In der Schul wollt er nichts lernen
Trotzdem so gescheit er war,
Und er raufte ganz verwegen
Immer mit der Buben Schar.

Als er in die Lehr gekommen,
Hin zu einem Zimmermann
Glaubt man, daß er sei gebessert
Da er wieder Gut getan.

Als er später sich verliebte
In die schöne Franziska
Allgemein ist er gestanden
Hochgeschätzt, geachtet da.

Als Franziska ihn verlassen
Und dahin nach München zog,
Und Gumpp hörte, daß sie dorten
Andere liebt, ihn betrog:

Oft er selbst dahin gegangen –
Fand sie in der tiefsten Schmach
Daß sie war so tief gesunken
Daß sie selbst den Schlechtsten mag.

Als sein Herz er sah betrogen
Gumpp floh rasend wieder fort.
Und bald war er in der Heimat
Bei den Eltern wieder dort.

Doch schon nach vier Wochen floh er
Bald drauf eine Räuberband
Sich im Moose an der Donau
Groß an Zahl zusammenfand.

Wildgediebt und viel gestohlen
Wurde von der Räuberschar
Aber von dem Menschenblute
Nicht befleckt die Hand noch war.

Gänswürger, Faltermeier,
waren Freunde von dem Gumpp
Jeder von dem sauberen Kleeblatt
Zoll für Zoll ein großer Lump.

Einst hat es am Geld gefehlet
Die Lumpenkumpanei –
Und ein Raubmord ward beschlossen
Gleich war da der Gumpp dabei.

Und bei Meilenhofen fielen
Bauern zwei von ihrer Hand
Eine Barschaft von 700
Gulden sich bei ihnen fand.

Und bei Karlskron erschossen
Bald drauf wurd ein Krämerweib
Denn der Mord ist solchen Burschen
Nur Pläsier und Zeitvertreib.

Auch der Kommandant Herr Bauer
Stationiert zu Hohenwart

Ist als Opfer Gumpps gefallen
Als er ihn verfolget hat.

Gänswürger auch erschossen
Hat von rückwärts der Bandit
Und Verbrechen geben Zeichen
Wo er hinlenkt seinen Schritt.

Endlich wurde er gefangen
Und nach München abgeführt
Wo man jetzt nach seinen Taten
Strenge forscht und inquiriert.

Bald wird er vor dem Schwurgerichte
Gumpp mit tiefen Bangen stehn
Und der Strafe des Gesetzes
Wird er sicher nicht entgehn!

Hugo Friedlaender

RÄUBERHAUPTMANN KNEISSL VOR DEM
SCHWURGERICHT

Zwischen 1910 und 1920 veröffentlichte der Berliner Gerichtsberichterstatter Hugo Friedlaender eine zwölfbändige Sammlung, der er den Titel gab: Interessante Kriminal-Prozesse von kulturhistorischer Bedeutung. Darstellung merkwürdiger Strafrechtsfälle aus Gegenwart und Jüngstvergangenheit. *Im 1911 erschienenen zweiten Band findet sich die ausführliche Schilderung des Prozesses gegen Mathias Kneißl vor dem Augsburger Schwurgericht. Friedlaender betont, daß sein Bericht »nach eigenen Erlebnissen« aufgeschrieben wurde. Wir dürfen also annehmen, daß er den Prozeß persönlich verfolgte. Dafür spricht auch die teilweise wörtliche Wiedergabe der Befragung und der Plädoyers. Diese Passagen stehen in einem reizvollen Gegensatz zu den Schilderungen Friedlaenders, der nur die Rechtsbrüche bewertete und nicht die Ursachen, die dazu geführt hatten. In dieser Hinsicht sehr aufschlußreich ist das Plädoyer des Verteidigers, das viel psychologischen Spürsinn erkennen läßt.*

Da Friedlaenders Bücher heute zu den antiquarischen Raritäten zählen, ist dieser für Kneißl-Fans und -Feinde wichtige Text so gut wie unbekannt. Wir veröffentlichen ihn nach über 80 Jahren selbstverständlich ungekürzt.

Räuberhauptmann Kneißl vor dem Schwurgericht

Noch in der zweiten Hälfte des vorigen Jahrhunderts hörte man von großen Räuberbanden, die in den verschiedensten Gegenden des Deutschen Reiches und der Nachbarländer auftauchten. Der Fortschritt der Zeit hat auch das Räuberleben der Romantik entkleidet. Es ist den Räubern kaum noch möglich, im Waldesdickicht ihr Heim aufzuschlagen. Infolge der vielen Verkehrsmittel haben es die Landbewohner nicht mehr nötig, durch den Wald zu gehen, um in ihr Heim zu gelangen. An der Wende des zwanzigsten Jahrhunderts tauchte in Oberbayern der bekannte Räuber Matthias Kneißl auf, der ganz in moderner Form, auf einem eleganten Zweirad, mit Dolchen, Gewehren, Revolvern und Patronen ausgerüstet, die Lande durchstreifte. Kneißl war lange Zeit der Schrecken der Bewohner eines Teiles von Oberbayern. Obwohl er keine Bande zu kommandieren hatte, sondern zumeist auf eigene Faust seine Raubzüge unternahm, so verstand er es dennoch, die Dorfbewohner derartig in Angst und Schrecken zu setzen, daß diese ihm vielfach Obdach und Verpflegung gewährten und ihn vor den ihn verfolgenden Gendarmen verbargen, weil sie seine Rache fürchteten. Dies mag wohl auch die Ursache gewesen sein, daß, obwohl 1000 M. Belohnung auf die Ergreifung des »zweiten Bayerischen Hiesel«, wie er sich selbst mit Vorliebe nannte, ausgesetzt war und obwohl Gendarmen- und Schutzmannspatrouillen, zum Teil ebenfalls per Rad, den kühnen Räuber Tag und Nacht verfolgten, es letzterem dennoch möglich war, sich lange seinen Verfolgern zu entziehen. Kneißl, der am 25. Oktober 1875 zu Unterweikertshofen geboren war, entstammte einer alten Verbrecherfamilie. Sein Vater, ein Müllermeister, war der Besitzer der »Schachermühle« in Unterweikertshofen, die schon vor Jahrzehnten allem Räubergesindel als Unterschlupf gedient hatte. Der Vater starb auf dem Transport nach dem Gefängnis, die Mutter war wegen Hehlerei und Diebstahls mit langjährigem Gefängnis bestraft. Der Oheim des Kneißl, namens Pascolini, war bereits vor 40 Jahren der gefürchtetste Räuberhauptmann in Oberbayern. Er ist auf dem Schafott gestorben. Kneißl war der Familientradition treu geblieben. Schon in der Schule hatten die Lehrer große Not mit dem trotzigen, zu Gewalttätigkeiten neigenden Knaben. Im Jahre 1891, als er kaum 16 Jahre alt war, wurde er wegen Jagdfrevels bestraft. 1892 verübte er mit seinem jüngeren Bruder einen höchst verwegenen Einbruchsdiebstahl. Als Gendarmen in die »Schachermühle« drangen, um die beiden »Kneißlbuben« oder »Pascolinis«, wie sie im Dorfe genannt wurden, zu verhaften, wurden sie von den beiden jugendlichen Einbrechern mit Gewehrschüssen empfangen und zum Teil ganz erheblich verletzt. Erst nach heftiger Gegenwehr gelang es den Gendarmen, die jugendlichen Verbrecher zur Haft zu bringen. Sie wurden beide zu langjährigem Gefängnis verurteilt. Als Mathias Kneißl im Februar 1899 aus dem Gefängnis entlassen war, arbeitete er als Schreinergeselle. Obwohl er wegen seines jugendlichen Alters nicht zur Zulässigkeit von Polizeiaufsicht verurteilt werden konnte, wurde er von der Polizei beobachtet. Dadurch wurde seine Vergangenheit sehr bald bekannt. Er ging infolgedessen immer nach kurzer Zeit seiner Arbeit verlustig. Bei einem Meister arbeitete er sieben volle Monate. Der Meister war mit dem Fleiß und der Geschicklichkeit Kneißls sehr zufrieden. Eines Tages kam ein Gendarm, sich nach Kneißl zu erkundigen. Der Meister hätte trotzdem den tüchtigen und fleißigen Gesellen sehr gern behalten, er war aber genötigt, ihn zu entlassen, da die anderen Gesellen sich weigerten, noch länger mit dem Verbrecher zusammenzuarbeiten. Kneißl fehlte schließlich der Mut, sich weiter um Arbeit zu bemühen. Er verband sich mit einem übelberüchtigten Menschen, namens Hausleitner. Beide bewaffneten sich mit Revolvern, Gewehren und Dolchen und verübten gemeinsam die verwegensten Einbrüche. In einer dunklen Nacht brachen sie in einen einsam gelegenen Bauernhof ein. Als die Bewohner erwachten, wurden sie von den frechen Räubern durch Bedrohung mit sofortigem Erschießen verhindert, sich zur Wehr zu setzen oder auch nur um Hilfe zu schreien. Am folgenden Tage saß Kneißl ganz wohlgemut im Wirtshause des Nachbardorfes. Eine Anzahl Dorfbewohner erkannte ihn und wollte zu seiner Verhaftung schreiten. Kneißl wußte jedoch durch Bedrohung mit seinem Gewehr die Leute von sich abzuhalten und unbehelligt die Dorfstraße zu erreichen. Einige beherzte Bauernburschen verfolgten ihn. Am Ausgang des Dorfes waren ihm seine Verfolger dicht auf den Fersen. Als Kneißl die Gefahr erkannte, drehte er sich um, feuerte mehrere Schüsse ab und traf den Gürtlerssohn Seitz so unglücklich, daß dieser schwerverletzt niederfiel. Infolgedessen ließen die anderen jungen Leute von der weiteren Verfolgung des gefürchteten Räubers ab. Hausleitner fiel sehr bald der Polizei in die Hände und wurde im Februar 1901 vom Schwurgericht zu Straubing zu 15 Jahren Zuchthaus verurteilt. Kneißl setzte darauf allein, bekleidet mit grauer Lederjoppe und Gamaschen, grauem Hut mit Spielhahnfeder, mit geladenem Revolver, einem »Drilling« und Patronen ausgerüstet, auf einem Zweirad seine Raubzüge fort. Eine förmliche Kneißllegende umwob den kühnen Räuber. Überall tauchte die gefürchtete Räubergestalt auf. Sobald der Abend zu dämmern begann, wurden in ganz Oberbayern die Bauernhöfe fest verrammelt und verriegelt und große bissige Hunde, die des Tages über an der Kette gelegen, von ihren Fesseln befreit. Niemand wagte sich allein auf die Landstraße oder gar in den Wald. Starke Gendarmerieposten durchzogen, bis an die Zähne bewaffnet, das »Kneißlgebiet«, überall die Spuren Kneißls verfolgend, es wollte aber nicht gelingen, des Räubers habhaft zu werden. Einmal begegnete der Unhold einer beherzten Landfrau. »Bist wohl der Kneißl?« fragte sie. »Was fragst mi denn, wenn mi kennst?« erhielt sie zur Antwort. – Am Spätabend des 30. November 1900 kam Kneißl nach Irchenbrunn. Er klopfte an die Fensterläden des »Flecklbauern« Michael Rieger. Dieser, ein sehr übelbeleumdeter Mann, war schon vor vielen Jahren Freund des Vaters des Kneißl und war auch oftmals Gast in der »Schachermühle« gewesen. Die »Flecklbäuerin« öffnete das Fenster und bedeutete dem Kneißl, daß ihr Mann im Wirtshause sei. Kneißl wagte es nicht, in das Wirtshaus hineinzugehen. Er wartete vor dem Wirtshaus. Als Rieger nach einer Weile herauskam, bat er diesen, ihm Obdach sowie Speise und Trank zu geben. Rieger willigte sofort ein, ließ aber auch sogleich die Gendarmerie von der Anwesenheit Kneißls benachrichtigen. Rieger holte aus dem Wirtshaus Brot und Fleisch und zwei Maß Bier. Damit begab er sich mit Kneißl in seine Behausung. Wie bemerkt, hatte er durch einen jungen Mann die Gendarmerie benachrichtigen lassen. Sehr bald klopften auch der Stationskommandant Brandmeier und der Gendarm Scheidler an dem Riegerschen Gehöft. Die Gendarmen hatten sechs beherzte Bauernburschen ersucht, sie zu begleiten. Als auf mehrfaches Klopfen nicht geöffnet wurde, rief Brandmeier: »Öffnen Sie, sonst wird mit Gewalt geöffnet.« Rieger antwortete: »I mach nit auf.« Endlich öffnete aber Rieger. Zunächst traten die jungen Leute ein. Diesen folgten die Gendarmen. Kneißl war es inzwischen gelungen, sich zu verstecken. Als die Beamten das Versteck ausfindig gemacht hatten, schoß Kneißl auf sie. Brandmeier wurde sogleich, tödlich getroffen, zu Boden gestreckt und Scheidler so schwer verletzt, daß er sofort ins Krankenhaus transportiert werden mußte. Dort ist er nach kurzer Zeit an den erlittenen Verletzungen gestorben. Kneißl konnte nun unbehelligt seine Raubzüge fortsetzen. Endlich im März 1901 wurde der Gendarmerie der Aufenthalt Kneißls in Geisenhofen verraten. Eine große Anzahl Gendarmen, sowie Kriminalbeamte und Schutzleute umzingelten das Haus. Sie wagten aber nicht, das Haus zu betreten, da sie wußten, daß Kneißl sie mit Gewehrfeuer empfangen würde. Sie beschossen daher das Haus. Als sie hörten, daß Kneißl schwer verwundet war, drangen sie ein und nahmen den gefährlichen Räuber fest. Kneißl, der einen Schuß in den Unterleib erhalten hatte, mußte zunächst ins Krankenhaus gebracht werden, in dem er monatelang mit dem Tode rang. Infolge der kräftigen Natur des Räubers gelang jedoch den Ärzten seine Wiederherstellung. Kneißl hatte sich vom 14. bis 19. November 1901 vor dem Schwurgericht zu Augsburg wegen zweier Mordtaten, versuchten Totschlags sowie wegen schweren Raubes und räuberischer Erpressung zu verantworten. Neben ihm mußte Flecklbauer Rieger wegen Beihilfe zum Morde auf der Anklagebank Platz nehmen. Die Anklagebehörde hatte angenommen: Rieger habe die Gendarmerie von der Anwesenheit Kneißls in seiner Wohnung benachrichtigen lassen, um Kneißl Gelegenheit zu geben, die Gendarmen zu erschießen. Den Vorsitz des Schwurgerichts führte Oberlandesgerichtsrat Rebholz. Die Anklage vertrat Staatsanwalt Dr. Farnbecher. Die Verteidigung führten Rechtsanwalt Dr. v. Pannwitz (München) für Kneißl und Rechtsanwalt Prechtl (Augsburg) für Rieger. Die Verhandlung wurde erklärlicherweise in ganz Bayern mit größter Spannung verfolgt. Zahlreiche Gendarmen und Schutzleute waren aufgeboten, um ein Entweichen des kühnen Räubers zu verhindern. Obwohl am ersten Verhandlungstage ein feiner

Regen hernierderrieselte und es bei Beginn der Sitzung gegen 8 Uhr morgens noch fast dunkel war, drang doch eine ungeheure Menschenmenge in den Zuhörerraum des Schwurgerichtssaales. Kneißl, dem an Händen und Füßen eiserne Ketten angelegt waren, machte keineswegs den Eindruck eines zweiten bayerischen Hiesel. Er war nicht unschön zu nennen. Er war mittelgroß, schlank, erdfahl im Gesicht und hatte einen dunkelblonden, kleinen Schnurrbart. Seine Wangen waren hohl und eingefallen. Er saß, in sich zusammengeknickt, wie ein armer Sünder auf der Anklagebank. Rechts und links hatte je ein Gendarm neben ihm Platz genommen. Man sah es ihm an, daß er lange Zeit schwer krank gewesen war. Rieger war bedeutend älter und größer als Kneißl. Er machte mit seinem bartlosen Gesicht den Eindruck eines Zuchthäuslers. Auf dem Korridor, vor dem Eingang zum Schwurgerichtssaal, stand die Mutter des Kneißl, eine kleine, sehr abgehärmt aussehende, sauber gekleidete Frau. Sie weinte bitterlich um ihren verlorenen Sohn. Zwei Gendarmen waren bemüht, die Frau zu trösten. –

Kneißl war im allgemeinen der ihm zur Last gelegten Straftaten geständig, er bestritt aber mit großer Entschiedenheit, daß er die Gendarmen habe erschießen wollen. Hätte er dies beabsichtigt, so bemerkte er auf Befragen des Vorsitzenden, dann würde er nicht nach den Beinen, sondern in den Kopf oder in die Brust geschossen haben. Er wollte die Gendarmen nur kampfunfähig machen, um dadurch sich der Verhaftung zu entziehen. – Vors.: Es wird von mehreren Zeugen behauptet: Sie haben die Leiche des Stationskommandanten Brandmeier mit dem Fuße gestoßen und in verächtlichem Tone gesagt: »Du bist gut hin?« – Kneißl: Das ist nicht wahr. – Vors.: Sie hatten einen Oheim, den Bruder Ihrer Mutter, namens Pascolini. Dieser hat etwa zehn Jahre lang, von Anfang der 1860 Jahre bis 1871, das Handwerk eines sehr gefürchteten Räuberhauptmanns in Oberbayern betrieben. Sie waren ja damals noch nicht auf der Welt, eine solche Familientradition wird doch aber in der Familie besprochen? – Kneißl: Ich habe davon gehört, es ist aber in unserer Familie davon nicht gesprochen worden. – Vors.: Das ist doch aber anzunehmen. Es ist ja nicht recht, von einem Familienmitgliede auf die ganze Familie zu schließen; ein Pascolini hat sich in der Untersuchung gegen Sie als Zeuge sehr korrekt benommen. Der Räuberhauptmann Pascolini hat auf dem Schafott geendet? – Kneißl: Soweit mir bekannt, starb er im Zuchthaus. – Vors.: Haben Sie nicht geäußert, Sie wollten es Ihrem Oheim nachmachen? – Kneißl: Nein, das hat mein Bruder gesagt. – Auf weiteres Befragen des Vorsitzenden bemerkte Kneißl: Als er 1899 aus dem Gefängnis entlassen war, sei er aus München ausgewiesen worden. Er habe alsdann kurze Zeit in Nußbrunn als Schreinergeselle gearbeitet, sei aber sehr bald wieder entlassen worden, da der Meister seine Vorstrafen erfuhr. Er habe sich darauf vielfach, jedoch stets vergeblich nach Arbeit, auch um eine Anstellung als Förster beworben. Im Oktober 1899 sei er durch einen Mann namens Lorenz mit Holzleitner bekannt geworden. Lorenz war ein alter Bekannter von ihm. Holzleitner sagte: Lorenz schickte ihn zu ihm, er habe etwas mit ihm zu besprechen. Holzleitner habe nun den Vorschlag gemacht, mit ihm eine »Spritztour« nach Niederbayern zu unternehmen. In Freysingen sei ein Pfarrhof. Der Pfarrer sei ein alter Herr und habe 40–50000 M. Geld, dies könnte man holen. – Vors.: Sind Sie auf den Vorschlag eingegangen? – Kneißl: Ich sagte mir, Arbeit bekomme ich doch nicht; wenn ich so viel Geld habe, dann rücke ich aus nach Amerika. – Vors.: Hat nicht auch Holzleitner gesagt: Wenn sich jemand in den Weg stellt, dann wenden wir Gewalt an? – Kneißl: Nein, das hat er nicht gesagt. – Vors.: Nun sind Sie mit Holzleitner nach Freysingen gefahren? – Kneißl: Ja, aber mit dem Pfarrhof war es nichts, wir gingen nicht hinein. – Vors.: Hatte Holzleitner keine Courage, in den Pfarrhof zu gehen? – Kneißl: »Courag« hätt' er schon gehabt, aber ich wollt' nicht. – Vors.: Weshalb wollten Sie nicht? – Kneißl: Ich sah Leute im Pfarrhof. – Der Angeklagte erzählte weiter auf Befragen des Vorsitzenden. Sie seien alsdann nach Oberbirnbach gegangen und wollten dort in einen einsam gelegenen Bauernhof eindringen. Er sei zunächst in den Bauernhof hineingegangen, um die Örtlichkeit auszukundschaften. Er habe sich als Hopfenhändler aus Nürnberg ausgegeben. Als er von der Örtlichkeit Kenntnis genommen hatte, sei er mit Holzleitner in den Bauernhof hineingegangen. Es war um die Mittagszeit, die Bäuerin sei allein im Hause gewesen. Holzleitner erbrach mehrere Kisten, und als die Bäuerin sich dagegen sträubte, habe Holzleitner ihr mit Erschießen gedroht. Holzleitner habe fünf Einhundertmarkscheine und für mehrere tausend Mark Wertpapiere genommen. Er (Kneißl) habe sich weder an der Bedrohung noch an dem Raub beteiligt, sondern nur, mit einem geladenen Revolver in der Hand, Wache gestanden. Er habe 270 M. bar und 500 M. in Pfandbriefen erhalten. – Vors.: Es war auch verabredet worden, in dem Bauernhof die Kisten aufzubrechen, Geld zu rauben und sobald sich die Leute zur Wehr setzen, Gewalt anzuwenden? – Kneißl: Jawohl. – Auf ferneres Befragen des Vorsitzenden bemerkte Kneißl: Zwei Tage nach dem Raube sei er mit Holzleitner nach Oberschweinbach gekommen. Dort haben sie sich als Metzger ausgegeben und sich bemüht, die geraubten Wertpapiere einzuwechseln. Sie seien zunächst ins Wirtshaus zum Sedlmeyer gegangen. Der von ihnen verübte Raub sei jedoch durch die Zeitungen bereits bekannt gewesen. Ein Mann habe die Leute im Wirtshaus auf sie aufmerksam gemacht. Die Leute wollten sie verhaften, sie haben aber mit Erschießen gedroht. Dadurch gelang es ihnen, aus dem Wirtshaus und aus dem Dorfe zu entkommen. Den Pfandbrief von 500 M. habe er nicht wechseln können und schließlich verloren. Nach der Flucht in Oberschweinbach habe er sich eine Zeitlang bei seiner Mutter in München aufgehalten und alsdann mit seinem Rade das Land durchstreift. Am Abend des 27. November 1900 kam er nach dem Kirchdorf Paar. Als er bei einem Bauernhof vorüberkam, sei ein Hund auf ihn zugesprungen. Er habe deshalb mit seinem »Drilling« den Hund erschossen. Der Drilling sei ein Jagdgewehr, das er von seinem Vater geerbt habe. Ehe der Hund auf ihn zugesprungen sei, hatte er Hühner gestohlen und diesen den Kopf umgedreht. Infolge des Schusses sei eine Anzahl Leute aus dem Wirtshaus und aus den Häusern gestürzt. Ein Mann habe ihn festnehmen wollen, es sei möglich, daß das der Bürgermeister war. Er habe dem Mann zugerufen: »Ich habe soeben einen kalt gemacht, wenn Sie mir nahe kommen, dann mache ich mit Ihnen dasselbe.« – Vors.: Mit dem »soeben kalt gemacht« meinten Sie den Hund, den Sie erschossen hatten? – Kneißl: Jawohl. Eine große Anzahl Menschen verfolgte mich. Ich rief den Leuten zu: Was wollt ihr von mir? Haltet eure Hunde an euch, dann werde ich nicht schießen. Ich wurde aber trotzdem bis an den Ausgang der Dorfstraße verfolgt. Der Gürtlerssohn Seitz war dicht hinter mir. Um diesen von mir abzuwehren, drehte ich mich um und schoß mit meinem »Drilling« auf ihn. Ich hatte aber nicht die Absicht, den jungen Mann zu erschießen. Es ist bekannt, daß ich ein sehr guter Schütze bin. Wenn ich Seitz erschießen wollte, dann wäre er nicht in das Knie, sondern in die Brust oder in den Kopf geschossen worden. Kneißl erzählte weiter, daß er am Spätabend des 30. November 1900 nach Irchenbrunn gekommen und er dort von dem »Flecklbauer« Rieger aufgenommen worden sei. Er bestritt mit großer Entschiedenheit, daß er die Gendarmen habe erschießen wollen, er habe lediglich geschossen, um die Beamten von sich abzuwehren. – Vors.: Als Sie im Jahre 1893 nach Nürnberg transportiert wurden, sollen Sie zu dem Stationskommandanten Schnitzler gesagt haben: »Ich bin der zweite bayerische Hiasl. Wenn ich wieder herauskomme, dann will ich den bayerischen Hiasl in jeder Beziehung übertreffen. Über mich muß ein großes, dickes Buch geschrieben werden, viel dicker als über den bayerischen Hiasl. Wenn ich wieder herauskomme, dann erschieße ich mehrere, zuerst meine Schwester«? – Kneißl: Davon ist kein Wort wahr. – Vors.: Sie sollen ferner gesagt haben: Ich bin gut, ich kann aber auch schlimm werden. Ich lasse mich nicht wieder fangen. Ich werde es so weit bringen, daß man mir den Kopf abschlägt, einsperren lasse ich mich aber nicht. – Kneißl: Das ist alles nicht wahr. – Vors.: Sie sollen ferner gesagt haben: Wer mir nahe kommt, den erschieße ich, insbesondere erschieße ich die Grünröcke. - Kneißl: Auch das ist eine Lüge. – Vors.: Einem Mädchen sollen Sie einen silbernen Knopf geschenkt und gesagt haben: »Das gebe ich dir zum Andenken, ich bin der zweite bayerische Hiasl.« – Kneißl: Dem Mädchen habe ich nur einen Taler zum Andenken geschenkt, ich habe aber nicht gesagt, ich bin der zweite bayerische Hiasl. – Vors.: Weshalb schenkten Sie dem Mädchen den Taler zum Andenken? – Kneißl: Ich dachte, ich komme doch sobald nicht mehr heraus, vielleicht überhaupt nicht mehr, deshalb will ich dem Mädchen einen Taler zum Andenken schenken. – Vert. Rechtsanwalt Dr. v. Pannwitz: Ich ersuche, den Angeklagten zu fragen, ob es wahr ist, daß sein Vater ihm eingeschärft hat, nicht auf Gendarmen zu schießen. Es seien dies auch Menschen, zumeist Familienväter. Wenn man einen solchen Mann erschießt, dann belastet man sein Gewissen, eine Familie ihres Ernährers beraubt zu haben. – Vors.: Ist das richtig? – Kneißl: Jawohl, Herr Präsident, das hat mein Vater zu mir gesagt. – Vors.: Sie haben diese Lehre beherzigt, indem Sie auf zwei Gendarmen in Irchenbrunn geschossen haben, so daß der eine sofort tot war, der andere nach kurzer Zeit verstarb? – Kneißl: Ich konnte ja gar nicht sehen, daß es Gendarmen waren. – Auf Antrag des Verteidigers wurde ein Brief verlesen, den Kneißl 1895 aus dem Gefängnis an seine Mutter geschrieben hat. In diesem erinnerte Kneißl an die erwähnte Lehre seines Vaters. – Staatsanwalt: Hat der Herr Verteidiger außer diesem Brief noch einen anderen Beweis? – Vert.: Nein, dieser Brief ist aber zu einer Zeit geschrieben, als der Angeklagte nicht wissen konnte, daß er ihm zu einem gerichtlichen Beweis dienen könnte. – Die erste Zeugin war die Bauernhofsbesitzerin Ottilie Scheurer: Am 25. Oktober 1900 um die Mittagszeit, als sie gerade mit ihrem Mann und ihren Kindern bei Tisch saß, habe es bei ihnen angeklopft. Es seien zwei junge Männer ins Zimmer getreten, die sich als Hopfenhändler aus Nürnberg bezeichneten und vorgaben, Hopfen kaufen zu wollen. Die Hopfen waren in einem gegenüberliegenden Gehöft aufgespeichert. Sie ersuchte daher die zwei Männer, etwas zu verweilen. Inzwischen waren die Männer ins Schlafzimmer gegangen. Als sie (Zeugin) den Männern nachging, sah sie, daß diese die Betten und Strohsäcke durchwühlt hatten und bemüht waren, Kästen zu erbrechen. Noch ehe sie um Hilfe schreien konnte, packte sie Holzleitner, warf sie aufs Bett, hielt ihr den Mund zu, fuchtelte ihr mit einem Revolver über das Gesicht und sagte: Wenn Ihr einen Laut von Euch gebt, schieße ich. Nachdem sie versichert hatte, daß sie nicht schreien werde, habe sie Holzleitner losgelassen und nach Geld gesucht. Er fand aber nur 20 M. in Silber; dies nahm Kneißl an sich. Kneißl sagte: »Wir müssen 'raufgehen und oben suchen.« – Vors.: Hat Sie Kneißl auch bedroht? – Zeugin: Nein. – Vors.: Was tat Kneißl? – Zeugin: Der stand an der Tür. Die Zeugin erzählte weiter: Die beiden Männer erbrachen alle Kisten, nahmen Schmucksachen, einen Pfandbrief von 2000, einen Pfandbrief von 500 M. und fünf Einhundertmarkscheine. – Vors.: Wer nahm das an sich? – Zeugin: Der Kneißl. Holzleitner sagte: Anzeigen dürft Ihr es nicht, sonst geht alles in Rauch auf. Alsdann gingen die Männer in den Keller und begannen, dort zu suchen. Dort fanden sie aber nur die Sachen von dem Hütbuben. Kneißl sagte: Die nimm nicht, laß dem Hütbuben seine Sach. Die Männer haben sie (Zeugin) schließlich in den Keller eingesperrt, jedenfalls um unbehelligt entkommen zu können. Erst nach längerer Zeit sei sie durch ihre Angehörigen aus dem Keller befreit worden. – Vors.: Kneißl hat sich aber an dem Einbrechen der Kästen beteiligt? – Zeugin: Jawohl. – Kneißl bemerkte auf Befragen des Vorsitzenden: Ich habe die Frau nicht bedroht, sondern zu Holzleitner gesagt: Einer alten Frau darf man nichts tun. Ich würde niemals auf eine so alte Frau schießen. Ich habe auch die Frau nicht in den Keller gesperrt. – Vors.: Wer hat Sie in den Keller gesperrt, Frau Scheurer? – Zeugin: Holzleitner. – Fräul. Marie Scheurer, Tochter der Vorzeugin: Die Räuber haben ihr all ihren Schmuck, den sie sich zum Teil erarbeitet hatte, weggenommen. – Alsdann wurde Holzleitner, der wegen des Raubes bei Scheurer in Oberbirnbach und noch eines anderen Raubes wegen vom Schwurgericht zu Straubing zu 15 Jahren Zuchthaus verurteilt worden war, als Zeuge in den Saal geführt. Dieser, am 12. Mai 1877 geboren, war außerdem mehrfach wegen Eigentumsverbrechen bestraft. Er wurde selbstverständlich uneidlich vernommen und bekundete auf Befragen des Vorsitzenden: Den Angeklagten Mathias Kneißl kannte er nicht, er hatte aber dessen Bruder Alois im Gefängnis kennengelernt. Er kannte auch den Lorenz, mit dem er zusammen einen schweren Einbruchsdiebstahl verübt hatte. – Vors.: Das war der Einbruch, dessentwegen Sie vom Schwurgericht Straubing bestraft wurden? – Zeuge: Nein, das war wieder ein anderer Einbruch. – Der Zeuge erzählte ferner auf Befragen des Vorsitzenden: Alois Kneißl und Lorenz haben ihn auf Mathias Kneißl aufmerksam gemacht. Er habe daher letzteren aufgefordert, mit ihm etwas zu unternehmen. Zunächst habe er vorgeschlagen, einem Pfarrhof, wo der Pfarrer schon ein alter Mann sei, einen Besuch abzustatten. Kneißl habe sich anfänglich entschieden geweigert, er wollte durchaus nicht »anbeißen«. Erst als er zu Kneißl sagte: »Du scheinst nicht die mindest Courag' zu haben, da hat Lorenz ganz andern ›Schneid‹, mit diesem habe ich ganz andere Einbrüche verübt«, habe Kneißl sich bereit erklärt. – Vors.: Aus dem Einbruch in den Pfarrhof wurde aber nichts? – Zeuge: Nein. – Vors.: Weshalb nahmen Sie davon Abstand? – Zeuge: Die Pfarrersköchin trat gerade aus der Tür, als wir hineingehen wollten, dadurch verlor Kneißl die »Courag'«. Der Zeuge schilderte alsdann den Einbruch in dem Bauerngehöft von Scheurer in Oberbirnbach in fast genau derselben Weise wie Frau Scheurer. – Der 62jährige Privatier Josef Mooseder aus Langenfettbach bekundete auf Befragen des Vorsitzenden: Eines Abends, als er gerade die Fensterläden schließen wollte, sei ein Mann, der eine schwarze Kappe vor dem Gesicht hatte, so daß man nur die Augen sehen konnte, in sein Haus gedrungen. Der Mann habe ihn sofort an der Gurgel gefaßt, ihm einen Revolver und ein großes Schlachtmesser vors Gesicht gehalten und gesagt: »Gib mir dein Geld oder ich schieß dich nieder!« Sehr bald sei seine (des Zeugen) Frau herbeigeeilt. Der Räuber habe auch dieser mit Erschießen oder Erstechen gedroht, wenn sie schreien sollte. Seine Frau sei auf die Knie gesunken und habe gebetet. Da habe der schwarze Mann gesagt: »Laßt das Beten sein, das nützt euch nichts, gebt euer Geld heraus oder ich schieße euch beide nieder.« Er (Mooseder) habe darauf eine Schublade aufgezogen, in der seine Börse mit 56 M. Silbergeld lag. Diese Börse habe er dem Mann gegeben. »Hast du nicht mehr Geld?« fragte der schwarze Mann. »Das ist mein ganzes Geld«, versetzte er. Der schwarze Mann entfernte sich darauf. Er habe erst am folgenden Tage Anzeige erstattet. – Vors.: Neben Ihnen wohnt doch Ihr Schwiegersohn, haben Sie diesem nicht noch an demselben Abend Mitteilung gemacht? – Zeuge: Nein, ich war so erschrocken, daß ich mich an demselben Abend nicht mehr

Mathias Klostermayr, genannt der Bayerische Hiasl,
mit seinem Buben und seinem Fanghund

Der Transport des Bayerischen Hiasls samt seinen Wilderer-Kameraden nach der
Gefangennahme durch den Hochfürstlich-Dillingschen Premier-Lieutenant Schedel
am 14. Januar 1771

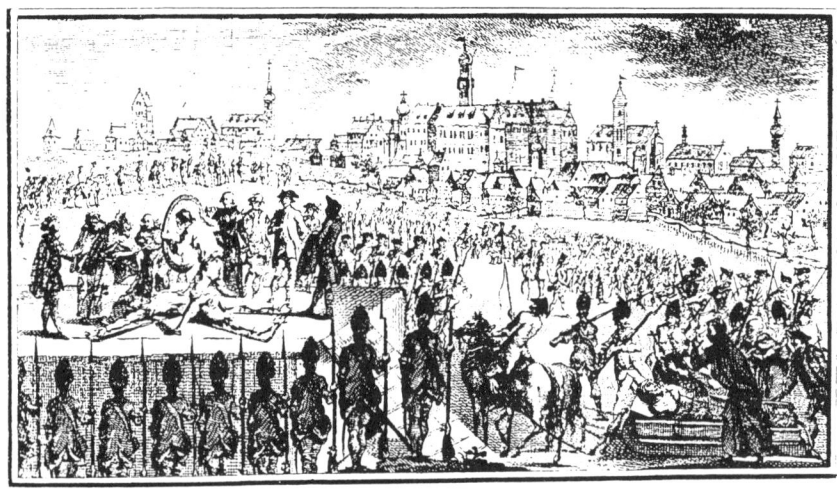

Ausschleifung und Exekution des Bayerischen Hiasls am 6. September 1771

Radbrechmaschine, die bei der Hinrichtung des Bayerischen Hiasls gebraucht wurde

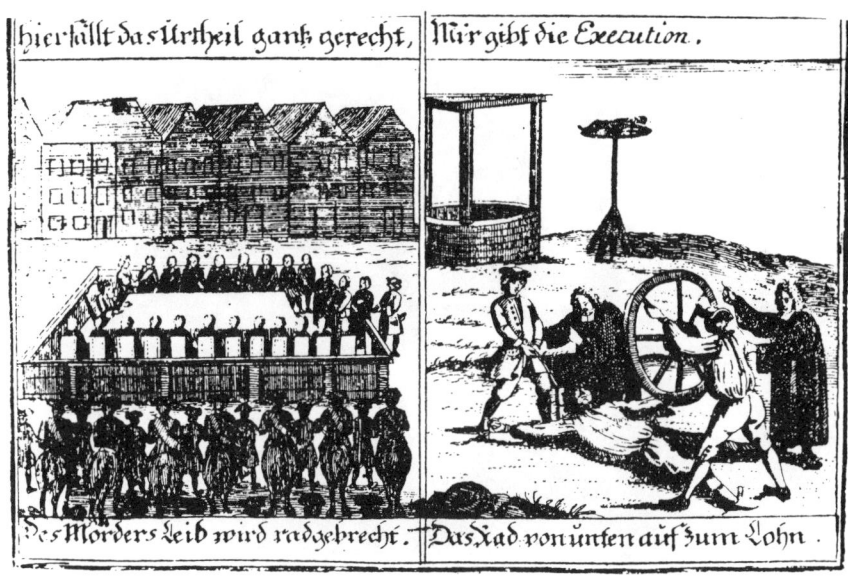

hier fällt das Urtheil gantz gerecht, Nur gibt die Execution.

Des Mörders Leib wird radgebrecht. Das Rad von unten auf zum Lohn.

Gerichts- und Hinrichtungsszene (nach einem alten Druck)

Darstellung eines Überfalls

Wildererszene

Buchillustration aus dem 19. Jahrhundert

Romantische Wildererdarstellung

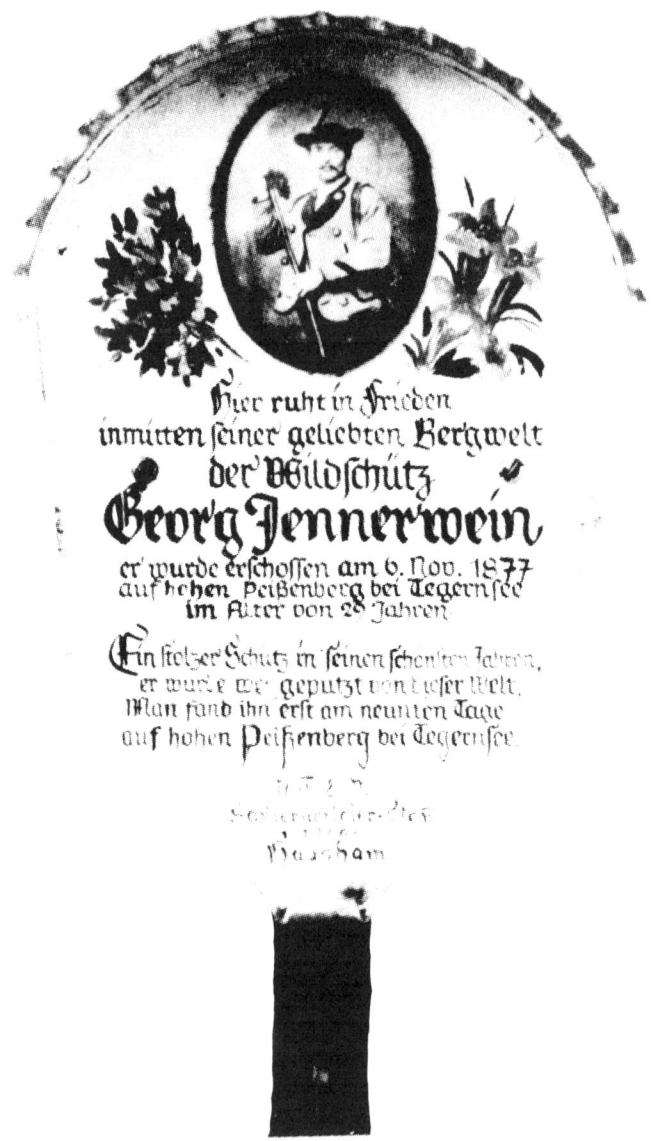

Grabkreuz des Georg Jennerwein

Johann Adam Heusner
vulgo dicker – auch Kraemer und
rother Hann Adam

Johannes Kintzinger
vulgo Kraemer Johannchen
auch Schneider

Zwei Haupträuber aus dem Spessart

Lustig ist das Räuberleben
Romantische Darstellung aus dem 19. Jahrhundert (Spessartmuseum Lohr)

Die Hölzerlipsbande: 1 Der Schwarze Peter, 2 Sein Sohn Andreas, 3 Der Langbeinige Stephen, 4 Hölzerlips, 5 Dessen Frau, 6 Ihr buckliger Bube, 7 Mane Fritz, 8 Veit Kraemer, 9 Der Basti, 10 Der große Harz Bube, 11 Der Scheflenzer Bube, 12 Kraemer Mathes, 13 Erster Karlsbub, 14 Zweiter Karlsbub, 15 Dritter Karlsbub, 16 Vierter Karlsbub, 17 Peter Henrichs HanAdam hinaustraute. – Vors.: Hat nicht auch der schwarze Mann gesagt: Ich hätte schon längst durchs Fenster geschossen, wenn nicht Ihre Frau mit dem Kind auf dem Arm gestanden hätte? – Zeuge: Das hat er gesagt. – Vors.: Ihre Frau war vorher mit einem Enkelkind auf dem Arm am Fenster gestanden? – Zeuge: Jawohl. –Vors. (auf Kneißl zeigend): War das der Mann? – Zeuge: Jawohl, das war er. –Staatsanwalt: Besaßen Sie noch mehr Geld? – Zeuge: Gewiß, das hat allerdings der Mann nicht gewußt. – Kneißl: Ich hätte die alten Leute nicht erschossen, ich habe nur gedroht, da ich Geld brauchte. Ich wollte nicht mehr wie 56 M. haben. Ich hätte noch viel mehr nehmen können, denn es lagen in der Schublade noch mehrere Scheine. – Frau Mooseder: Das ist nicht wahr, in der Schublade hat der Mann allerdings gesucht, es lag aber kein Geld weiter drin. Der Mann konnte nicht wissen, daß noch Geld im Hause war. – Staatsanwalt: Kneißl, Sie sollen zu Lorenz gesagt haben: Da habe ich einen alten Bauer ausgenommen, der Lump hat aber nur 56 M. gehabt. – Kneißl: Das ist eine Lüge; auch ist es nicht wahr, daß ich gesagt habe: Ich hätte schon längst durchs Fenster geschossen, wenn die Frau nicht mit einem Kind auf dem Arm am Fenster gestanden wäre. – Frau Mooseder: Das ist doch wahr. – Kneißl: Das Kind hat geschrien, ich habe deshalb die Leute aufgefordert, das Kind am Schreien zu hindern. – Vors.: Das Kind hatte sich jedenfalls vor dem schwarzen Mann gefürchtet? – Frau Mooseder: Nein, das Kind war ganz ruhig. – Vors.: Kennen Sie den Mann wieder? – Zeugin: Nein. Die Zeugin bemerkte noch, daß sie vor Schreck lange Zeit krank war. – Vors.: Kneißl, hatten Sie bei diesem Raub Helfershelfer? – Kneißl: Draußen hatten zwei Männer Wache gestanden. – Vors.: Wer waren diese Männer? – Kneißl: Das sind zwei Familienväter, deshalb will ich sie nicht verraten. – Der dreizehnjährige Xaver Schmauß, der alsdann als Zeuge erschien, machte trotz seiner Jugend einen sehr glaubwürdigen Eindruck. Während die große Mehrheit der erwachsenen Zeugen sich in bayerischem Platt ausdrückte, sprach dieser Knabe hochdeutsch. Er bekundete auf Befragen des Vorsitzenden: Im Winter vorigen Jahres, etwa im März, es lag noch Schnee, ging ich nach Oberkirchbach. Da kam von einem Seitenwege ein junger Bursche auf mich zu und begann ein Gespräch mit mir. Er fragte mich, was wohl der Kneißl bekommen würde, wenn sie ihn erwischten. Ich sagte: Das weiß ich nicht. Kennst du den Kneißl? fragte er. Nein, erwiderte ich. Ich bin der Kneißl, aber mich erwischen sie nicht, sagte der Mann. Er fragte mich weiter, ob in Kirchbach Nachtwache sei? Ich antwortete: Ich weiß es nicht. Na, wenn auch Nachtwache ist, sagte Kneißl, mich erwischen sie trotzdem nicht. –Vors. (auf Kneißl zeigend): Ist das dieser Mann? – Zeuge: Jawohl. Der Zeuge bekundete weiter: Dem Kneißl sei plötzlich sein Schnurrbart heruntergefallen. – Vors.: Der Schnurrbart war also angesteckt? – Zeuge: Jawohl. Der Zeuge bekundete noch: Kneißl habe ihm Fleisch und Brot angeboten, er habe aber nichts angenommen. Er wollte schnell vorwärtsgehen, Kneißl hatte ihm aber befohlen, langsam zu gehen. Kneißl bestritt, jener Mann gewesen zu sein, er sei zur Zeit in einer ganz anderen Gegend gewesen. Der Zeuge bemerkte jedoch mit großer Bestimmtheit, daß es dieser Angeklagte Kneißl war. – Eine Anzahl Zeugen gaben hierauf der Überzeugung Ausdruck: Flecklbauer Rieger habe die Gendarmen nur rufen lassen, um sie vor die Gewehrmündung Kneißls zu bringen. Auf Befragen des Vert. Rieger-A. Dr. v. Pannwitz geben mehrere als Zeugen vernommene Gendarmen zu, daß Kneißl nach seiner Gefangennahme in Geisenhofen furchtbar geschlagen worden sei. – Rieger-A. Dr. v. Pannwitz zu dem Sicherheitskommissar Boshart (München): Ist es richtig, daß Schutzleute genötigt waren, den Kneißl mit ihrem Körper vor den Mißhandlungen der Gendarmen zu schützen, so daß letztere selbst Schläge erhielten? – Zeuge: Davon weiß ich nichts. Als Kneißl heruntergebracht wurde, sagte ich mit lauter Stimme: »Nun verlange ich aber vollständige Ruhe. Wir haben es jetzt nicht mehr mit dem Räuber oder Mörder Kneißl, sondern mit einem schwerkranken Menschen zu tun.« – Frau Mathilde Lorenz, die Cousine des Kneißl, bekundete als Zeugin: Kneißl habe ihr einmal ein »Zipferl« gezeigt, das er angelegt habe, um Mooseder zu berauben. Frau Mooseder sei niedergekniet und habe gebetet. Da habe er gesagt: Das Beten hat keinen Wert, ihr könnt mir doch kein Geld herbeten. Wenn ihr nicht Geld hergebt, dann erschieße ich euch. Mooseder habe ihm darauf 56 M. gegeben. Kneißl sagte: Der alte Spitzbube hat schon mehr Geld gehabt, er hatte bloß alles ausgeliehen. Er hat mir auch die Schuldscheine gezeigt. – Frau Franziska Scheidler, Witwe des von Kneißl in Irchenbrunn niedergeschossenen Gendarmen Scheidler, bekundete weinend auf Befragen des Staatsanwalts, daß sie fünf kleine Kinder habe; das jüngste sei $1\frac{1}{4}$ Jahr alt. – Die Krankenhausschwester Adelgunde, Maria Pittero, bekundete: Kneißl sei, als er in das Krankenhaus gebracht wurde, sehr schwach gewesen, so daß er einige Male bewußtlos geworden sei. – Staatsanwalt: Ist Ihnen bekannt, daß eine junge Schwester versetzt werden mußte, weil ihr von Kneißl ein unzüchtiger Antrag gemacht wurde? – Zeugin: Davon ist mir nichts bekannt. – Vert. Rieger-A. Dr. v. Pannwitz: Ich habe von dieser Sache noch niemals etwas gehört, ich muß deshalb den Herrn Staatsanwalt bitten, nähere Angaben hierüber zu machen. – Staatsanwalt: Herr Kriminalwachtmeister Fürst in München hat mir dies mitgeteilt, ich bin bereit, den Kriminalwachtmeister zu laden. – Vert.: Ich kann mich leider damit nicht begnügen, sondern bin zu meinem Bedauern genötigt, die Ladung der Schwester zu beantragen, der der unzüchtige Antrag gemacht sein soll. Der Herr Kriminalwachtmeister ist doch jedenfalls nicht dabei gewesen, sondern hat es nur gehört. – Staatsanwalt: Der Kriminalwachtmeister hat es von Kneißl selbst gehört. Kneißl erzählte ihm: Eines Tages, als gerade der Pfarrer zu ihm ins Zimmer trat, hatte er seinen Arm um eine junge »schwarze« Schwester geschlungen. Der Pfarrer sagt: »Das sind ja schöne Geschichten.« Der Pfarrer habe von diesem Vorkommnis sofort Anzeige erstattet, deshalb sei die junge Schwester sofort in ein anderes Krankenhaus versetzt worden. – Vert.:

Ich will mich damit begnügen und auf weitere Zeugen hierüber verzichten. Ich will auch auf die vielen schwärmerischen Liebesbriefe nicht zurückkommen, die Kneißl von einer ganzen Anzahl selbst hochstehender Damen erhalten hat. – Mathilde Danner, Cousine des Kneißl, bekundete: Kneißl habe ihr erzählt: Als die Gendarmen in Irchenbrunn klopften, habe der Flecklbauer öffnen wollen. Er habe darauf zum Flecklbauer gesagt: Wenn du aufmachst, dann schieße ich dich sofort mausetot. Der Flecklbauer sei darüber furchtbar unruhig auf und abgegangen. Er (Kneißl) habe sich durch die Hintertür flüchten wollen. Inzwischen habe der Flecklbauer geöffnet. Er habe sich deshalb in die Küche geflüchtet und von dieser auf die Gendarmen geschossen. Hätte er geahnt, welches Unheil er dadurch anrichten werde, dann hätte er sich lieber im Hause des Flecklbauer fangen lassen. – Vert. Rechtsanwalt Dr. v. Pannwitz: Ist es richtig, daß Kneißl mit Ihnen nach Amerika gehen wollte und daß er sagte: Sobald es ihm gelungen sein werde, falsche Papiere zu erlangen, dann werde es ihm möglich sein, in Gemeinschaft mit Ihnen nach Amerika zu entkommen? – Zeugin: Jawohl. – Vert.: Sie waren auch bereit, mit Kneißl nach Amerika zu gehen? – Zeugin (nach längerem Zögern): Das weiß ich nicht. – Sattlergeselle Dannhofer: Am Abend des 6. Dezember 1900 bin ich nach Maisach gegangen. Kurz vor Maisach kam ein Mann auf mich zu und fragte mich, ob ich Geld habe. Ich verneinte. Daraufhin erhielt ich von dem Mann einen heftigen Stoß ins Genick, so daß ich zu Boden stürzte. Der Mann kniete auf mir und durchsuchte mir die Taschen. Ich zog mein Messer und stach den Mann in die rechte Wade. Daraufhin stieß der Mann einen schrillen Pfiff aus. In demselben Augenblick kam ein zweiter Mann herbeigeeilt. Dieser hatte einen »Drilling« in der Hand. Der erste Mann rief: Der Kerl hat mich schon gestochen. Der zweite Mann schlug mich darauf mit dem Gewehrkolben mehrfach auf den Kopf. Die Männer nahmen mir alsdann meine Börse mit 25 M. Inhalt aus der Tasche und gingen noch eine Strecke Weges mit mir. Sie sagten beide wiederholt: »Wenn du nur einen Laut von dir gibst, dann kommst du nicht nach Maisach.« – Vors.: War es dunkel? – Zeuge: Ganz dunkel war es nicht. – Vors.: War einer von den beiden Männer Kneißl? – Zeuge: Das kann ich nicht sagen. – Der Vorsitzende befahl, daß Kneißl aus der Anklagebank trat und den Überzieher anzog. Der Zeuge bemerkte darauf: Der zweite Mann sah dem Angeklagten sehr ähnlich. Die Größe, der Schnurrbart und auch der Überzieher stimmen, ich kann aber nicht mit Bestimmtheit sagen, daß es Kneißl war. – Stationskommandant Abt, dem noch an demselben Abend von dem Überfall Anzeige gemacht wurde, bekundete: Er habe festgestellt, daß Kneißl sich zur Zeit in Bruck bei den Parasolbauern aufgehalten habe. Er konnte in etwa zehn Minuten die Chaussee nach Maisach erreichen. Kneißl bestritt, an diesem Überfall beteiligt gewesen zu sein. – Gerichtsarzt Dr. Utz: Er habe mit Dr. Lechner die Leichen der erschossenen Gendarmen seziert. Brandmeier sei an Verblutung gestorben; Scheidler mußte das Bein amputiert werden. Entweder dadurch, vielleicht auch durch den Schuß sei Blutvergiftung erfolgt. Dadurch sei Lungenentzündung und Mundsperre eingetreten, dies habe den Tod des Scheidler verursacht. – Bote Eisenhardt: Im Dezember 1900 kam ein Mann zu mir und fragte mich, was Kneißl wohl bekommen werde, wenn sie ihn erwischen. Ich antwortete: Das ist schwer zu sagen. Kneißl hat zwei Gendarmen erschossen und auf der Chaussee nach Maisach einen jungen Menschen ausgeraubt. Der Mann sah sich darauf scheu um und sagte: »Ich bin der Kneißl, ich habe Hunger, geben Sie mir ein Stück Brot.« Ich entsprach dieser Bitte. Darauf sagte Kneißl: An dem Tode der Gendarmen hat der Flecklbauer schuld, der spielt den schlechten. – Schreiner Christoph: Kneißl habe, als er 1899 aus dem Gefängnis kam, sieben Monate bei ihm gearbeitet; er habe ihn aber schließlich entlassen müssen, weil bekannt wurde, daß er mehrere Jahre im Gefängnis gesessen habe. – Vors.: Haben Sie das vorher gewußt? – Zeuge: Ich habe es gewußt, aber keinen Anstoß daran genommen. Ich habe den Kneißl aber schließlich auf Drängen meiner anderen Gesellen entlassen müssen. – Vert. Rieger-A. Dr. v. Pannwitz: Wie war Kneißl in der Arbeit? – Zeuge: Er war sehr fleißig und geschickt. – Vert.: Ist es richtig, daß Stationskommandant Saalfrank oftmals zu Ihnen gekommen ist und gesagt hat: Kneißl hat mehrere Jahre im Gefängnis gesessen, einen solchen Menschen darf man nicht behalten, er muß raus aus Nußdorf? – Zeuge: Das ist richtig. – Vert.: Der Stationskommandant soll das auch mehrfach beim Zappelwirt gesagt haben? – Zeuge: Das weiß ich nicht. – Zappelwirt Bennroith: Stationskommandant Saalfrank sagte: Kneißl habe mehrere Jahre im Gefängnis gesessen, einen solchen Menschen darf man nicht reizen. – Vert.: Hat Saalfrank nicht auch gesagt: Einen solchen Menschen darf man nicht in Nußdorf dulden? – Zeuge: Das habe ich nicht gehört. – Ein anderer Zeuge bestätigte jedoch die Frage des Verteidigers. Weitere Zeugen bekundeten: Kneißl habe sich große Mühe gegeben, Arbeit zu erhalten, er sei aber überall abgewiesen worden. Kneißl sei schließlich sehr traurig aus Nußdorf fortgegangen. – Schutzmann Schalt (München): Er sei bei der Gefangennahme des Kneißl in Geisenhofen gewesen. Die Beamten seien sämtlich erregt gewesen. Er selbst habe in der Erregung den Schatten seiner eigenen Waffe für die des Kneißl gehalten und deshalb geschossen. Er habe sich aber bald überzeugt, daß Kneißl keine Waffe hatte. Die Gendarmen waren so erregt, daß sie blindlings auf Kneißl einschlugen, so daß er (Zeuge) und noch einige andere Münchener Schutzleute ihn mit ihrem Körper schützen mußten. Er habe eine Anzahl heftiger Stöße von den Gendarmen erhalten. – Die Kriminalschutzleute Kramer und Kleilein bestätigten diese Bekundung. Kleilein bemerkte auf Befragen des Vorsitzenden: »Die Schutzleut' haben für Kneißl tüchtig Schläg' kriegt.« (Heiterkeit im Zuhörerraum). – Vert. Rieger-A. Dr. v. Pannwitz: Wenn Kneißl der mutige Mann wäre, als welcher er geschildert wird, hätte er alsdann nicht mindestens sechs Beamte erschießen können? – Zeuge: Das hätte er allerdings können. – Kellnerin Maria Dietrich: Sie habe mit Kneißl sieben Jahre lang in Unterweikertshofen die Schule besucht. Kneißl sei keineswegs schlecht, sondern im Gegenteil sehr folgsam gewesen. Er sei aber sowohl vom Pfarrer, als auch vom Lehrer, augenscheinlich aus Haß gegen die Familie, sehr schlecht behandelt worden. Die »Kneißl-Buben« wurden vom Pfarrer und Lehrer stets »Pascolinis« genannt.

Am fünften Verhandlungstage nahm das Wort zur Schuldfrage Staatsanwalt Dr. Farnbacher: Meine Herren Geschworenen! Seit langer Zeit hat ein Strafprozeß in Bayern kein so großes Interesse erweckt als dieser Prozeß Kneißl, und zwar einmal wegen der von Kneißl verübten Verbrechen und der Persönlichkeit des Angeklagten, andererseits aber auch, da es dem Kneißl gelungen war, sich, obwohl sich seine verbrecherische Tätigkeit auf ein verhältnismäßig kleines Gebiet beschränkte, monatelang der Ergreifung zu entziehen, und endlich wegen der Art der Gefangennahme des Kneißl. Ich habe nur wegen der schwersten Verbrechen Anklage erhoben. Ich hätte noch mindestens wegen 20 weiterer Verbrechen Anklage erheben können, ich sagte mir aber, bei so furchtbaren Verbrechen kommt es auf einen Diebstahl, eine Bedrohung, einen Jagdfrevel mehr nicht an. Ich wollte deshalb allen Ballast vermeiden. Aber auch die Persönlichkeit des Angeklagten ist nicht geeignet, Interesse zu erwecken. Man kann durchaus nicht sagen, Kneißl ist wohl ein kühner Räuber und Mörder, dessen Taten zu verdammen sind, aber letztere zeigen immerhin Mut und kühne Entschlossenheit. Nein, meine Herren. Kneißl war ein feiger, hinterlistiger Räuber und Meuchelmörder. Es wurden über die Taten des Angeklagten die absonderlichsten Ansichten geäußert. Es wurde einmal gesagt: Der Angeklagte habe nur aus Notwehr gehandelt, andererseits: Kneißl müsse ohne weiteres aus der menschlichen Gesellschaft ausgeschlossen werden. Uns darf die öffentliche Meinung in keiner Weise kümmern. Ihre Pflicht ist es, nur das zu prüfen, was Gegenstand der Hauptverhandlung war. Darin stimme ich der vielfach geäußerten Ansicht bei: Kneißl muß aus der menschlichen Gesellschaft ausgemerzt werden, 15 Jahre Zuchthaus wäre für ihn keine entsprechende Strafe. Ich habe, nachdem ich die Akten aufs sorgfältigste studiert hatte, aus voller Überzeugung die Anklage wegen Mordes erhoben. Und ich kann sagen, die Hauptverhandlung hat mich in dieser meiner Überzeugung nur noch bestärkt. Der Staatsanwalt beleuchtete hierauf das Vorleben des Angeklagten sowie die von diesem begangenen Straftaten und fuhr alsdann fort: Ich komme nun zu der Hauptanklage wegen der zwei Mordtaten in Irchenbrunn. So traurig dies Vorkommnis auch ist, so freue ich mich doch, daß ich Veranlassung hatte, die Anklage wegen Mordes zu erheben. Daß Kneißl mit vollem Vorsatz und Überlegung die beiden Gendarmen niedergeschossen hat, kann keinem Zweifel unterliegen. Abgesehen davon, daß Kneißl vielfach geäußert hat: Wenn es mir wieder so geht, wie in der Schachermühle, dann schieße ich besser. Es kommt ferner hinzu, daß der Angeklagte mehrfach geäußert hat: Sobald ich einen Gendarmen treffe, schieße ich ihn ohne weiteres nieder. Daß der Angeklagte nicht blindlings, sondern mit vollem Vorbedacht auf die Gendarmen geschossen hat, geht aus dem Umstande hervor, daß er nicht die Bauernburschen, die ihm ebenso nahe standen wie die beiden Gendarmen, sondern letztere, die er durch die Uniform leicht erkennen konnte, traf. Und als der erste Gendarm niedergeschossen war, da lud er sofort sein Gewehr von neuem und versetzte auch dem zweiten Gendarmen einen tödlichen Schuß ins Bein. Damit hatte aber dieser Mordgeselle nicht genug. Er legte noch einmal auf den Gendarmen Scheidler an. Nur durch die Äußerung der Flecklbäuerin: »Schieß' nicht weiter, der hat bereits genug« hat er von seinem Vorhaben Abstand genommen. Und was tat er, als die beiden Gendarmen am Boden lagen und sich in ihrem Blute wälzten? Er versetzte dem Stationskommandanten Brandmeier einen Fußtritt mit den Worten: »Du bist gut hin.« Der Hahn des Gewehres des Brandmeier stand auf Ruh. Dieser hatte also gar nicht auf ihn angelegt. Ich halte es aber auch nicht für zweifelhaft, daß der Angeklagte Rieger dem Kneißl bei diesen Mordtaten Hilfe geleistet hat. Hätte Rieger den Kneißl den Gendarmen ausliefern wollen, dann würde er die Haustür nicht so fest verschlossen und auch nicht so lange mit der Öffnung gezögert haben, bis es dem Kneißl gelungen war, ein sicheres Versteck zu finden, von dem aus es ihm am besten möglich war, die Gendarmen zu erschießen. Kneißl konnte ohne Rieger dieses Versteck nicht finden. Es kommt hinzu, daß Rieger auf die Gendarmen und speziell auf Brandmeier einen großen Haß hatte und ferner, daß, wenn Kneißl gewußt hätte, Rieger habe ihn den Gendarmen verraten wollen, er auch ohne weiteres den Rieger erschossen hätte. Entweder hätte Kneißl den Rieger, wenn er ihn verraten hätte, erschossen, oder das Haus Riegers wäre durch die Hand Kneißls in Flammen aufgegangen. Endlich ist das Geständnis des Kneißl nach seiner Verhaftung in Erwägung zu ziehen, das er nicht einmal, sondern mehrfach abgegeben hat. Kneißl fühlte sein nahes Ende. Deshalb sagte er die Wahrheit. Als er wieder genas, sagte er sich: Dies Geständnis muß ich widerrufen. Wenn ich zugebe, der ganze Vorgang in Irchenbrunn war abgekartet, dann kostet es den Kopf. Kneißl widerruft sein Geständnis, nicht um einen anderen, sondern um sich zu entlasten. Der Herr Verteidiger des Kneißl sagte: Die Gendarmen haben unvorsichtig gehandelt, daß sie so ungestüm ins Haus drängten. Ich habe die Überzeugung, dieser Vorwurf wird die Grabesruhe der Gendarmen nicht stören. Wenn die Gendarmen nicht so ungestüm ins Haus gedrungen wären, dann würde das Ergebnis zweifellos dasselbe gewesen sein. Es ist die Frage aufgeworfen worden, weshalb Rieger nicht der Anstiftung zum Morde angeklagt ist. Bekanntlich wird der Anstifter gleich dem Täter bestraft. Ich habe aber die Anklage gegen Rieger nur wegen Beihilfe erhoben, weil ich der Überzeugung bin, ein Kneißl bedarf keiner Anstiftung, wenn es sich darum handelt, Gendarmen niederzuschießen. Einem Kneißl brauchte man bloß Gelegenheit zu geben, die Gendarmen zu erschießen, es bedurfte nicht erst, ihn zu einem solchen Entschlusse zu bestimmen, er hatte einen solchen Entschluß längst gefaßt. Im übrigen haben die Ärzte, selbst eine Autorität wie Herr Dr. Gutten, bekundet: Kneißl sei, als er das Geständnis machte: »Der Flecklbauer sei an allem schuld«, bei vollem Bewußtsein gewesen. Der Herr Verteidiger des Kneißl stellte an Herrn Dr. Gutten die Frage, ob Kneißl eine 15jährige Zuchthausstrafe erhalten würde. Dieser Umstand darf ebensowenig für Ihren Wahrspruch maßgebend sein, als wenn ich sage: Ich würde es für ein Unglück halten, wenn ein Mensch wie Kneißl nach 15 Jahren wieder herauskäme. Denn daß der Angeklagte alsdann Arbeit bekäme, ist nicht anzunehmen. Es würde dem Kneißl nichts weiter übrig bleiben, als sein räuberisches Handwerk von neuem aufzunehmen. Der Staatsanwalt schilderte im weiteren die verschiedenen Überfälle. Ich habe keinen Zweifel, so fuhr der Staatsanwalt fort, daß Kneißl auch den Überfall auf Dannhofer unternommen hat. Ich ersuche Sie, meine Herren Geschworenen, die Schuldfragen gegen beide Angeklagten in vollem Umfange zu bejahen und alle Unterfragen zu verneinen. Tragen Sie durch Ihren Wahrspruch dazu bei, daß ein solcher Mordbube für immer für die menschliche Gesellschaft unschädlich gemacht werde. Sie geben damit der hiesigen ländlichen Bevölkerung ihren Frieden wieder. –

Verteidiger Rechtsanwalt Dr. v. Pannwitz (München) (für Kneißl): Meine Herren Geschworenen! Ich gebe ohne weiteres zu, der Überfall bei Scheurer war eine ganz gemeine Tat. Ebenso gemein war der Überfall auf Mooseder. Es ist eine furchtbare Gemeinheit, solch alte Leute wie die Moo[ß]erschen Eheleute zu berauben, auch wenn man in Not ist. Ich werde deshalb auch nicht auf mildernde Umstände plädieren. Dagegen halte ich den Angeklagten nicht für schuldig, daß er den Vorsatz hatte, in Oberschweinbach die Bauernburschen zu erschießen. Alle Umstände sprechen dafür, daß Kneißl nur deshalb geschossen hat, um die Leute von sich abzuwehren und sich der Verhaftung zu entziehen. Ebensowenig hat sich Kneißl in Paar der vorsätzlichen Tötung schuldig gemacht. Ich gehe nun zur Hauptanklage, dem traurigen Vorgang in Irchenbrunn über. Die Anklage wegen Mordes steht und fällt mit der Anklage gegen Rieger. Ist Rieger schuldig, dann hat er Kneißl zur Tat angestiftet, darüber helfen alle Künsteleien nicht hinweg. Allein der Herr Staatsanwalt hat die Anklage wegen Anstiftung gegen Rieger nicht erhoben, weil alsdann Rieger zum Tode verurteilt werden müßte und weil er sich sagte: Für ein solches Urteil ist kein Geschworener zu haben. Rieger soll sich der Beihilfe schuldig gemacht haben, weil er die Haustüre verschlossen hatte. Einmal verlangte Kneißl, daß die Tür verschlossen werde. Hätte Rieger dies nicht getan, dann würde Kneißl sofort gesehen haben, daß er verraten war. Er hätte alsdann Rieger niedergeschossen und wäre davongelaufen. Es wird ferner gesagt: Rieger habe ihm den besten Platz im Hause angewiesen. Aber die Küche war nicht der beste, sondern der schlechteste Platz im Hause. Aus der hinteren Kammer konnte Kneißl nach hinten entschlüpfen, aus der Küche konnte er dagegen nicht entkommen. Es wird gesagt: Rieger war ein geschworener Feind des Brandmeier. Aber nicht mit einem Wort ist behauptet worden, daß Rieger auch ein Feind des Scheidler war. Und was tat Rieger, als er den Scheidler niederstürzen sah? Er hob ihn auf, trug ihn ins Zimmer, reichte ihm Tropfen und gab ihm Milch zu trinken, so daß Scheidler noch auf dem Sterbebette sagte: Rieger hat an mir wie ein Bruder gehandelt. So handelt der Mann, der dem Kneißl beim Mord Hilfe geleistet haben soll.

Es ist behauptet worden: Kneißl habe die Leiche des Brandmeier mit dem Fuße gestoßen mit den Worten: »Du bist gut hin.« Das ist eine Unwahrheit. Hätte dies Kneißl getan, dann hätte es Scheidler wissen müssen. Dieser hat aber bei seiner zweimaligen Vernehmung auf dem Sterbebett kein Wort davon erwähnt. Es ist doch nicht anzunehmen, daß ein so gottesfürchtiger Mann wie Scheidler, der auf seinem Sterbelager vereidet und vernommen wurde, sein Gewissen belasten und ein solch wichtiges Vorkommnis verschwiegen haben würde. Nun sagt der Herr Staatsanwalt: Der Angeklagte hat zugestanden: Der Flecklbauer ist an allem schuld, als er seinen Tod nahen fühlte. Das angebliche Geständnis des Kneißl ist menschlich erklärlich. Er wurde, nachdem er zwei Tage lang gehungert und gefroren hatte, in furchtbarster Weise verletzt. Obwohl er furchtbare Schmerzen gehabt hat, wurde er von den Gendarmen heftig geschlagen. Deshalb sagte er: Um wenigstens den Mißhandlungen zu entgehen, wälze ich alle Schuld auf Rieger. Und siehe da, das Mittel wirkte. Die Gendarmen nahmen von weiteren Mißhandlungen Abstand und es wurde ihm sogar ein Labetrunk gereicht. Und dieses Geständnis hat er bei dem Untersuchungsrichter wiederholt. Aber niemals ist ein Untersuchungsrichter so angelogen worden, wie in diesem Fall von Kneißl. Rieger habe zu ihm gesagt: »Ich habe die Gendarmen holen lassen, es kommen alle drei.« Wer der dritte sein sollte, konnten wir nicht erfahren. Rieger soll weiter gesagt haben: »Du schießt sie nieder, du tust es nicht umsonst, und wenn es mein halbes Häusel kostet, die haben mich genug angezeigt. Niemand weiß etwas davon, ich sage nichts davon.« Gibt es einen größeren Blödsinn? Ist man der Meinung: Rieger wollte mit Kneißl zum Notar gehen und ihm eine Hypothek auf sein Häusel schreiben lassen? Denn Bargeld hatte Rieger nicht. Und was für ein Blödsinn ist die Behauptung, Rieger habe gesagt: Du schießt die drei Gendarmen nieder und niemand weiß etwas davon? Was soll das heißen? Wenn Kneißl in seiner Wohnung drei Gendarmen erschießt, dann erfährt niemand etwas davon? Und was sagte Kneißl weiter: Ich dachte mir, wenn die drei Gendarmen kommen, dann schieße ich halt auf den Boden und lauf davon. Meine Herren Geschworenen! Können Sie sich einen größeren Blödsinn denken? Kneißl hat aber, als er dies Geständnis machte, nicht seinen Tod nahen sehen, denn er ist wenige Stunden darauf von dem Pfarrer überrascht worden, als er seine Hand um eine junge schwarze Schwester geschlungen hatte. Aber er hat auch nicht die Wahrheit gesagt, denn er hat den Überfall auf Mooseder, auf Scheuer und die Schießerei in Paar bestritten. Aber Kneißl ist nicht ganz so schlecht, wie ihn der Herr

Staatsanwalt geschildert hat. Als er nach einigen Tagen gefährlich erkrankte, so daß er glaubte, er werde sterben müssen, da widerrief er sein Geständnis. Da schlug ihm offenbar sein Gewissen. Er wollte nicht, daß Rieger seinetwegen unschuldig bestraft wird. Daß zwei Familienväter, pflichttreue Beamte in der Ausübung ihrer schweren Amtspflicht niedergeschossen wurden, daran hat wahrlich Rieger keine Schuld. Dessen Handlungsweise hätte einem gewiegten Kriminalbeamten alle Ehre gemacht. Ich kann aber leider den erschossenen Gendarmen den Vorwurf der Unvorsichtigkeit nicht ersparen. Denn wenn man einen solch gefährlichen Räuber wie Kneißl fangen will, dann muß man einen Operationsplan machen. Und Zeit genug haben die Gendarmen dazu gehabt. Sie hatten eine volle Stunde nach Irchenbrunn zu gehen. Aber auf diesem langen Wege soll, wie die Zeugen bekundeten, zwischen den zwei Gendarmen nicht ein Wort gewechselt worden sein, angeblich weil zwischen ihnen nicht das beste Einvernehmen herrschte. Als die Gendarmen mit den sechs jungen Bauernburschen in die Nähe des Riegerschen Hauses kamen, da sagte Brandmeier zu den jungen Leuten: Geht nur voran, wir kommen nach und haben scharf geladen. Wenn er euch was tut, dann schießen wir ihn nieder. Ja, den Gendarmen mußte es doch bekannt gewesen sein, daß Kneißl stets mit Schußwaffen versehen war. Es wird weiter gesagt: Wenn Rieger nicht mit Kneißl unter einer Decke gesteckt hätte, dann hätte er ihn festnehmen müssen. Was zwei bewaffneten Gendarmen und sechs kräftigen Bauernburschen nicht gelang, sollte dem Rieger allein gelingen. Es ist leider selbst in ausländischen Zeitungen behauptet worden: Die oberbayrische Landbevölkerung lehne sich gern gegen die Organe der Obrigkeit auf. Zur Ehre unserer Landbevölkerung muß ich das als eine gemeine Lüge bezeichnen. Unsere Landbevölkerung ist gottesfürchtig und königstreu bis auf die Knochen. Solche Leute lehnen sich aber nicht gegen die Organe der Obrigkeit auf. Auch Rieger hat wie ein braver Mann gehandelt. Es war ihm ernst damit, den Kneißl den Gendarmen zu überliefern; dies wäre auch gelungen, wenn die Gendarmen etwas vorsichtiger gewesen wären. Und zum Dank für seine brave Tat wurde er wegen Verdachts der Anstiftung oder der Beihilfe zum Morde verhaftet. Dies dürfte wohl die Hauptschuld gewesen sein, daß es Kneißl möglich war, sich so lange Zeit der Verhaftung zu entziehen: die Landbevölkerung befand sich in einer furchtbaren Zwickmühle. Auf der einen Seite die Furcht vor Kneißl, auf der anderen die Gefahr, wenn sie den Kneißl den Gendarmen in die Hände spielen würde, wegen Anstiftung verhaftet zu werden. Herr Journalist Fischer hat bekundet: Er habe sich selbst überzeugt, daß die Riegerschen Eheleute nach jenem Vorgange alles verrammelt hatten, weil sie die Rache des Kneißl fürchteten. Der Herr Staatsanwalt sagt: Kneißl brauchte nicht erst bestimmt zu werden, die Gendarmen zu erschießen, er hatte diesen Entschluß längst gefaßt. Aber es ist doch nachgewiesen worden, daß der Angeklagte nach unten geschossen hat. Hätte der Angeklagte die Gendarmen erschießen wollen, dann würde er sie in die Brust geschossen haben, denn daß ein Schuß ins Bein den Tod eines Menschen zur Folge hat, ist doch nur ein unglücklicher Zufall. Die Drohungen des Angeklagten sind doch nur Renommistereien. Der Angeklagte wollte eben der zweite bayerische Hiesel sein, von ihm sollte man ein noch viel dickeres Buch schreiben als von dem bayerischen Hiesel. Aber der Angeklagte war kein Held, sondern nur ein Maulheld. Als Held galt er nur deshalb, weil er sich lange seiner Verhaftung zu entziehen wußte, und das ganz besonders bei einigen verrückten Frauenzimmern, die den Anspruch erheben, »Damen« genannt zu werden. Diese hatten ihm ins Gefängnis die schwärmerischsten Liebesbriefe geschrieben. Aber glücklicherweise haben über den Angeklagten nicht hysterische Frauenzimmer, sondern ernsthafte Männer zu urteilen. Daß der Mord nicht geplant war, ist unwiderleglich durch das Zeugnis der Zeugin Danner erwiesen worden. Dieser hat Kneißl erzählt: Er habe, als die Gendarmen klopften, zu Rieger gesagt: Michel, wenn du mich verraten hast, dann schieße ich dich sofort mausetot.

Meine Herren! Sie werden bei Ihrem Urteilsspruch auch in Erwägung ziehen müssen, daß dem Angeklagten von Jugend auf angehaftet hat die Schande und der Fluch seiner Familie. Er ist ohne Erziehung aufgewachsen, er hat ein Familienleben nie kennengelernt und bedauerlich ist es, daß gerade der Pfarrer ihn in der Schule die Schande seiner Familie hat fühlen lassen. Der Angeklagte hat sich, als er im Februar 1899 aus dem Gefängnis kam, redlich um Arbeit bemüht. Er hat aber leider durch ein begreifliches Vorurteil keine Arbeit gefunden und ist durch Schuld eines Stationskommandanten um seine Arbeit bei Christoph gekommen. Der Angeklagte ist durch Hunger und Not getrieben, auf die Räuberlaufbahn gedrängt worden. Er hat mit vielen Entbehrungen kämpfen müssen. Die Sonne des Glückes hat ihm niemals geschienen. Aber trotzdem hat er sich noch immer einen menschlichen Zug bewahrt. Er hat den Holzleitner abgehalten, dem Hütejungen die Sachen zu nehmen und aus den Briefen, die der Angeklagte aus dem Gefängnis an seine Mutter geschrieben hat, geht hervor, daß er ein guter Sohn war. Ein berühmter Dichter sagt: »Wie der Mensch zu seiner Mutter ist, so ist er.« Der Angeklagte schreibt sogar in einem Briefe: »Laß doch den Alois ein Handwerk lernen, damit er sich einmal auf anständige Art ernähren kann.« Ich habe die Überzeugung, Sie werden den Angeklagten nicht dem Schafott überliefern. Daß der Angeklagte die Gendarmen mit Vorsatz und Überlegung erschossen hat, können Sie nicht annehmen. Ich bitte Sie, zum mindesten die Frage der Überlegung zu verneinen.

Verteidiger Rechtsanwalt Prechtl (Augsburg) (für Rieger): Meine Herren Geschworenen, gegen meinen Schutzbefohlenen, den Angeklagten Rieger, ist die schwere Anklage wegen Beihilfe zum Morde in zwei Fällen erhoben worden. Ehe Sie Ihren Wahrspruch auf Schuldig abgeben, ist es Ihre Pflicht, genau zu prüfen, ob dem Angeklagten die Schuld zweifellos bewiesen ist. Allein ein solcher Beweis ist in der langen Verhandlung nicht geführt worden. Es ist eine

Anzahl Verdachtsmomente aufgeführt worden, die jedoch bei näherer Prüfung sich als vollständig haltlos erweisen. Der Verteidiger ging hierauf auf die Zeugenaussagen ein und suchte den Nachweis zu führen, daß dem Rieger es voller Ernst war, Kneißl durch die Gendarmen festnehmen zu lassen. Der Herr Staatsanwalt selbst sagte, so etwa fuhr der Verteidiger fort: »Kneißl ist ein vollständig lügenhafter Bursche, der alles ableugnet und nicht eher etwas zugesteht, bis ihm das Messer an der Kehle sitzt.« Aber als es galt, Rieger zu belasten, da wurde Kneißl als glaubhaft bezeichnet. Es ist aber nicht angänglich, einen Menschen einmal für lügenhaft und das andere Mal als glaubwürdig zu halten. Es ist nachgewiesen, daß Rieger mit Kneißl seit 1892 nicht mehr zusammengekommen ist. Nun frage ich, wodurch sollte Rieger wissen, Kneißl habe sich vorgenommen, jeden Gendarm zu erschießen? Der einfache Bauernbursche, Zeuge Stumpferl, gab die Lösung auf die Frage, weshalb Rieger nicht sofort die Haustüre öffnen wollte, als die Gendarmen erschienen. Er sagte, als er hierüber befragt wurde: Das hat Rieger getan, damit Kneißl nicht merkte, daß er ihn verraten habe. Rieger ist schon mehrfach vorbestraft, er mußte aber Kneißl aufnehmen, weil er sich vor seiner Rache fürchtete; er mußte auch sofort die Gendarmerie benachrichtigen lassen, weil er andernfalls zu befürchten hatte, wegen Begünstigung verhaftet zu werden. Rieger, ein schwerfälliger, alter Mann, sollte den bewaffneten Kneißl, einen Menschen in voller Jugendkraft, festnehmen. Wenn das so leicht gewesen wäre, dann wäre dies den sechs Bauernburschen und den zwei Gendarmen gelungen, dann wäre es nicht nötig gewesen, eine so große Zahl Gendarmen nach Geisenhofen zu schicken, ja dann wäre es nicht nötig gewesen, eine Belohnung von 1000 M. für die Festnahme des Kneißl auszusetzen. Und trotzdem konnte sich diese Belohnung niemand verdienen. Rieger wußte auch ganz genau, in welcher Zeit die Gendarmen kommen konnten. Und was geschah, als die Gendarmen ankamen? Rieger saß mit Kneißl ganz ruhig in seiner Wohnstube. Der Verteidiger suchte im weiteren den Nachweis zu führen, daß, selbst wenn die Geschworenen annehmen, Kneißl habe sich des Mordes schuldig gemacht, noch nicht die Notwendigkeit bestehe, auch Rieger schuldig zu sprechen. Der Verteidiger schloß mit der Bitte, seinen Schutzbefohlenen freizusprechen. –

Nach noch einigen Auseinandersetzungen zwischen dem Staatsanwalt und den Verteidigern bemerkte Kneißl: Ich versichere nochmals, daß ich die Gendarmen nicht erschießen wollte. – Rieger erklärte, daß er sich den Ausführungen seines Verteidigers anschließe. – Die Geschworenen bejahten die Schuldfragen gegen Kneißl wegen Mordes an Brandmeier, wegen vorsätzlicher Körperverletzung mit tödlichem Ausgange an Scheidler, wegen der räuberischen Erpressung bei Mooseder, wegen schweren Raubes bei Scheurer und wegen vorsätzlicher Körperverletzung an Seitz. Alle anderen Schuldfragen, auch sämtliche Schuldfragen betreffs Rieger wurden von den Geschworenen verneint.

Der Gerichtshof verurteilte daraufhin Kneißl, dem Antrage des Staatsanwalts entsprechend, wegen Mordes zum Tode und wegen der anderen Straftaten zu 15 Jahren Zuchthaus sowie zum Verlust der bürgerlichen Ehrenrechte und erkannte außerdem auf Einziehung des Drillings. Rieger wurde freigesprochen und die Kosten des Verfahrens der Staatskasse auferlegt. Der Vorsitzende, Oberlandesgerichtsrat Rebholz, bemerkte in der Urteilsbegründung: Der Gerichtshof hat bezüglich des Kneißl bei der Strafzumessung die große Gemeingefährlichkeit des Angeklagten und außerdem erwogen, daß sich Gendarm Scheidler in Ausübung seines schweren Berufes befunden habe. Der Angeklagte Kneißl ist abzuführen, Rieger sofort in Freiheit zu setzen. – Kneißl wurde bei Verkündung des Todesurteils leichenblaß. Die Mutter und Schwester Kneißls brachen in lautes Wehklagen aus. Frau Kneißl lärmte und schrie, als sie den Gerichtssaal verließ, so laut »Justizmörder«, daß sie festgenommen wurde. – Nachdem das Urteil gegen Kneißl rechtskräftig geworden, wurde er hingerichtet.

Anonym

Lied vom Räuber Kneissl

Von Kathi Loder aus Walkertshofen bei Dachau erhielt Kiem Pauli, der bayerische Volkssänger, 1930 das »Kneißllied«, das er schon deshalb in seiner Sammlung Oberbayerischer Volkslieder (München 1934, 6. A. 1980) verewigen wollte, »weil sicher später aus dem Kneißl ein zweiter Bayerischer Hiasl gemacht wird und die Dichtung aus seiner Heimat stammt, von Leuten, die ihn gekannt haben.« Ludwig Thoma hatte zu ihm gesagt, »daß Kneißl ein anständiger Mensch werden wollte, von allen Meistern als fleißiger Arbeiter geschätzt wurde und nur durch die boshafte Dummheit einiger Überbraver ins Unglück zurückgeworfen wurde.«

Ich bin von Weigertshofen, das sag i ungeniert,
mei Vata war a Müller, da Paßkoline Wirt,
mei Muatta war a Zwergal von Paßkolinekern
drum hört des Kernweibi die Burschngsangl gern.

Mei Vata hat a Mühl in Pacht von Sulzermooserschloß,
des war ja a Lebn, des war ja famos!
De Burschn, de san kemma aus Nahe und aus Fern,
drum hat des alte Weiberl de Burschn ja so gern.

In der Schachermühl gehts lustig zua, ja des war a Lebn
da oa hat gstohln a Schafi, da anda gar a Schwein, so fein,
da hama oftmals gschlachtlt, frische Bluatwürscht hats da gebn
des war ja in da Schachermühl a ganz a lustigs Lebn!

In der Schachermühl gehts lustig zua, wa schließlich nur Alarm
bis das de Gschicht is kemma unter die Gendarm;
mei Muatta, de hams gschlossn, mir Buam, mir san davo,
an Vata hams daschossn, den ehrenbraren Mo.

Jetzt les i aus da Zeitung raus, d'Schachermühler san verhaft't,
da hams uns halt schö spöttisch auf Dachau einigschafft,
da hama müassn schwitzn, bis daß der Tag anbricht,
na sa ma halt vohandlt worn am hohen Landgericht.

Am Tage bei der Sitzung, des Ding des hat uns gfreit,
der Sitzungssaal war angefüllt mit neugierige Leit.
Das Urteil hat ghoaßn, es war ja net fein,
hat ghoaßn: sechs Jahr Zuchthaus ins Kloster nach Kaisheim.

Vom Zuchthaus bin i entlassn worn, war wieda a frischa Bua,
I hab wieda g'arbat, d'Leit lassn ma koa Ruah,
da Arbatgeba werd zwunga, muaß mir mei Zeugnis gebn,
na muaß i wieder rutschn ins Vagabundnlebn.

Es war bei Rottalmünster, war dunkl und scho finster,
da kemma zwoa ins Haus, wir saßn ebn beim Schmaus.
Da Fleglbauer sagt: »Geh, Hiasl, sei net zwida,
nimm dein Drilling raus und schiaß de zwoa glei nieda!«

Jetzt les is aus da Zeitung, des Ding is unerhört,
an Kneißl Hiasl sei Köpfi war tausnd Markl wert!
Der wo de tausnd Markl will, der braucht net lang studiern,
mei Drilling, der is gladn, er derf ihn grad probiern.

Es war am viertn Mai, in Allerhergottsfruah
da gings in Geisenhofen so sakramentisch zua,
hundertsechzig Mann sind einmarschiert, zwei Kommissäre
                              und ein Arzt,
da hat sich da Kneißl Hiasl hinta die Ohrn a bißl kratzt.

Auf Kommando »eins zwei drei!« fliagn tausend Kugln nei,
da Dachstuhl, der hat zittert, des Dacherl fallt bald ei.
Der Hiasl mußte retourirn wohl hinter den Kamin,
des war für'n Kneißl Hiasl ein scheißlicher Termin.

Daß an Kneißl Hiasl gfanga ham, des is uns wohl bekannt,
zum Krippl hams'n gschossn, des woaß des ganze Land.
Als Krippl hams'n transportiert, a sechs, a acht Gendarm,
des is ja in da Münchnerstadt a fürchterlichs Alarm!

Und tausad Mark san ausgsetzt worn fürn schöna Kneißlfang,
war a a saubers Geldl, hat a an schöna Klang!
Am Kahr, da bleibts hänga, wia da Mada in da Falln,
muaßt wartn, bis da Staaatsanwalt de tausnd Mark werd zahln.

Es war ein Weib dabei bei da Kneißlfangarei,
die sah in ihran Hirn de tausnd Markl fliagn,
de Gschicht, de geht ganz komisch, rutsch aussi übas Gleis,
de tausad Mark san eiglöst worn, vom Staatsanwalt vom Weiß.

Da hat doch allas glacht bei dera Kneißl-Jagd,
da macht a Mo a Gstanzl vom Parasoiflicka Franzl,
bei Geisenhofen auf der Höh sagt da Hiasl: »Magst an Kaffee?«
Da kimmt da Gendarm Schmidt, sagt: »Franzl, du gehst mit!«

Drei Tag hat d'Sitzung dauert, bis an Hiasl ham verdonnert,
zum Tod hams ihn verurteilt, da hat sich alles gwundert.
Hättns eahm doch fünfzehn Jahrl gebn, er laft nimmer davo,
da Fleglbauer is freiganga, der – ehrenbrave Mo! [Schuft]

In Augsburg hams koan Bada ghabt, der an Kneißl ko rasiern,
jetzt müassns wegn dem Teifiskerl auf Minka telefoniern,
da beste Bada aus Minka, der hat des Ding probiert
und hat an Kneißl Hiasl zum letzenmal rasiert.

In Notstuhl hamsn eini, wia ma d'Ochsn bschlagn tuat,
beim letztnmal Rasiern is gflossn no a Bluat,
der Kerl hat grad z'arbatn, des war a wahra Graus,
des Liedl is jetzt gsunga, mitn Kneißl is jetzt aus!

III. Von Wildschützen, Jägern und schönen Sennerinnen

Ludwig Thoma

Der Menten-Seppei:
Eine altbayerische Wilderer-Geschichte

An die Jägerschlacht am Grund, die am 11. November 1833 geschlagen wurde, erinnern noch heute ein Bildstock und eine Tafel. Auch das Haus des wilden Jägers von Gmund steht noch. Was Ludwig Thoma, der passionierte Jäger, erzählt, hat sich höchstwahrscheinlich genau so zugetragen. Der Krieg zwischen Jägern und Wilderern wurde blutig geführt. Thoma ergreift nicht für eine Seite Partei; er schildert minutiös den ganzen Wahnsinn, der schließlich nur zu Grabsteinen auf dem Gmunder Friedhof führte. Wir entnahmen die Erzählung dem dritten Band der Gesammelten Werke *von Ludwig Thoma, die 1956 im Münchner Piper Verlag erschienen sind.*

Diese Geschichte ist wahr. Alle Leute, die zwischen Tölz und Miesbach wohnen, kennen sie, und mancher würde es mir verübeln, wenn ich etwas dazu täte oder davon wegließe. Also will ich bei der Wahrheit bleiben.

In der Schießstätte zu Tegernsee hängt neben vielen schön gemalten Ehrenscheiben eine, die besondere Aufmerksamkeit verdient. Ein grimmig blickender Jäger schaut mit dem Gewehre im Anschlage hinter einem Baume hervor. Neben ihm fletscht eine rauhborstige Dogge die Zähne. Beide machen einen unangenehmen Eindruck auf den Beschauer; man sieht ihnen an, daß sie schwer umgängliche Wesen waren. Und der Eindruck ist richtig. Denn das Bild stellt vor den königlichen Revierjäger Johann Mayr von Gmund mit seinem Fanghunde, genannt »Donau«.

Johann Mayr lebte um das Jahr 1832 zu Gmund; sein Haus wird heute noch gezeigt. Es steht unterhalb der Mangfallbrücke. Er war ein verwegener und überaus scharfer Jäger, der sein Revier mit aller Gewalt sauber hielt. Manchen schlauen Wildbretschützen hat er überlistet und ihn hinaufgeschossen, daß der Rauch wegging. Und manchem jungen Burschen hat er vorzeitig zur ewigen Seligkeit verholfen. Ohne Ave-Maria und Sterbgebet, im grünen Wald.

Sein letztes Opfer war der junge Sohn des Mentenbauern von Hausham, der Menten-Seppei. Dessen trauriges Schicksal trug sich aber folgendermaßen zu. An Martini, dem 11. November 1832, schoß der Mesner Anderl, königlicher

Jagdgehilfe von Schliersee, beim Eckardt-Kreitl am Ostiner Berge einen kapitalen Hirsch. Dies tat er nicht mit Rechten, denn der Platz lag im Revier des Johann Mayr. Aber, wie es so geht, er wollte den Prachtkerl nicht hinten lassen, als er so schön vor ihm stand. Da zündete er an, und – pumps – der Hirsch lag da. Hinterdrein bedachte sich der Mesner Anderl, und es fiel ihm ein, daß der Mayr in solchen Dingen einen ganz schlechten Tabak rauchte. Also ging er her und versteckte den Hirsch sorgfältig unter Dachsen und Laubstreu. Alsdann begab er sich nach Gmund zum Gastwirt Obermayer, woselbst er einige Halbe Bier trank und vom Fenster aus die gegenüberliegende Wohnung des Revierjägers beobachtete. Er wollte sich Gewißheit verschaffen, ob Mayr seinen Dienstgang nach Ostin oder nach einer anderen Richtung hin mache. Denn er dachte, daß er seine Jagdbeute nur dann in Sicherheit bringen könnte, wenn Mayr nicht um den Weg war.

Nach einiger Zeit sah er wirklich den Revierjäger. Dieser verließ ruhig und gemächlich sein Haus und schlug die Straße nach Tegernsee ein. Also war die Luft sauber, meinte Anderl, und eilte nach Ostin zurück. Bei der Eckardthäusern traf er den Menten-Seppei, seinen alten Spezi und Schulkameraden. Er versprach ihm einen Kronentaler, wenn er ihm den Hirsch nach Schliersee fahre. Der Seppei ließ niemalen keinen Freund nicht sitzen, und darum versprach er auch dem Anderl seine Hilfe. Die zwei verabredeten, daß Seppei in der Nacht mit dem Schlitten zum Eckardt-Kreitl fahren und mit Anderl den Hirsch auflegen sollte.

Nun hatte aber der Revierjäger Mayr bereits Kenntnis davon, daß dort unter der Streu ein Vierzehnender versteckt lag. Der Jagdgehilfe Riesch hatte den Schuß gehört und ging ihm nach. Er fand den Hirsch und meldete es seinem Vorgesetzten. Mayr faßte sofort Verdacht auf einen Wilderer, und weil er mit allen Schlichen vertraut war, vermutete er ganz richtig, daß der Frevler zuerst in Gmund herumspionieren werde. Für diesen Fall wollte er den Lumpen sicher machen und tat so, als ginge er ahnungslos nach Tegernsee. In Quirin aber bog er vom Wege ab und stieg von der Neureuth zum Eckardt-Kreitl hinunter.

Dort paßte [wartete] er nun mit Riesch in der mondhellen Nacht auf den vermeintlichen Wilddieb. Er hatte seinen Hund Donau bei sich, eine bissige Dogge, die auf den Mann dressiert war und ihm schon oft guten Beistand geleistet hatte.

Der Seppei fuhr zur verabredeten Zeit an die Wolfsmühle, wo ihn Anderl erwartete. Als die beiden am Eckardt-Kreitl anlangten, sah Anderl am Waldrande etwas Verdächtiges und sprang heimlich vom Schlitten herunter. Gleich darauf wurde Seppei angerufen. Noch bevor er antworten konnte, riß ihn der Hund des Revierjägers vom Schlitten herunter und versetzte ihm mehrere Bisse.

Erst nach einiger Zeit pfiff Mayr seinen Hund zurück und stellte den Burschen zur Rede.

Seppei wollte den Freund nicht verraten und verlegte sich aufs Lügen. Das bekam ihm schlecht, denn der wütende Jäger hieb ihm mehrere Male mit dem Bergstocke über den Buckel und zwang ihn dann, den Hirsch aufzulegen. In Gmund wurde Seppei in das Försterhaus geführt und an das Stiegengeländer gebunden. Mayr schlug ihn hier mit der Hundepeitsche, daß das Blut an ihm herunterlief. Die ganze Nacht blieb Seppei angebunden bis um vier Uhr morgens. Da wurde er wieder auf den Schlitten geschnallt, um nach Miesbach gebracht zu werden.

Während der Fahrt scheute das Pferd. Mayr konnte es nicht mehr lenken und befreite Seppei von seinen Fesseln, damit er das Tier beruhigen sollte. Anfänglich ging es gut, aber plötzlich setzte der Gaul quer über die Straße. Seppei konnte ihn nicht halten; seine Gelenke waren geschwächt, und er fiel halb ohnmächtig vom Schlitten hinunter.

Da glaubte Mayr, daß der Gefangene fliehen wollte, und in Wut darüber schoß er ihm eine Ladung gehacktes Blei in den Rücken. Er ließ den Sterbenden im Schnee liegen und fuhr nach Miesbach, wo er bei Gericht seine Tat als berechtigt zu schildern wußte.

Seppei wurde aufgefunden und zum Landarzte Scheucher gebracht, in dessen Hause er wenige Stunden später unter qualvollen Schmerzen starb.

Der wilde Revierjäger wurde für seine Grausamkeit schwer bestraft. Nicht vom Gerichte. Das ließ ihn ungeschoren, denn, wie gesagt, damals machte man nicht viel Umstände wegen eines wildernden Bauernburschen. Der gestrenge Herr Landrichter hielt zu den Jägern, die das wertvolle Revier des Königs hüteten.

Aber die jungen Burschen im Tegernseer Land waren damals so wenig wie heute der Meinung, daß man eine solche Tat ruhig hinnehmen muß. Sie wollten den toten Kameraden rächen. Und sie besorgten das gründlich.

Ein Jahr nach dem Vorfall, wiederum am Martinitage, erhielt Mayr die Nachricht, daß am Giglbergfelde gewildert werden sollte. Der Schlaue ließ sich überlisten.

Mit zwei Jagdgehilfen, dem Nikolaus Riesch und Johannes Probst, begab er sich dorthin und legte sich auf die Lauer. Nach kurzer Zeit erblickten die Jäger unter einer Buche am Giglbergfelde einen Mann mit geschwärztem Gesichte. Es war der Waldhofer Hansl, ein alter Freund des Menten-Seppei, der die Aufgabe übernommen hatte, den Mayr anzulocken. Die Jäger stürzten sich auf ihn, und die Dogge des Revierjägers richtete den Burschen schon übel zu, als plötzlich sechs seiner Kameraden die Jäger umringten und mit den Gewehrkolben auf sie einschlugen. Mayr fiel schwerverwundet zu Boden, ebenso Riesch, der Jäger Probst stellte sich tot und rettete auf diese Weise sein Leben. Riesch starb den nächsten Tag, Mayr erst im März des darauffolgenden Jahres. Er kam nicht mehr zum Bewußtsein und konnte die Täter nicht namhaft machen. Der Jäger Probst aber bezeichnete den Waldhofer Hansl als einen Mörder, und da man auf seiner Brust die vernarbten Hundebisse fand, welche er im Kampfe davongetragen hatte, wurde er verurteilt, – zu sechzehn Jahren Kerker. Er verriet keinen, und so mußten die anderen Burschen nach mehrjähriger Untersuchungshaft freigelassen werden. Im Friedhofe zu Gmund liegen die erschlagenen Jäger.

Auf einem alten Steine las ich die Inschrift: »Hier ruhet der ehrengeachtete Johann Mayr, königlicher Revierjäger in Gmund. Er starb an den Folgen der Wunden, die er im Kampfe mit ruchlosen Wilderern erhalten, am 16. März 1834.« Und auf einer Tafel neben der Sakristei steht: »Hier ruhet Nikolaus Riesch, Jagdgehilfe in Gmund. Er fiel in treuer Pflichterfüllung an der Seite seines Herrn, unter den Streichen der Wilddiebe, am 12. November 1833.«

So hat sich die Geschichte zugetragen. Die sittliche Weltordnung ist aber dabei wieder einmal nicht auf ihre Rechnung gekommen. Denn der Hauptschuldige, der Mesner Anderl von Schliersee, der sich am schlechtesten benommen hatte, fand nicht den Lohn seiner bösen Tat. Wenigstens nicht auf dieser Welt. Und wahrscheinlich auch nicht in der andern. Denn er hat sich von der wüsten Jägerei abgewendet und einen gar frommen Beruf ergriffen, der ihm Gelegenheit bot, durch einträgliche Frömmigkeit seine Sünden abzuwaschen. Er wurde wohlbestallter Pfarrmesner zu Irschenberg. Seine feige Tat soll er freilich bereut haben. Wenigstens sagte das Lied, das Max Herndl von Kammerloh über diese traurige Geschichte verfertigte:

> »Es war der Jäger von Schliers schon selber voll Verdruß,
> Daß er des Seppls Unglück war, weil er den Hirschen schuß.«

Trotzdem aber wurde er dick und behäbig wie alle Kollegen in diesem heiligmäßigen Berufe, und starb erst dreißig Jahre später in seinem Bette.

Franz von Kobell

JAGDSKIZZEN

Franz von Kobell, der Autor vom »Brandner-Kasper«, war eine Münchner Institution. Ludwig Thoma schildert in seinen »Erinnerungen«, wie ihm von seinem Onkel Joseph der damals schon ältere Herr gezeigt wurde, damit der Bub einmal sehe, wie ein echter bayerischer Dichter ausschaut. Franz von Kobell, 1803 in München geboren und 1882 dort auch gestorben, war ein Multitalent. Als ordentlicher Professor veröffentlichte er Lehrbücher über Mineralogie und entdeckte neue Gesteinsarten. Als Schriftsteller verfaßte er Gedichte, Erzählungen und kleine Singstücke. 1859 erschien seine »Bibel der Jäger«, der Erzählungsband Wildanger, *aus dem auch der Text über die Wildschützen stammt.*

Die Wildschützen

Das Leben eines Jägers war zu allen Zeiten der Wildschützen wegen ein Leben von heute auf morgen, und die Wilddieberei verteidigen zu wollen, hieße einen Räuber höher stellen als einen pflichtgetreuen ehrlichen Mann. Wie viele Jäger habe ich gekannt, die im Kampfe oder meuchlings durch Wildschützen gefallen. Da fand man einen Forstwart, Stubenbeck, von der Glashütte bei Kreut, und einen Jagdgehülfen, Landthaler, von Berchtesgaden, herrliche Jäger, erschossen im Walde liegend, und zeigte die Untersuchung deutlich, daß sie schlafend angepirscht und der Schuß so nahe gegeben wurde, daß das Feuer die Joppe verbrannt hatte; da ward der Revierjäger Mayer von Gmund und seine zwei Gehülfen, während sie einen gefangenen Wildschützen transportierten, in einem Hohlweg von dessen Kameraden überfallen, und nicht auf das Schießen wollten es diese ankommen lassen, sondern wie reißende Luchse stürzten sie von den Gehängen und schlugen mit ihren Bergstöcken die überraschten Jäger zu Boden, deren zwei dabei ihre Ende fanden. Da kannte ich einen 16jährigen Jagdjungen, Aigner, der in solchem Handel umkam. Es war ein blühender Knabe, den ich zuerst in Brannenburg sah, als er eben einen gewaltigen Kranich im Eisen auf dem dortigen Moos gefangen hatte und heimbrachte. Mutige Jugendlust strahlte aus seinen blauen Augen. Kurz darauf traf er mit einem wildernden Bauernknecht zusammen, und obwohl dieser zehnmal stärker war, zwang er ihn doch durch sein schneidiges Benehmen und Androhen des Erschießens, die Flinte abzulegen und sich als Gefangenen transportieren zu lassen. Mit gespannter Büchse ging Aigner hinter dem Knecht, als nach einer Weile dieser plötzlich sich wendete, die Büchse faßte und mit ihm zu ringen begann. Da zog der flinke Junge seinen Genicker, der Knecht sein Messer, und nun kämpften sie, bis beide zum Tod verwundet waren, und starben auch beide. – Die Rachelust solcher Burschen, die sich gewöhnlich das Gesicht schwärzen, um unkenntlich zu sein, erreicht mitunter einen Grad, wie man es unter Christen nicht für möglich halten sollte. So haben sie einen Jäger von Reichersbayern, Zachäus Wagner, buchstäblich gekreuzigt. Er war an der Benediktenwand auf einen Hirsch pirschen gegangen und übernachtete in einem Heustadel. Im tiefsten Schlafe liegend, wurde er plötzlich durch das Anschlagen seines Hundes geweckt, und gleich darauf sprangen drei Burschen (wahrscheinlich durch den Hund auf seine Gegenwart aufmerksam gemacht) in die Hütte und fielen mit so furchtbaren Schlägen über ihn her, daß er bald die Besinnung verlor. Als er von Schmerzen gepeinigt wieder zu sich kam, welcher Zustand! Da war er an die äußere Holzwand der Hütte genagelt, durch jede Hand und durch einen Fuß ein großer hölzernen Nagel geschlagen, und so hing er, mit gebrochenem Blick in die Dämmerung des heraufziehenden Tages hinstarrend, bis ihm wieder die Sinne schwanden. Zum Glück hatte das Winseln und zeitweise Bellen seines Hundes einen Hirtenbuben herbeigelockt, der dann Holzknechte zu

Hülfe rief, die den Unglücklichen losmachten und nach Hause trugen. Der Mann wurde wieder hergestellt und lebte zuletzt in Ammerland am Starnberger See, wo er 1847 starb.

Ist es ein Wunder, wenn bei solchen Vorkommnissen auch die Jäger ihre Feinde auf Tod und Leben bekriegen und ihrer Ehre willen sich allen Gefahren dabei aussetzen; und welche Szenen kommen da vor! – Es war eine trübe Nacht, als der Jäger Riesch vom Isarfall beim Heimgehen auf einer verlassenen, hochgelegenen Alpe am Dürrenberg zeitweise ein Feuer bemerkte. Er dachte sogleich, daß dort Wildschützen ihr Nachtquartier gewählt, und machte sich mit einem Kameraden unverweilt auf den Weg, sie zu fangen. Nach langem Steigen kamen sie bei der Hütte an und beschlossen, sobald die Morgendämmerung es gestatte, mit raschem Anlauf die ihnen als morsch bekannte Türe einzurennen und die Überraschten zu bewältigen. Ohne zu wissen, wie viel derer in der Hütte seien, führen sie es aus, die Türe bricht zusammen, die Wilderer, es waren zwei Tiroler, springen auf und wollen ihre Büchsen fassen, da stoßen sie die Jäger mit ihren Stutzenläufen nieder, ein furchtbares Gewirr und Raufen erfolgte, aber die Jäger blieben Herr, und die Schützen mußten sich ergeben. – Im Anzingerforst wurden von Zeit zu Zeit Sauen gestohlen. Eines Tages fand ein dortiger Jäger eine geschossene Bache, die in ein Dickicht geschleppt worden war. Auf die Anzeige beim Förster wurde beschlossen, daß zwei Jäger die Nacht über in der Nähe des Dickichts passen sollten, der Förster selbst an einer Stelle, welche die etwa ausreißenden Wilddiebe passieren mußten. Die Jäger paßten beim Mondschein die ganze Nacht, es kam aber kein Wilderer. Nun paßten sie die zweite Nacht, unter einer alten Tanne sitzend und in ihre Mäntel gehüllt, denn es war im Winter. Der Schatten, den die Tanne beim Mondlicht warf, deckte sie vollkommen, und sie konnten den Platz wohl überschauen. Gegen Mitternacht überkam sie der Schlaf, und sie mochten eine Weile geschlafen haben, als der eine durch ein Geräusch erwachte. Da stehen drei Bursche nicht zehn Schritte von ihm und lauschen mit gespannten Büchsen. Nach einigen Minuten sagt der eine zu den andern, sie sollten nun die Sau aufbrechen, er wolle schon Wache halten. Während er spricht, stößt der Jäger leise seinen Kameraden, der sogleich erwacht, in demselben Augenblick auch die Wilderer sehend. Von diesen ziehen zwei die Sau aus dem Dickicht, der dritte späht, die Büchse bereit haltend, fleißig herum. Nun hatte der Mond seine Stellung so verändert, daß der Schatten der Tanne gerade nur noch reichte, um die Füße der drunter sitzenden Jäger zu decken; zog er sich noch ein wenig zurück, so mußte der Wilderer sie bemerken. Die beiden, welche die Sau aufbrachen, äußerten ihre Freude, daß sie so feist, und indem der wachehaltende auch danach sehen wollte, faßten die Jäger rasch ihre Gewehre und kracht ein Schuß und wieder einer, dann ein Stürzen und Rennen, die Jäger nach und wieder ein Schuß am Fluchtweg. Zwei der Wilderer waren verwundet, entkamen aber, der dritte war gefangen. – Bei den früheren Gesetzen gegen die Wilddiebe wurden ihrer Strenge wegen die Untersuchungen meistens in einer Art geführt, daß der Jäger gegen den Wildschützen, welchen er einbrachte, oft zu kurz kam, und wenn er, seiner Haut sich wehrend, einen erschossen hatte, in weitläufige, nicht selten seine Stellung gefährdende Plackereien geriet. Die Folge davon war, daß manche Wildschützen spurlos verschwanden. Eine wilde Felsenschlucht, ein See oder Sumpf mochte wohl wissen, daß sie ihr Ende gefunden hatten. Die neueren Gesetze sind ungleich zweckmäßiger, gleichwohl sind die Kämpfe noch bestehend und kommen zum Teil in größerem Maßstabe vor als früher, besonders an den Grenzen unserer Alpen, wo der Menschenschlag kräftig, trotzig und rauflustig.

Anonym

EIN WILDSCHÜTZEN-STÜCKLEIN

Die 1853 in Leipzig gegründete Gartenlaube *war die bekannteste deutsche Familienzeitschrift des 19. Jahrhunderts. Sie berichtete aus allen Wissensgebieten, brachte idyllische Illustrationen und wollte vor allem eines: angenehm unterhalten. Dazu gehörten aber auch — zumindest gelegentlich — der kalte Schauder und das blanke Entsetzen. Was eignete sich für solche bürgerlichen Exzesse auf dem Plüschsofa besser als die Anarchie in fernen Wäldern oder Bergen. Erstaunlich oft finden sich deshalb in der* Gartenlaube *Wilderergeschichten wie die folgende, die 1861 ihre Leser das Gruseln lehren wollte.*

Was den von Passau am linken Donauufer sich hinziehenden sogenannten böhmisch-bayerischen Wald besonders charakterisiert, ist die tiefe Wildnis. In anderen Gebirgen findet man nur selten einen Platz, wo nicht die Tätigkeit des Menschen bemerkbar wird; in den Tälern klappert das Mühlrad, in dem Walde raucht der Meiler, und auf den Höhen tönt der Schlag der Äxte und das Kreischen der Sägen. Aber wer von diesen Höhen niederschaut, sieht unten nichts als einen endlosen, dunklen Wald, ruhig und ernst, und die tiefe Stille wird nur unterbrochen vom Klopfen des Spechts oder von dem heisern Krächzen der Raben. Lange wird dieses Bild nicht mehr dauern, bereits dringt man von allen Seiten ins Innerste dieser Waldungen, und Hunderte von Mühlen verarbeiten Millionen von Stämmen zu jenen kleinen, zum Schiffsbau bestimmten Brettern, die nach Regensburg und von da weg auf dem Kanale nach Holland geführt werden.

Nachdem ich bereits den Arber, den König des Waldes, mit seinen beiden gefeiten Seen, wovon der größere auf seinem Grunde goldene Fischlein mit diamantenen Augen birgt, von denen jedes ein Königreich wert ist, und den finstern Rachel mit seinem düstern See besucht hatte, beschloß ich, den Lusen zu besteigen, von dessen wunderlicher geognostischer Bildung ich viel Anziehendes gehört hatte. Ich begab mich deshalb nach H..., wo ich an dem dortigen Revierförster einen alten Bekannten hatte, dessen Beistandes ich versichert war.

Es war an einem schönen Augustmorgen, als wir mit dem ersten Grauen des Tages den interessanten Marsch antraten. Während der Nacht hatte sich trotzdem, daß der vorhergehende Abend wenig daran denken ließ, ein starkes Gewitter, von heftigem Regen begleitet, entladen. Der Boden war weich, und die aus den Tälern entsteigenden Dünste verhüllten die Höhen, aber die Luft war rein und frisch, und wir griffen wacker aus.

Als wir den Wald betraten, umgab uns noch keine Waldeinsamkeit; denn eine große Anzahl Arbeiter war hier auf einer langen Strecke beschäftigt, eine Straße den Berg hinauf zu führen, und das Krachen fallender Bäume und das Sprengen der Felsen donnerte uns entgegen. Es war ein Bild der Entweihung, und ich bedauerte den schönen Wald in seiner Jungfräulichkeit, daß auch er den Angriffen einer geldgierigen materiellen Welt nicht widerstehen konnte. Bald wird deine Poesie vorbei sein!

Aber weiter und weiter stiegen wir, und immer wilder und unwegsamer ward die Gegend. Der Boden war stellenweise sumpfig, große Felsstücke lagen uns im Wege, die wir umgehen oder halbvermoderte Bäume, über die wir hinwegklettern mußten. Das Kraut der Heidelbeeren reichte bis über unsere Kniee und netzte uns, während ihre schwarzen Früchte uns labten.

Es war 8 Uhr, als wir an einem kleinen Hochplateau ankamen, das die Wäldler wegen seiner starren wilden Eigentümlichkeit sehr charakteristisch den »Eisbären« nennen. Die Kälte, verbunden mit den scharfen Winden, die den größten Teil des Jahres hier herrscht, ist der Grund, daß die abgestorbenen Stämme weniger bald faulen und stürzen. Wie man ihre Brüder tief unten, dahingestreckt auf ein weiches Blätterbett oder sanftes Moos, Baumleichen nennt, so könnte man diese, welche die Kälte vor Verwesung schützt, mit vollem Rechte die Mumien des Waldes nennen. Ihr Aussehen hat ganz das Kalte und Starre des Todes.

Als wir auf die freie Stelle hinaustraten, bot sich mir ein überraschender Anblick dar. Vor mir lag die Kuppe des Lusen, vielleicht die einzige ihrer Art. Man denke sich einen ziemlich hohen Berg aus lauter Steinplatten, die der Zufall übereinandergeworfen hat, so sieht der Lusen aus. Zwischendurch am Fuß der Kuppe kriecht die Krummholzkiefer, während der bei weitem größere Teil ganz kahl ist. Eine feine dünne Flechtenart gibt dem ganzen Steinhaufen eine eigene metallische Färbung und verleiht diesem sonst so kahlen und öden Platze eine sonderbare Stimmung. Als wir die Kuppe bestiegen, sah ich, daß die übereinanderliegenden Platten fast ohne Unterschied einander gleich waren. Sie mochten anderthalb bis zwei Fuß dick und fünf bis sechs Fuß lang und fast ebenso breit sein, und deutlich konnte man durch die Klüfte hindurch die darunter liegenden sehen, sie waren sich alle gleich. Das Steigen selbst war gerade nicht gefährlich zu nennen, doch erforderte es Aufmerksamkeit, denn ein unvorsichtiger Tritt konnte leicht einen Beinbruch oder eine Verrenkung zur Folge haben. Von der Spitze aus hat man eine prächtige Umsicht sowohl auf die untenliegende große Waldmasse, als auch hinein in's Böhmerland, aber der Wind, der von dorther bläst, ist kein guter, er schneidet schier den Leib durch und dringt bis in's Mark, so daß wir bald Abschied nehmen mußten. Unten wieder angekommen, nahm ich mein Skizzenbuch und zeichnete mir den sonderbaren Gesellen, den ich kaum wieder sehen werde, in flüchtigen Umrissen, um mich manchmal an seinem unwirschen Aussehen ergötzen zu können.

Wir wandten uns nun zum Rückwege und bogen links ab. Je höher die Sonne emporstieg, desto beschwerlicher ward unser Marsch. Die Kühle des Morgens war verschwunden, und unter den Bäumen herrschte eine warme, dunstige Luft, die uns in Schweiß versetzte und ermattete. Dessenungeachtet aber nahm mein Interesse für den mich umgebenden Wald nicht ab, und ich betrachtete mit wahrem Entzücken diese Waldriesen. Mein Freund führte mich auf den sogenannten Tummelplatz, einen großen, mit Palisaden eingeschlossenen Raum, in dessen Mitte früher eine Diensthütte gestanden hatte, die aber niedergebrannt und von der nichts mehr zu sehen war als ein hoher Kamin, der trauernd auf die verbrannte Stätte niedersah. Wilddiebe hätten sie angezündet, erzählte mein Begleiter und sprach dabei von der Schönheit des Gebäudes und von den Annehmlichkeiten, die sie den Forstleuten bot, deren Revier so ausgedehnt und beschwerlich sei wie dieses hier. Was die Vorteile betraf, die sie gewährt hatte, so war ich weit entfernt, dieselben in Frage zu stellen, und was die Schönheit anbelangt, so mußte ich gestehen, daß sie in ihrer Zerstörung auch kein übles Bild darbot. Der wilde weite Wald ringsum, schwarz und finster, der von Palisaden umschlossene öde Raum, geräumig genug, eine ganze Viehherde bequem aufnehmen zu können, die niedergebrannte Hütte, von der bloß die Grundmauern noch sichtbar waren, der rauchgeschwärzte Kamin und die halbverbrannten und verkohlten Balken ringsum – wahrlich, es gehörte wenig Phantasie dazu, um sich eine von blutdürstigen Wilden zerstörte Wohnung eines Ansiedlers in den Urwäldern Amerikas zu denken. Und während mir dergleichen Gedanken durch den Sinn zogen, sah wirklich das Gesicht eines Wilden zur Umzäunung herein, kupferfarben und mordlustig vielleicht. Mit einem Ausrufe der Überraschung zeigte ich darauf hin.

»Das ist mein Waldaufseher«, sagte mein Freund, »ich habe ihn mit den Hunden und ein paar Treibern hierher bestellt; wir wollen sehen, ob uns da unten an der Seebacher Aue nicht ein Bock anspringt.«

Nickl, so, glaube ich, hieß der Mann, war, wenn auch kein Hurone aus den

Urwäldern Amerikas, doch jedenfalls ein gezähmter Wilder aus dem bayerischen Walde. Er war nicht groß von Gestalt, aber die breite Brust, die sehnigen Arme und stämmigen Beine zeugten von einer körperlichen Kraft, die allen Widerwärtigkeiten, mochten sie von den Launen des Wetters oder von den Tücken der Menschen kommen, Trotz bieten konnte. Das Gesicht war fast kupferfarben rot und ebenso die von Haaren bedeckte Brust, die das offene Hemd schauen ließ. Übrigens war sein Blick freundlich und sein Auge grau und hell, aber unruhig, immer suchend und spähend. Den eisengrauen Locken nach zu schließen, die unter dem dicken Filzhute hervorguckten, mußte er die Fünfziger bereits stark angetreten haben.

Er beteiligte sich sogleich an dem Gespräche, und indem er auf die Brandstätte wies, sagte er: »Da haben uns die Strauchdiebe eine schöne Bescherung angerichtet. Das schöne Haus! Das hätten Sie sehen sollen, wie wohnlich und ruhesam es da war. Es ist ein wahres Kreuz: jetzt, wo das Wild wieder mehr wird, treiben auch die Wilddiebe wieder ihr Handwerk.«

»Wild und Wilderer«, sagte der Förster, »sind unzertrennlich; aber neuerdings wird die Sache wieder recht ernstlich. Vor ungefähr vierzehn Tagen wurden ein Kollege von mir und sein Waldaufseher, als sie unvermutet auf eine solche Bande stießen, ohne weiteres niedergeschossen, und es steht sehr in Frage, ob sie noch aufkommen. Sie sind beide Familienväter, und letzterer hat neun Kinder. Ein anderer, da drüben«, und dabei wies er mit dem Daumen über die Achsel zurück und nannte den Ort, »trägt noch das gehackte Blei mit sich herum, und sein Gehülfe hat einen Schuß im Schenkel. Zwar schoß dieser auch einen nieder, allein man konnte trotz des starken Schweißes den Kerl nicht ausfindig machen.«

»Ja, und diesen Morgen hat mir der Rottmeister da unten am Steinbrückel erzählt, daß letzten Sonntag drüben in Schönau die beiden Fuchsgruber, Vater und Sohn, geschossen heimgebracht wurden. Die haben's lang verdient, aber der Krug geht so lang zum Brunnen, bis er bricht.«

»Das ist ja ein förmlicher Krieg, den Ihr da führt«, rief ich entsetzt aus, »läßt sich denn dem Unwesen nicht steuern durch fleißiges Begehen der Orte, wo diese Frevler ihr Unwesen treiben, und durch genügende Vermehrung des Forstschutzpersonales?«

»Nicht möglich«, erwiderte mein Freund. »Wenn diese Diebe von hiesiger Gegend wären, so dürfte das am Ende nicht schwer sein, aber so sind es meist Burschen ganz unten herauf aus dem Wegscheid'schen oder aus dem obern bayerischen Wald, die sich zusammentun, vierzehn Tage eine ganze Waldstrecke, Staats- und Privatwaldungen durchjagen, was sie bekommen können, mitnehmen und dann monatelang nichts mehr von sich hören lassen.«

»Da hilft nichts, als so schnell als möglich der erste am Drücker zu sein,« sagte Nickl, indem er den Hahn überzog und ihn wieder in die Ruhe zurückfallen ließ. Und dabei hatte er wirklich etwas von indianischer Mordlust im Gesichte.

»Ihr würdet also«, erwiderte ich, »einen Menschen niederschießen, auch wenn ihr es ungesehen von ihm tun könntet, also ohne eigentliche Notwehr?«

»Ob ich es tun würde!« sagte Nickl ganz erstaunt ob meiner Frage, »ganz gewiß werde ich ihn niederschießen, wenn er sich bewaffnet in unserm Reviere blicken läßt. Und was die Notwehr betrifft, so ist meinen Begriffen nach unsereiner immer im Zustande der Notwehr.«

»Nickl hat Recht«, sagte mein Freund, »denke dir zum Beispiel da oben am Lusen einen verwundeten Menschen, ob der wohl nach Hause käme? Ich glaube nicht; überdies kann Nickl ein Lied davon singen.«

»Ein garstiges Lied das, es hat mir lange in den Ohren geklungen«, erwiderte der andere.

»Halt, Alter«, sagte ich, »heraus mit dem Liede.« Und Nickl, ohne sich weiter bitten zu lassen, erzählte:

»Als die Geschichte, die ich erzählen will, sich zutrug, war ich als Waldaufseher da draußen, weiter der Donau zu. Wir hatten nebst einem prächtigen Wildstand in unserm Reviere auch einige Bergbäche mit den herrlichsten Forellen, die ich teilweise gepachtet hatte und aus denen ich ziemlich Erklecklickes löste. Um so verdrießlicher war es mir, als ich seit einiger Zeit Spuren von Ottern bemerkte. Es wird Ihnen bekannt sein, welch' erheblichen Schaden so ein Räuber anzurichten im Stande ist. Ich hatte deshalb fleißig die Eisen gelegt und ging regelmäßig des Morgens hinaus, um nachzusehen.

Eines Morgens bemerkte ich denn, daß eines derselben fehlte. Die Stelle, auf der ich es gelegt hatte, war ringsum zerwühlt und aufgerissen, die freilich etwas alte Kette war abgesprengt und der zurückgebliebene Teil derselben um eine ganz zerzauste Weidenstaude geschlungen. Augenscheinlich hatte sich das Tier schlecht gefangen, die Kette abgesprengt und war, um sich seines vermeintlichen Feindes zu entledigen, seinem natürlichen Elemente zugeflüchtet. Aber da das Eisen schwer war, mußte es ersaufen. So dachte ich, als ich alles übersah. Ich legte deshalb Gewehr und Tasche weg, stieg in das Wasser hinab, das hier etwas tiefer war und einen kleinen Tümpel bildete, und suchte mit dem langen Stocke nach dem Tiere. Umsonst, ich konnte nichts entdecken. Ich ging darauf eine Strecke weiter hinauf, in der Vermutung, daß es auf dem Grunde weiter gelaufen sein mochte. Plötzlich hörte ich in einer kleinen Einbuchtung ein starkes Geräusch, das in einem Schnauben und in dem eigentümlichen Pfeifen bestand, welches die Otter ausstößt, sobald sie gereizt wird oder verwundet ist. Ich stieg sofort aus dem Bache und ging etwa noch fünfzehn Schritte seitwärts an einem sogenannten Altwasser hinauf und erblickte denn auch alsbald eine gewaltige Otter, die größte, die ich je sah, wie sie um sich schlug und wühlte und sich wie toll gebärdete. Mit leichter Mühe schlug ich sie tot. Das Eisen hatte augenscheinlich, als sie, Verrat witternd, aufspringen wollte, sie unglücklicherweise noch mit der Rute gefangen, das Tier hatte sich, wie ich vermutet hatte, in das Wasser geflüchtet und, als es merkte, daß es, vom schweren Eisen zu Boden gezogen, ersaufen müßte, auf dem Grunde fortlaufend sich wieder dem Lande zugewendet und war in dieser ›Altern‹, wie wir es nennen, wieder herausgekommen, wo es sich des Eisens zu entledigen suchte. Die Rute war beinahe abgedreht, und wäre ich nur um eine halbe Viertelstunde später gekommen, so wäre das Tier entwischt. Wie gesagt, der Bursche war der größte, den ich je gesehen hatte; er maß von der Schnauze bis zur Schwanzspitze 5 Fuß, und ich schätzte sein Gewicht auf 20 Pfund.

Den Prachtkerl auf die Schulter nehmend, wollte ich nunmehr Gewehr und Tasche holen, allein wer beschreibt mein Erstaunen, als beides verschwunden war! Daß sie gestohlen waren, unterlag keinem Zweifel, ich sah die Fußtritte der Diebe im tauigen Grase und ward ganz wütend, wenn ich an den Spott dachte, der mir zuteil werden würde, wenn ich ohne Gewehr nach Hause käme. Ohne weiter an das Gefährliche meines Beginnens zu denken, folgte ich rasch der Fährte. Umsonst, auf dem abgefallenen Laube im Walde war jede Spur bald verloren. Nun eilte ich einen kleinen Hügel hinan, der, mit einigen Bäumen bewachsen, niederes Buschholz hatte, um von dort aus den kecken Dieb zu erspähen. Kaum war ich jedoch auf der Höhe angelangt und in das Gebüsch eingetreten, als es rechts und links neben mir knackte und ich mit einem Ruck zu Boden gerissen war. Mein Rufen war vergebens, ich hatte nichts als meine Fäuste, denn selbst das Messer steckte in der gestohlenen Waidtasche, und meine Gegner waren sechs starke Männer. Man band mir die Hände auf dem Rücken zusammen und schlang die Leine um einen nahen Baum, so daß ich mit dem Rücken an dem Stamm lehnen mußte.

Während ich so dastand, hatten sich die Burschen etwas weiter zurückgezogen und beratschlagten, was sie mit mir anfangen sollten. Einer derselben, der Hauptträdelsführer, wie es schien, und derselbe, der sich meines Gewehrs und meiner Tasche bemächtigt hatte, flüsterte leise den übrigen etwas zu, worauf das Corps in ein schallendes Gelächter ausbrach. Sie ließen mich nicht lange über den Grund ihrer Heiterkeit im Ungewissen. Vorne am Hügel, wo ein Felsen senkrecht abwärts fiel in das Tal, standen zwei ziemlich starke Birken nahe aneinander. Auf jede derselben stieg nun einer der Burschen, und indem sie sich an einem der oberen Zweige anhaltend herabließen, bogen sie mit Hilfe der Untenstehenden beide Bäume herab fast bis auf den Boden. Dann schnitt man mich vom Baume los, zog mich unter die beiden Birken hinein und band mich mit je einem Arm und Fuß an die herabgebogenen Äste. Als ich gehörig befestigt war, ließen sie beide Bäume unter einem schrecklichen Jubelgeschrei in die Höhe schnellen. Ich glaubte, gegen den Himmel hinauf geworfen zu werden, und die Prellung, die im Augenblicke erfolgte und mir fast alle Gelenke zerriß, preßte mir einen furchtbaren Schmerzensschrei aus. Denken Sie sich meine Lage. Da hing ich zwischen Himmel und Erde, an immer schwankenden Ästen über einem Abgrund von gewiß fünfzig Fuß Tiefe. Ich rief aus Leibeskräften, aber meiner Stimme antworteten anfangs nur die Spottreden meiner abziehenden Feinde und dann bloß noch das höhnende Echo. Der Schmerz an den Gelenken war furchtbar.

Als der Abend herankam, zog ein Wetter am Himmel herauf, der Wind blies aus vollen Backen, ich flog auf und nieder, die Bäume bogen sich, und ich hoffte jede Minute, daß sie brechen möchten, denn ich hatte vor Schmerz nur den einen Wunsch zu sterben, und ich wäre damals froh gewesen, wenn mich der Sturm in die Tiefe hinabgeschleudert hätte. Je dunkler es wurde, desto heftiger wütete der Sturm, der Regen goß in Strömen nieder, der Donner brüllte, und blendende Blitze fuhren um mich her. Endlich erbarmte sich eine mitleidige Ohnmacht meiner.

Als ich wieder zu mir kam, stand die Sonne bereits hoch am Himmel, alles war frisch und grün und glänzend, aber ich schwebte wie eine arme Seele zwischen Seligkeit und Verdammnis, zwischen Himmel und Erde. Je weiter die Sonne emporstieg, desto gräßlicher ward meine Lage. Ihren glühenden Strahlen ausgesetzt, glaubte ich verbrennen zu müssen, mein Gehirn kochte, und das Blut, das in meinen Adern tobte, drohte mir den Kopf zu zersprengen. Lange konnte dieser Zustand nicht mehr dauern, und in den lichten Augenblicken, die anfingen, immer seltener zu werden, suchte ich so gut wie möglich, meine Gedanken zu sammeln, um als guter Christ aus der Welt zu scheiden.

Da tönte mit einem Male ein helles Pfeifen an mein Ohr, so fröhlich, als nur je eines aus der Brust eines herumlungernden Strolches hervorkam. Ich strengte mich mit aller Gewalt an zu sehen, woher diese Töne kamen. Nicht lange, so erschien unter den Bäumen da unten das Menschenkind, und ich erkannte in ihm einen unserer ärgsten Holzdiebe, den ich schon einige dutzend Male zur Anzeige gebracht und öfters eigenhändig abgestraft hatte. Es war der Gabelmacher Lenz, wie er leibte und lebte, mit seiner Pelzkappe, die Hände tief in den Taschen seiner blauen, zwilchenen Hosen. Augenscheinlich lungerte der Kerl da oben herum in der Absicht, sich ein Stück Holz auszusuchen, das er bei nächster Gelegenheit holen konnte, und mochte dabei wohl nicht ahnen, daß er so genau beobachtet werde. Sonst war mir der Kerl, wenn er mir auf der Landstraße begegnete, ein Dorn im Auge, aber jetzt erschien er mir als rettender Engel. — Ich versuchte zu rufen, aber ein neuer Schrecken durchbebte mich, ich konnte mit aller Anstrengung keinen Laut hervorbringen, der Hals war mir wie zugeschnürt. Schon begann sich der Gabelmacher in immer weitern Kreisen von mir zu entfernen, in wenigen Augenblicken vielleicht war er verschwunden, und ich war rettungslos verloren. Da strengte ich alle meine Kräfte an und stieß ein heiseres Gebrüll aus. Ich konnte gerade noch erkennen, wie der Lenz unten erschrocken beiseite sprang und wie er dann zu mir heraufsah, dann schwanden meine Sinne, und ein heftiger Blutsturz war die Folge dieser Anstrengung. Der Gabelmacher wäre, wie er mir nachher erzählte, beinahe vor Schrecken davongelaufen, wie er da oben einen Menschen hängen sah, und dann wäre ich wohl sicher verloren gewesen. Aber er hatte sich rasch besonnen und war zu einigen Holzbauern hinabgeeilt, die eine Stunde weiter unten beschäftigt waren, und hatte diese heraufgeholt, worauf sie mich dann so gut als möglich aus meiner Lage erlösten und ins Dorf hinunterbrachten. Der herbeigerufene Arzt erklärte es für ein wahres Wunder, daß ich so lange dieser Qual hatte widerstehen konnen, und behauptete, daß ich, wenn dieser Blutsturz nicht eingetreten wäre, ohnfehlbar hätte ersticken müssen. Zeitlebens ein Krüppel würde ich aber wohl bleiben, meinte er. Und wirklich war mein Zustand schlimm genug. Mein linker Arm war ganz aus der Achselhöhle gerissen, und an den beiden Handgelenken das Fleisch bis auf die Knochen durchschnitten; hier sehen Sie noch die Narbe davon. Gegen alles Erwarten gelang aber meine Heilung, und mit allem Respekt vor dem Doktor, der sein Möglichstes tat, mich wieder herzustellen, so sehen Sie doch, wie ihn seine Weisheit diesmal im Stiche ließ.« Damit machte Nickl einen Kreuzsprung, der einem Jongleur Ehre gemacht hätte. »Und da jetzt meine Geschichte zu Ende ist«, fuhr er fort, »dächte ich, ich ginge mit meiner Mannschaft da links hinab, die beiden Herren können sich dann im Tannet da unten anstellen.« Mit diesen Worten entfernte er sich.

»Und ist die Geschicht' wirklich wahr?« sagte ich, als Nickl fort war, »und war es den Gerichten nicht möglich, eine Spur von den Tätern aufzufinden?«

»Was die Wahrheit der Geschichte betrifft, so ist darüber kein Zweifel. Übrigens ist Nickl nicht der Mann dazu, die Gerichte viel mit seinen Angelegenheiten zu plagen. Er ist – oder war wenigstens –, wie man sagt, Kläger, Richter und Vollstrecker des Urteils in eigener Person. Von allen denen, die damals beisammen waren, ist keiner mehr übrig, um über die Geschichte zu lachen.«

»Du wirst doch nicht sagen wollen, daß er alle erschossen habe?« sagte ich ganz entsetzt.

»Das sage ich auch nicht«, sagte mein Gefährte, indem er zweideutig die Achsel zuckte. »Genug, es ist eben keiner mehr da! Doch halt, da bleib stehen, hier kannst du am ersten zum Schusse kommen, wenn du überhaupt noch dein altes Glück hast.«

Ich lächelte bei dieser Anspielung auf unsere früheren gemeinschaftlichen Jagden, und wie er vorausgesagt hatte, schoß ich bald darauf einen schönen Sechserbock. Gleich darauf knallte weiter unten ebenfalls ein Schuß.

Während Nickl, der inzwischen einen Rundgang gemacht, den Bock aufbrach, erzählte er, daß ihm unten beim Durchgehen ein kleiner fremder Hund angesprungen sei, der so eifrig jagte, daß er ihn nicht eher gewahrte, bis er ihn anrief.

»Das ist wieder einer von den Böhmischen drüben«, sagte mein Freund, »wir müssen ihnen doch noch einige wegschießen, sie jagen gar zu oft herüber. Hättest ihn schießen sollen.«

»Ja, ich wollte das auch und war schon mit dem Gewehre aufgefahren, aber es war so ein nettes, gelbes Hündchen, und wie er dastand, einen Vorderfuß in die Höhe und den Kopf etwas bei Seite geneigt und mir gar so treuherzig in die Augen sah, als wollte er sagen: ›Nun sei nur nicht böse, es ist ja weiter nichts als ein bloßer Irrtum, daß ich da bin‹, da konnte ich es nicht über's Herz bringen zu schießen. Und als ich das Gewehr wieder absetzte, sprang es wieder zurück, und jetzt bin ich froh, daß ich es nicht getan habe.«

Ich kann's nicht leugnen, ich hatte eine Art Abneigung gegen Nickl gefaßt, weil ich ihn für einen Menschen ohne Gefühl hielt. Dieser kleine Zug seiner Gutmütigkeit machte alles wieder gut. Der Mensch hatte wirklich ein Herz.

Nun betraten wir die Seebacher Aue. Ein drei Viertelstunden langer Pfad, der so schmal war, daß nicht zwei nebeneinander gehen konnten, führte durch dieselbe. Links und rechts steht undurchdringliches Gebüsche, stachliges Brombeergesträuch, und Dornhecken machen ein Eindringen in dasselbe unmöglich und sperren jeden Luftzug. Die dem sumpfigen Boden entsteigende Feuchtigkeit bei einer Hitze von 24°R machte diesen Weg zu einer anstrengenden Wanderung, umso mehr, als bereits Mittag vorüber [war] und wir seit drei Uhr morgens auf den Füßen waren. Ich glaubte wahrhaftig, neugeboren zu sein, als ich diese Hölle hinter mir hatte und wieder den schattigen freien Hochwald betrat.

Noch eine Stunde Wanderns, und dann sahen wir wieder Kulturland. Da standen braune, schindelgedeckte Häuser in der Mitte grünender Wiesen zwischen schattigen Obstbäumen, und von der Höhe jenes kegelförmigen Berges blickt freundlich das Dörfchen Kreuzberg hernieder und gewährt mit seinem spitzen Kirchturm einen gar lieblichen Anblick, während links unterhalb die Schönbrunner Glashütte mit ihren langen, braunen Gebäuden zu beiden Seiten des schloßartig aussehenden Wohnhauses sichtbar wird. Hier wird ein ausgezeichnetes Bier gebraut.

Erst spät, als der Vollmond hoch am Himmel stand, dachte ich an den Heimweg und trennte mich von meinem Freunde und Nickl, dem Huronen, der inzwischen dem Gerstensafte tüchtig zugesprochen hatte und mir unter kräftigem Handschütteln versicherte, er würde, wenn es darauf ankäme, mir zur Liebe noch ein Maß trinken.

Karl Stieler

Ein Begegnen in den oberbayerischen Bergen

Karl Stieler, der 1885 im Alter von 42 Jahren in seiner Heimatstadt München starb, hinterließ ein umfangreiches Werk mit Reiseberichten, Stimmungsbildern, Erzählungen und Gedichten. Seine an Franz von Kobells Werk orientierte Mundartdichtung erfreut sich heute noch großer Beliebtheit. Der promovierte Jurist, der im Bayerischen Reichsarchiv in München arbeitete, belieferte auch zahlreiche Zeitungen und Zeitschriften mit Artikeln, darunter die damals außerordentlich populäre Gartenlaube. 1869 erschien in dem Familienblatt seine Erzählung vom Wiesbauerfranzl, die er später in erweiterter Form in den von ihm und Herman Schmid verfaßten Prachtband Aus deutschen Bergen *(Stuttgart 1873) aufnahm.*

Es mochte Ende Oktober sein, wo der Reif schon auf dem Felde liegt und der Schritt härter hallt als sonst. Ich war tief in den Bergen gewesen, in einer jener Winterstuben, die die Holzknechte bewohnen. Erst um Mitternacht kehrte ich heim. Der Weg, der etwa drei Stunden betrug, führte anfangs durch den Wald, dann stieg man an's Ufer des Tegernsees hinunter, auf dessen anderer Seite unser Haus stand. Ich würde lügen, wenn ich behaupten wollte, daß dieser Spaziergang sehr behaglich war; allein die Nacht schien wenigstens sternenhell, der Mond zeigte das erste Viertel. Eilig und wachsam zog ich des Weges. Finstere Tannen standen zu beiden Seiten, die scharfe Luft zog mir um's Gesicht, und in den Zweigen knisterte es leis', wenn Blatt um Blatt zu Boden fiel. Oft blieb ich stehen und horchte; dann und wann ertönte der Schrei eines Nachtvogels durch die lautlose Stille. Es ist merkwürdig, wie die Sinne sich anspannen, wie Auge und Ohr sich schärft, wenn einer *allein* durch's Dunkel geht.

Mit einem Mal hörte ich Tritte hinter mir – zu sehen war noch niemand. Ich hatte einen guten Schritt, aber mein Nachfolger einen noch besseren, und es dauerte nicht lange, bis er mich erreichte. Mit rauher Stimme rief er mir »Gute Nacht« entgegen. Es war eine Gestalt im gewöhnlichen Bauernkostüm, nur etwas mehr gedrungen und finsterer, als die meisten sind. Über den Schultern trug er den Rucksack, in der Hand eine breite Hacke, die ganze Figur hatte etwas Kriminelles, selbst ohne die Finsternis. Wie eine Ironie klang die »Gute Nacht« von seinen Lippen, denn mir wenigstens war sehr übel dabei zumute.

Es verstand sich von selber, daß wir nun miteinander gingen. So ungemütlich es ist, wenn man bei Nacht allein durch die Berge geht, so schien es mir doch, daß ich eine Gesellschaft gefunden, die noch weit ungemütlicher war. Unwillkürlich stellte sich eine gewisse Ideenverbindung zwischen der Hacke und meiner Hirnschale ein, und mit einiger Unruhe maß ich mit jedem Schritte den Begleiter.

Was mir an ihm vor allem auffiel, das war ein gewisser rabiater Ton, der sonst nicht im Charakter des Bauern liegt. Denn dieser ist gegen Unbekannte viel eher reserviert als gesprächig und mehr zur Bescheidenheit als zum Pathos geneigt. Im übrigen sprach der Bursche ganz vernünftig; stellenweise hatte er sogar etwas Flottes, Chevalereskes in seinen Ansichten. Nur ein einziges Mal fiel ein Wort, das mir ein düsteres Licht auf seinen Charakter warf. Als die bleichen Felsen der Halserspitze herüberragten, deutete er mit der Hand nach denselben und sprach: »Da drinnen liegt auch einer, den ich *eingetan* hab.« Und dabei machte er eine Bewegung wie der Schütze, wenn er zielt. Ein leiser Schauder überrieselte mich, denn das Wort konnte ja dem Burschen bitterer Ernst sein, daß er ganz offen davon sprach.

Schweigend gingen wir nebeneinander; wenn er etwas behauptete, gab ich ihm Recht; kurz, ich war so »liebenswürdig« als möglich. Nur als der See kam, dessen Ufer steil in die Tiefe fallen, trat ich heimlich auf die andere Seite. Endlich nahte sich unser Haus. Es war mir bedenklich genug erschienen, mit dem Burschen zusammenzutreffen, aber noch bedenklicher erschien es mir, mich nun von ihm zu verabschieden. Sollte ich ihm verraten, wo ich daheim sei? Sollte ich die Haustür in seiner Gegenwart aufschließen? Wenn der Halunke etwas im Schilde führte, dann war jetzt der Augenblick gekommen.

Mein Herz pochte, als ich vor dem niedrigen Gartentore stand. »So, da bist du daheim?« sprach jener; »dann bist du wohl gar einer von den Stielerbuben?«

»Jawohl, der bin ich,« war die Antwort. »Und wo bist denn dann du daheim, damit wir uns doch kennen, wenn wir wieder zusammenkommen?«

Der Angeredete brach in ein rätselhaftes Lachen aus und sagte: »Franzl heiß' ich – gute Nacht.«

Damit trottete er von dannen, ich aber warf die Türe zu, und immer war mir's, als ob der Franzl sich durch die Spalte hereindrängte und hinter mir die Treppe emporstiege. Es war halb zwei Uhr nachts.

Am anderen Morgen lief in der Tegernseer Gegend das Gerücht um, der *Wiesbauerfranzl* sei wieder da; er sei aus der Frohnveste ausgebrochen und über Lenggries zurück in's Gebirg gekommen.

Ein unbehagliches Grauen befiel mich; es war kein Zweifel, daß ich gestern die Ehre gehabt, in seiner Gesellschaft nach Hause zu kehren. Die Beschreibung der Persönlichkeit, sein Lachen beim Abschied, all das deutete darauf hin. Also in der Frohnveste war mein neuer Freund von Rechts wegen zu Hause!

Franzl war der Sohn eines armen abgehausten Bauern aus dem Bezirke Miesbach und hatte schon frühe seine kriminellen Anlagen verraten. Oftmals wegen Wilderns bestraft, war er von diesem poetischen zum gemeinen Diebstahl übergegangen und von da zum Raube. Eine Art von unheimlicher Furcht, welche sonst die Leute dieser Gegend nicht kennen, verbreitete sich um seinen Namen.

Nirgends hielt er sich auf, aber überall war er da; niemand wußte seine Wege, aber jeder fürchtete sie. Dies Gefühl erzeugte einen wahren Terrorismus. Mitten in der Nacht erschien der Franzl, klopfte an's Haus und weckte die Leute. Dann mußte die Bäuerin aufstehen und Feuer anzünden, um eine Mahlzeit zu kochen, er aber saß plaudernd am Herde und sah ihr zu. Er stahl nicht, um zu stehlen, nur wenn er etwas brauchte und nur so viel er brauchte, begehrte er. In den meisten Fällen ward es ihm gutwillig gegeben, denn seine Kühnheit schüchterte die Leute ein. Dann benahm er sich wie ein Gast, ward leutselig und gemütlich und tat, als ob er zu Hause wäre. Niemals nahm er von solchen, denen das Geben sauer ward, allein wenn die Reichen sich weigerten, so drohte er mit den fürchterlichsten Flüchen, daß er den roten Hahn auf's Dach setzen und das ganze Dorf zusammenbrennen werde. Er war eine echte Räubernatur: großmütig und grausam, wie es gelegen kam.

Erst nach langer Mühe war man seiner habhaft geworden und hatte ihn in die Frohnveste der Hauptstadt abgeliefert. Doch seiner verzweifelten Entschlossenheit gelang es zu entfliehen, indem er sich durch sämtliche Stockwerke herunterließ. Unten angelangt, gewann er das Freie und entkam in die Berge, in denen es zum allgemeinen Entsetzen hieß: Der Wiesbauerfranzl ist wieder da! Es war mir fatal, daß er nun auch mich zu seinen Freunden zählte; denn ich fürchtete, er würde die neue Bekanntschaft ausnützen und sich eines schönen Abends zum Souper (*en petit comité*) einladen.

Und wirklich machte er mir bald einen neuen Schrecken. Ich war allein im Hause und saß noch abends bei der Lampe, da kam mit einemmal die alte Dienerin gerannt und flüsterte entsetzt: »Denken Sie nur, draußen auf den steinernen Staffeln der Haustür sitzt schon seit einer Viertelstunde ein Kerl; ich hab' durch's Küchenfenster hinausspekuliert und fürchte, es ist der Wiesbauerfranzl. Jesus, Maria und Joseph,« setzte sie hinzu, »jetzt wird er noch anklopfen und hereinwollen.«

Schrecken und Neugier waren gleich mächtig, und so stieg ich denn die Treppen empor, lautlos und ohne Licht. Oben wollte ich das Fenster öffnen und hinabspähen, denn vielleicht war es doch nur ein harmloser Handwerksbursche, der diesen unentgeltlichen Ruheplatz benützte.

Trotz der äußersten Sorgfalt hörte der Fremde, daß sich die Scheiben bewegten, und indem er den Kopf zurücklehnte, sah er regungslos und wortlos zu mir empor. Es war dieselbe Gestalt wie neulich; es war der Wiesbauerfranzl. Um das Risiko zu vermindern, ergriff ich die Initiative. »Möcht'st was, Franzl, soll ich dir was hinaustragen, wann d' Hunger hast?« – rief ich mit künstlicher Zärtlichkeit dem Gauner zu. Er aber erwiderte mit stoischem Kopfnicken: »Dös braucht's nit, Karl, ich hab' schon g'futtert heut' und muß noch weiter. Bloß rasten möcht' ich a wenig.« Kurz darauf erhob er sich und ging von dannen.

Unterdessen kam der erste Schnee; ich schloß meine Sommersaison und zog zurück in die Stadt; draußen aber geisterte mein Freund herum und fuhr fort zu requirieren. Wie es ihm dabei ergangen ist, erfuhr ich erst, als ich später einmal wiederkehrte.

Eines Tages, nachdem er Siesta gehalten, fiel er doch den Häschern in die Hände. Im Triumph ward er an das Gefängnis des Landgerichts abgeliefert, und jedermann atmete leichter, wenn man sich auch nicht ganz vor ihm geborgen glaubte. Denn etwas Unverwüstliches lag in seinem Wesen. Bald machte er neuen Alarm. Der nächste Tag war kaum angebrochen, so kam der Eisenmeister gelaufen und klingelte wie toll am Hause des Arztes. »Kommen Sie nur geschwind herüber, Herr Doktor, der Franzl hat sich heut' Nacht erhenkt. Gerade, wie ich jetzt die Runde machen wollte, seh' ich ihn am Kreuzstock hängen. Doch weil er schon eiskalt war, hab' ich ihn gar nicht mehr abgeschnitten.« Spornstreichs eilte der Arzt in das Gefängnis und fand, daß sich alles nach Bericht verhielt. In jener wilden Verzweiflung, die bei energischen Naturen entsteht, wenn sie keinen Ausweg mehr sehen, hatte der Räuber beschlossen, sich selbst zu morden. – Sofort schnitt der Arzt die Leinwandschlingen durch; kaltes Wasser wurde ihm in's Gesicht gegossen, aber alle Belebungsversuche blieben erfolglos. Wie ein Lauffeuer verbreitete sich die Kunde im Ort, und viele, die sie vernahmen, meinten, das sei die erste nützliche Handlung des Franzl. Ja, wenn er nur wirklich hin ist! setzten die Pessimisten dazu, dem Teufel darf man nicht trauen, bis er im Grab liegt. Die Sektion war unterdessen vorbereitet; man ging daran, die Leiche zu entkleiden. Doch siehe da, die Wimper regt sich, ein Muskel zuckt, der Tote ist wieder lebendig geworden. Es war auch die *höchste* Zeit gewesen, denn das Sektionsmesser lag bereits auf dem Tische. So hatte die Lebenskraft des jungen Verbrechers über seine Willenskraft gesiegt; gegen alle Absicht befand er sich diesseits.

Mit aller Sorgfalt ward er nun zum Bewußtsein und dann wieder in die Keuche gebracht, um am nächsten Tag nach München spediert zu werden. Niemand mochte ihn gern »verwalten«; selbst das Gefängnis schien unsicher, so lang er darinnen war. Gleichwohl war er von stoischer Ergebung. Ja, es sah fast aus, als ob er kleinlaut geworden wäre, als ob er auf neue Todesarten sinne, statt sich des neuen Lebens zu freuen.

Am nächsten Tage wurde ein Bauernwagen eingespannt und Franzl, an Händen und Füßen gefesselt, nahm Platz auf demselben. Neugierig blickten die Leute auf das gefangene Wundertier. Langsam zog das Gefährt des Weges, der dicht am Ufer vorüberführte. Plötzlich knackt es leise, die Fesseln waren zerrissen – ein Ruck, und der Verbrecher schnellte aus dem Wagen. Kopfüber warf er sich in den See, daß die Wogen über ihm zusammenschlugen, und schwimmend suchte er das Weite. Da niemand von seiner Bedeckung ihm folgen konnte oder jeder einen Ringkampf in den Wellen vermeiden wollte, so wurde ein Schiff geholt, das dem Entwichenen nachfuhr. Trotz des Vorsprungs hatten ihn die flinken Ruderer bald erreicht, allein was nun? Anfangs tauchte er unter, um sich den Blicken der Verfolger zu entziehen; jedoch sein Atem war von der Anstrengung gar bald erschöpft. Ein wahres Gefecht begann. Da ihm anders nicht beizukommen war, so ergriffen jene die Ruder und schlugen ihn, so oft er emportauchte, mit aller Macht auf den Kopf, um ihn zu betäuben. Seine Eisenstirne aber war nicht zu brechen, noch weniger war es möglich, ihn zu packen und hereinzuziehen; denn wie wütend warf er sich auf das Schiff und suchte dasselbe umzuschlagen. Jetzt war die Gefahr auf der andern Seite, und man fand es geraten, die Verfolgung einstweilen einzustellen. Stürmisch brandeten die Wellen, als nach hartem *vergeblichem* Kampfe das kleine Schifflein an's Land zurückfuhr; jener dagegen erreichte das hohe Schilf, das ihm ein sicheres Versteck gewährte.

Erst als es dunkel wurde, kroch er aus demselben hervor und fand es angemessen, für einige Zeit zu verschwinden. Wochenlang hörte man nichts mehr von ihm, und viele glaubten, daß er im Sturm ertrunken sei. Plötzlich aber stand er wieder da, wie aus dem Boden gestiegen. Sein Wesen hatte sich nicht gebessert, dafür war die Feindschaft, die er gegen alles hegte, was Gesetz und Friede hieß, durch die letzten Niederlagen nur geschärft worden. Jetzt nahm er die Fehde mit erneutem Ingrimm auf; er hatte sogar einen Compagnon (mit vier Beinen) gefunden, denn ein riesiger gelber Wolfshund folgte ihm auf Schritt und Tritt. Forschend sah er seinem Herrn in die Augen und leckte die räuberische Hand; auch knurrte er der ganzen Welt so misanthropisch entgegen wie sein Gebieter. Dieser schien ihm nicht minder zugetan, denn wenn er seine Mahlzeit forderte, so reichte er ihm den ersten Bissen, und wer sich weigerte, dem zeigte der »Wolf« die Zähne, noch eh' sein Herr mit den Augen winkte. Er besaß die einzige Liebe, die dem Burschen geblieben war, und wenn man den beiden begegnete, so sah man's ihnen an, daß sie auf Leben und Sterben verbunden waren.

Unterdessen trieb es der Franzl ärger als je zuvor. Von Tag zu Tag ward er ungestümer und der Schrecken unter den Leuten größer. Eines Nachts hatte er wieder eine Bauersfrau geweckt, daß sie ihm kochen sollte. Zagend erschien sie am Fenster und weigerte sich der seltsamen Zumutung, während er unten vor der Altane stand. Da ergriff er das breite Messer und stieß es in's Haus, daß es durch die Balken fuhr. »Hast Du's g'sehn; 's nächste Mal trifft's *bei Dir*,« rief er drohend hinauf, und ging mit dem schäumenden Hund von dannen. Alle Nachforschung der Behörden blieb erfolglos, denn einen Schelm in den Bergen aufzuspüren, ist verlorene Mühe. Längst hatte die öffentliche Meinung ihn vogelfrei erklärt; und so geschah es denn, daß auch von Amts wegen ein Preis auf seine Einbringung gesetzt wurde. Es war das äußerste Mittel.

An der Straße, wo die Wege sich kreuzen, steht ein einsames mächtiges Wirtshaus. Es ist noch ganz im alten Stil errichtet; eichene Tische und steinerne Krüge. In der Bauernstube hängt das Fuhrmannszeichen, unter dem Ofen schnarcht der Kettenhund, und der Wirt ist noch der mächtige souveräne Gebieter. Hier saßen in später Stunde einige Genossen zusammen, den Hut auf dem Kopfe und die trotzige Feder weit vorgerückt. Plötzlich ging die Türe auf;

ein gedrungener Bursche trat herein und setzte sich bei ihnen am Tische nieder. Jeder kannte ihn, so gut wie wir ihn kennen.

Es war am selben Tage, wo der Steckbrief gegen ihn erlassen worden war. »Weißt du's schon, Franzl, daß sie dich verschrieben haben?« rief der eine. »Fünfzig Gulden kriegt der, der dich fangt«, versetzte ein anderer. »Das muß dich doch freuen, weil die Leut allweil sagen, du bist nix wert!« Lautes Gelächter scholl durch die Stube; der Franzl verzog aber keine Miene, sondern stemmte die Hände in die Seite und rief: »Nun ja, da habt ihr mich, so fang' mich halt einer, wenn ihr a Schneid habt und kein Geld.« Niemand rührte sich; nur unter dem Tische knurrte der gelbe Wolf, als ob er die Worte verstanden hätte. Schweigend setzte sich der Räuber nieder und trank dann gemütlich mit den andern weiter, wie er es so oft getan. Etwas stiller als sonst aber war er doch geworden, denn nach einer halben Stunde legte er seine Kupferkreuzer auf den Tisch und ging in die Nacht hinaus, ohne sich mehr umzusehn. Nur der Hund wandte den Kopf unter der Tür und zog zornig die Lippen empor, daß die riesigen Fangzähne heraussstachen. »Heut hat er keine Freud nit mit den Karten«, sagte der eine, der ihm ein verbotenes Hazardspiel angetragen hatte. »Glaub's gern«, erwiderte der Nachbar, »daß einen's Spielen nimmer freut, wenn man's selber verspielt hat.« Und dann rückten sie enger zusammen und munkelten: »Diesmal kommt er nimmer durch.« »Tot oder lebendig, heißt's in dem Schreiben«, fügte einer halbleise bei.

Zwei Tage waren seitdem verstrichen, da pochte der Franzl wieder an die Tür eines Bauernhauses. Es war in der Nähe von Gmund, auf jenem Höhenzug, der wie ein Riegel vor dem Gebirge liegt und von Tegernsee bis Miesbach hinüberreicht. Als die Bäuerin unter die Türe trat, erkannte sie wohl in verhaltenem Schreck den Missetäter, allein sie stellte sich, als ob sie einen Armen aufnähme, und hieß ihn in die Stube treten. Unterdessen rief ihr Mann die Nachbarn zu Hilfe. Lautlos schlichen die Gerufenen durch die Hintertüre in den Stall und berieten dort, wie man ihn überwältigen könne; aber keiner hatte den Mut dazu. »Tot oder lebendig, heißt es im Schreiben; wie wär's, wenn wir ihn niederschießen?« Unter den Herbeigeeilten war ein junger Soldat, der als guter Schütze berühmt und erst vor wenigen Tagen vom Regiment zurückgekehrt war. Dieser beurteilte den Fall nach Standrecht und meinte, daß nicht für die Einbringung des Toten, sondern für die Tötung der Preis bestimmt sei. Der bringt doch noch einen um, wenn er weiter lebt, dachte er sich, und da ist's besser, ich bring' ihn selber um. »Hinten beim Ofen hängt mein Zwillingsstutzen,« flüsterte der Bauer, und dann trat atemlose Stille ein.

Unterdessen hatte der Franzl sein Mittagsbrot verzehrt und rüstete sich zum Aufbruch.

»B'hüt' di Gott, Bäuerin«, rief er, »und wenn dich wer fragt, wem du aufgewart' hast, dann sag' nur: dem Wiesbauerlumpen.«

Mit diesen Worten trat er vor die Tür; von der andern Seite aber eilte ein schlank gewachsener Bursche in die Stube, der noch die blaue Soldatenmütze trug. Schweigend nahm er die Büchse von der Wand und verbarg sie unter dem Fenstersims, dann öffnete er leise die kleinen Scheiben.

»Nicht so g'schwind, Franzl«, rief er dem Dahingehenden nach; »diesmal bleibst stehen, oder es schnallt.«

Jener wandte sich um und lachte mit lautem Hohne.

»Wer mir was will, soll nur zu mir kommen; ich geh' niemandem zu G'fallen.«

Noch ein Schritt und ein sausender Knall erdröhnte. Wie ein Baum zu Boden schlägt, sank der Getroffene darnieder; stromweise quoll das Blut aus seinem Munde. »Faß«, rief er halblaut dem Hund entgegen. Es war sein letztes Wort. Mit den Fingern riß er die Erde auf, noch ein paar Mal zuckte sein Körper, und dann lag eine Leiche auf dem Boden. Der Hund aber stürzte wie rasend auf das geöffnete Fenster, als wollte er mit einem Sprunge den Kreuzstock niederreißen. Da krachte der zweite Lauf des Stutzens, und auf halbem Wege brach das treue Ungetüm zusammen. Röchelnd kroch er noch bis zur Stätte, wo die Leiche seines Herrn lag, und nach wenigen Atemzügen verschied er.

Es war ein seltsamer Zufall, daß ich gerade an diesem Tage aus der Stadt in die Berge kam und gerade auf jenen Weg, wo das Ereignis stattgefunden hatte. Da die Gerichtskommission erwartet wurde, so durfte an der Stellung der Leiche nichts geändert werden, und das ganze Drama, wie es vor wenig Stunden sich zugetragen hatte, lag noch vor meinen Augen. Sonderbar ward es mir zumute, als ich den Gefährten hier wiederfand, mit dem ich einst in tiefer Nacht gewandert war.

Weil alle Nachstellungen so lange vergeblich blieben, so hatte sich vielfach das Gerücht verbreitet, daß der Franzl verhext sei und ein Zaubermittel besitze, um sich unsichtbar zu machen. Merkwürdigerweise fand sich in seiner Tasche (als man die Leiche untersuchte) eine Wurzel von räselhafter Gestalt. Was er damit bezweckte, hat niemand erfahren, daß aber jener Aberglaube dadurch nur befestigt ward, kann man sich denken. Die Wurzel aber, die niemand zu nehmen wagte, liegt noch heute in meinem Schrank.

Heinrich Noë

DIE WILDSCHÜTZEN

Wie unbarmherzig der Kampf zwischen Wilderern und Jägern sein konnte, schilderte Heinrich Noë 1865 in seinem Bayerischen Seenbuch. *Noë, 1835 in München geboren und 1896 in Bozen gestorben, hatte 1863 seine Bibliothekarsstelle am British Museum in London aufgegeben und war freier Schriftsteller geworden. Mit seinen eindrucksvollen Naturstudien, die zumeist auf persönlichem Erleben beruhten, und seinen genauen Personenskizzen wurde Noë schnell berühmt. Seine Bücher, die bis heute immer wieder aufgelegt werden, vermitteln ein facettenreiches Bild der bayerischen Landschaft und der bayerischen Menschen in der zweiten Hälfte des 19. Jahrhunderts.*

Der alte Tacitus erzählt von der Vorliebe unserer Ahnen für die Jagd. Wo Forste und Wild sind, verleugnet sich diese auch heute nicht.

Das Wildschützenwesen ist in der Gegend von Tegernsee mehr ausgebreitet als in irgendeinem Teil des bayerischen Hochlandes. Das Wild ist zahlreicher als in jedem anderen Jagdrevier. Der größte Teil der Gebirgsjagd ist zeitweilig von den Gemeinden aus Rücksicht für den verstorbenen König, einen leidenschaftlichen Jäger, an die Krone abgetreten und wird deshalb von königlichen Jägern geschützt. Es ist selbstverständlich, daß sich manche dieser Herren als außerhalb des Gesetzes stehend dünken.

Der gewöhnliche Bauernverstand will es einmal nicht begreifen, daß die Tiere, welche frei im Wald und auf den Bergen herumlaufen, nur für die Passion einiger Hofkavaliere vorhanden sein sollen. Die Wohltaten des Grundgesetzes sind dadurch auf einige Zeit suspendiert.

Ich will statt vieler Unglücksgeschichten nur einen Fall erzählen, welcher einen Einblick in die beklagenswerten Übelstände der gegenwärtigen Verhältnisse vorzugsweise gewährt.

S. und D. von Waakirchen (einem Dorfe zwischen Tegernsee und Tölz) waren bekannte Wildschüzen. In einer Sommernacht brachen sie wieder einmal auf; sie gingen in südöstlicher Richtung gegen den Kampen zu. Gegen Tagesanbruch erreichten sie eine tiefe Rinne, einen Graben, durch welchen der ›Wechsel‹ des Wildes herabging. Da es noch nicht Zeit war, legten sie sich auf eine kleine Weile schlafen. S. lag weiter oben, D. mehr gegen den Grund des Grabens. Als die Morgendämmerung das Dunkel lichtete, gellte plötzlich oben das Pfeifen eines Bockes. S., der schon einige Augenblicke munter war, kroch sogleich an den Rand hinauf. Kaum hatte er aber diesen mit der oberen Hälfte seines Körpers überragt, als ein Schuß fiel und er, in die Brust getroffen, zurückstürzte. Er schleppte sich noch durch den Graben auf die halbe Höhe des anderen Randes und starb in sitzender Stellung. D. ergriff augenblicklich die Flucht.

Der erste Verdacht der Täterschaft fiel auf den Forstwart J. und dessen Sohn. Beide waren zwar in der Frühe desselben Tages ebenfalls im Walde und nicht sehr weit von der verhängnisvollen Stelle – aber es gelang ihnen, ein Alibi darzutun, welches das Gericht, wenn auch nicht die öffentliche Meinung, befriedigte. Es glühte unter der Asche; die Erbitterung gegen den jungen, neunzehnjärigen J. war unter der Jugend der Gegend eine große. Sicher ist, daß ihm mancher den Tod geschworen haben mag. Denn unter den Wildschützen herrscht der Trieb der Blutrache wie unter den entzweiten Stämmen Montenegros oder Korsikas.

Eines Abends ging ein Tiroler, der im Verdacht des Wilddiebstahls stand, an einem Bauernhause auf dem westlichen Ufer des Tegernsees vorüber. Der ältere Sohn des Hauses, ein naher Bekannter dieses Tirolers, erkannte ihn trotz der einfallenden Dämmerung und rief ihm aus dem Fenster zu: »Nu, Hiesl, woher?«

»A bisl g'jagert hab i«, antwortete dieser.

»Nu, fürchst di denn nit vor dem jungen J.?«

»Kunnt sein, daß i ihm eins aufpelzet, bald i 'hn sach.«

Damit war die Unterhaltung vorbei. Der jüngere Bruder des Bauernsohnes war in diesem Augenblick etwa hundert Schritte vom Hause entfernt. Es war ein schlankgewachsener junger Mensch von ungefähr fünfzehn Jahren; er trug eine graue Joppe und lederne Hosen bis an die Knie. Die Waden waren frei, und auf dem Kopfe hing das grüne Hütchen. Geradeso war in der Regel der verhaßte Sohn des Forstwarts gekleidet.

Als der Tiroler seines Weges daherkam, stand dieser Bursche eben hinter einem Zaun. Der mutwillige Knabe pflegte nicht selten Begegnende mit den Worten zu begrüßen: »Halt still, oder i schieß!« Es sind dies Worte, welche schon mancher blutigen Szene auf den Felshöhen der Berge vorausgegangen sind.

Der Knabe dachte an gar nichts Böses, und so rief er nach seiner Weise dem Tiroler auf der Straße zu: »Halt still, oder i schieß!«

Den Tiroler drückte das scheue Gewissen eines Menschen, der auf unrechtem Wege wandelt. Sofort sprang er, um sich zu decken, nach Wildschützenart hinter einen Baum, machte seine Büchse schußfertig und lauerte.

Bald erkannte er die Gestalt hinter dem Zaun, und nun war für ihn kein Zweifel mehr, daß er den Todfeind seiner Genossen, den jungen J., sich gegenüber habe. Die Kleidung, die Größe schienen ihm in der Dämmerung dieselben. Auch die jugendliche Stimme hatte denselben Klang.

Der Junge ergötzte sich an dem Schrecken des Tirolers. Dieser unterbrach das Stillschweigen: »Steig aufi auf'n Zaun, wennst a Schneid hast!«

Der Junge ließ sich das nicht zweimal sagen. Munter wie ein Wiesel war er mit einem Sprunge oben. In demselben Augenblicke aber sank er, vom Schuß des Tirolers in den Unterleib getroffen, mit dem Rufe: Jesus Maria und Joseph! vom Zaune auf den Rasen.

Der Tiroler rannte heim, nicht wenig siegesfroh, dem verwünschten J. den Garaus gemacht zu haben. Als er in seinem Bauernhause zu Dürrnbach (unter der Nordspitze des Sees) ankam, weckte er einen anderen Knecht und sagte: »Du, i hab'n J.-Buabn derschoß'n. Du mußt mer Zeug'n stehn, daß i dahoam g'west bin.«

Der aber wollte von der zugemuteten Zeugenschaft nichts wissen.

Mittlerweile war der Knabe im Blute schwimmend aufgefunden worden. Er litt entsetzlich. Doch konnte er den ihm bekannten Tiroler als Mörder bezeichnen. Die Gendarmen holten ihn aus dem Bette. Als er zur Obduktion der Leiche geführt wurde, war weder irgendeine Bewegung an ihm wahrzunehmen, noch gab er eine Äußerung des Mitleids oder des Bedauerns von sich. Die Geschworenen fanden ihn des Totschlags schuldig.

Karl Stieler

Die Wildschützen im bayerischen Gebirg

Karl Stieler, der Jurist und Schriftsteller, war einer der engagiertesten Kämpfer gegen das Wildschützentum. Zuviel Leid hatte er selbst gesehen. Aber er wußte auch, daß Gesetze allein nicht ausreichten, um Bauern oder Knechte vom Wildern abzuschrecken. »Nur eine veränderte Anschauung kann diese Verhältnisse berichtigen«, hatte er schon früh erkannt. Seine zahlreichen Aufsätze und Erzählungen über die Jagd und das Wildern sind in diesem Sinne zu lesen – als ernsthafte Warnung vor einem letztlich sinnlosen und höchst gefährlichen Treiben. Am bekanntesten wurde seine Erzählung über die Wildschützen im bayerischen Gebirg, die ursprünglich in seinem zusammen mit Herman Schmid verfaßten »Gedenkbuch« Aus deutschen Bergen (Stuttgart 1873) erschienen ist und unterdessen mehrfach nachgedruckt wurde. Auch wir wollten darauf nicht verzichten.

Es ist wohl der Frage wert, worauf denn der unvertilgbare Hang zum Wildern, der unserem Gebirgsvolk von Alters innewohnt, beruht. Er hat zwei Wurzeln, eine edlere und eine gemeine. Die erstere liegt in dem Gefühl, das schon Schiller mit seinem Schützenlied dem Knaben Tell's in den Mund legt: in der Sehnsucht nach Freizügigkeit. Es steckt ein aristokratischer Zug im Charakter der Bergbewohner, ein souveränes Bedürfnis freier Bewegung, das den dortigen Bauern am stärksten von dem unbeholfenen, an der Scholle klebenden Bauern des Flachlandes unterscheidet.

In den Bergen ist die Freiheit schon von der Natur begünstigt; das Atmen einer schärferen Luft, die Gewohnheit einer stärkeren Bewegung ist es, die den Gebirgsländer kühn, ritterlich, für andere interessant gemacht hat. Derselbe Zug ist es, der ihn auch zum Wildschützen gemacht hat. Denn für diesen Hang zu freiem Schweifen ist die Jagd wie geschaffen. Sie gibt den ziellosen Wegen ein Ziel; sie gibt den Reiz der Schwierigkeit und der Gefahr. Man fühlt sich noch einmal so stolz, wenn man die Waffe über der Schulter trägt, man ist kein Bauer mehr, man ist ein – Freier.

Der andere Zug, der zum Wildern lockt, ist ein kommunistischer. Fast in allen Staaten hat der Kampf um das Jagdrecht eine politische Rolle gespielt, die von der besitzlosen Klasse im gleichen Sinne ausgebeutet wurde. Während sich die Juristen die Köpfe heiß stritten, wurden andere mit der Kontroverse schneller fertig und sagten einfach: das Wild ist herrenlos, das Wild ist frei. Diese Idee besteht auch heutzutage noch, trotz aller Jagd- und Strafgesetze; sie drückt sich noch schärfer in dem Satz aus, den man dutzendmal hören kann – das Wild ist für die *armen Leute*! Nicht Freiheit der *Person*, Freiheit des *Eigentums* begehren diese.

So haben viele solcher armen Leute zur Büchse gegriffen, und von dieser Sorte des Wildschützen ist nur ein Schritt zum Verbrecher. Sie treiben die Jagd nicht zur Lust, sondern zum Erwerb, sie sind keine Jäger, sondern Diebe. Das Unwesen an sich hat zu allen Zeiten bestanden; aber warum blüht es heutzutage ärger als je? Der nächste Grund ist natürlich wie überall der Widerstreit der Interessen, aber ich glaube, man darf das polemische Element nicht unterschätzen, das in unserer Zeit bis in die unteren Klassen durchdrang und alle Parteien und Gegensätze einander schroffer gegenüberstellte. Die junge Generation ist in einer so oppositionellen Luft herangewachsen, daß es den schlimmeren Elementen derselben leicht wird, auch die Behörde und die Vorgesetzten unter den Begriff der Partei zu stellen, das heißt als ihre natürlichen Gegner zu betrachten.

In dieser Weise steht ein Teil der Forst- und Jagdfrevler den Forstbehörden gegenüber – mit einer Eigenmacht, die duldsamere Zeiten nicht gekannt haben. Die rauhe Lebensweise schärft den rauhen Sinn der Vagabunden; die Verleugnung ihres Ansehens zwingt die Forstbeamten, dasselbe um so entschiedener zur Geltung zu bringen. Und wer könnte sich noch wundern, wenn unter diesen Eindrücken Beziehungen entstehen, die man nur in diplomatischer Sprache als »herzliches Einverständnis« bezeichnet. Nach allen Seiten hin hat sich eine Rivalität gebildet – an Kraft, an Glück, an Schlauheit, man sucht sich zu überlisten, zu überholen, zu übertreffen und im schlimmsten Falle zu – treffen. Manche dieser Reibungen haben keinen anderen Zweck, als sich gegenseitig zu foppen, dann wirken sie komisch, weil die Bravour, die dabei entwikkelt wird, geradzu in's Kolossale geht. *Exempla sunt odiosa* – aber das tut nichts.

Vor mehreren Jahren kletterte ein wilder, schmächtiger Bursche in den Felsen eines Berges herum, den vielleicht manche der Leser selber bestiegen haben. Er war müde geworden und meinte, eine kleine Siesta, ein beruhigendes Mittagsschläfchen wäre ihm wohl zu gönnen. Langsam und vorsichtig schob er sich durch das Latschengestrüpp an einen Felsvorsprung, wo die Wand sieben Klafter tief abfiel. Dort legte er sich nieder; der Rucksack, in dem sich der auseinandergeschraubte Stutzen befand, kam unter das Haupt und auch ohne gutes Gewissen ruhte er doch bald sanft. Minder sanft war das Erwachen. Der Förster – der ihn nicht kannte – stand mit gespanntem Hahn vor ihm und weckte ihn durch einen Fußtritt.

Mit wilden Sätzen sprang der Bursche in die Höhe; was war zu tun? Die Büchse lag ja im Rucksack; der Weg war ihm vom Förster vertreten und auf der andern Seite – die Felswand. Er sollte als Gefangener mit dem Förster hinuntersteigen, so lautete dessen bestimmter Befehl – aber das war unmöglich. »Die Schand vor seinem Dirndl, – wenn er so zum Gericht müßte« – die hält er nie und nimmer aus. Verzweifelt nestelte der Wildfang an dem losen Halstuch, es war nicht lange Zeit zum Besinnen. An ein Entrinnen war nicht zu denken, denn die Wand war sieben Klafter tief, und sieben mal sechs tut zweiundvierzig. Unten lag hohes Steingeröll; wer zweiundvierzig Fuß darauf hinunterspringt, zerschmettert sich alle Knochen. Aber das Dirndl! »Die Schand vor dem Dirndl.« – Der Bursche stand dicht am Abgrund, seine scheuen Seitenblicke maßen die Tiefe. »Jesus Maria und Joseph!« schrie er laut – ein Sprung – man sah noch die Hand, die nach dem Latschenaste griff und daran hinunterfuhr; der Ast schnellte zurück in die Höhe – ein dumpfer Krach – horch! – und weg war er.

Der alte Förster stand da, wie begossen. »Sakrament,« sprach er halblaut; »diesmal kriegt der Teufel einen warmen Braten; der ist maustot, wie er hinunterkommt.« Leise regten sich die Gewissensbisse in der zottigen Brust des Alten: »Hätt ihn doch nicht so in die Verzweiflung treiben sollen; Wildern ist eine Todsünd', den hab ich pfeilg'rad in die Hölle hineingesprengt.« Es gruselte ihn fast, hinabzusehen; ratlos schweiften seine Blicke über die Halde hin, die unter dem Steingerölle lag; da klang auf einmal ein Juhschrei zu ihm empor. Er sah jemanden im Fluge über die Halde laufen und dieser jemand war – sein Gefangener.

Als er außer Schußweite war, blieb er stehen und schwenkte den Hut: »Guten Abend, Herr Förster«, rief er herauf, »ich bedank mich halt schön, daß Sie mich so gutwillig ausgelassen haben. Und noch was möcht ich halt bitten – nit wahr, laufen's mir fein nicht nach und springen's ja nit über die Wand da runter. 'S ist nit wegen mir, 's ist mir bloß wegen Ihnen, denn dös prellt verdammt in die Füß.« Dann jauchzte er noch einmal und verschwand im Walde. Der Förster, fuchswild, sprach jetzt gar nicht mehr vom Zuchthaus, sondern gleich von der Hölle. »Wart' nur, dich bring ich doch noch nunter in die Höllen,« sagte er laut vor sich hin; einstweilen aber beneidete er ihn um – solche Knochen.

Der Vater dieses Knochenhelden heißt Hans-Anderl. Das ist des Jungen graues Vorbild, noch jetzt ganz derselbe fidele Schelm, denn wenn der Bub weit weg ist, dann stiehlt der Alte seinem eigenen Buben Pulver und Blei und geht selber zum Wildern. Wie sonderbar gucken die grauen schlauen Augen aus dem rußgefärbten »Gefriß«; seine weißen Stoppeln hat er mit schwarzem Wollenbart maskiert und troddelt lustig durch die Morgendämmerung. Er ist der Überzeugung, daß Gott die gute Sache begleitet. Für einen Siebziger geht's mit dem Steigen noch ganz passabel; erst in der tiefen Mulde, die vom Gipfel des Berges nach Osten neigt, macht er eine kleine Rast. Jetzt heißt es »Öhrl spitzen«. »Horch – jetzt rasselt es. Da kommt schon einer«, denkt der alte Hans-Anderl und sinkt andächtig auf die Knie. Ein prächtiger dunkelfarbner Bock klettert dicht vor ihm durchs Gestein. – »Haha, der kennt mich nimmer«, denkt sich der Alte lächelnd, »weil er so nahe vorbeiläuft; der meint, der Hans-Anderl steigt ja doch nimmer 'rauf und ein anderer trifft z'erst nix.« Im nächsten Augenblicke knallt's, und der Gemsbock stürzte mit einem riesigen Satz zu Boden. Anderl aber versteckte den rühmlich Gefallenen sorgfältig unter den Tannenzweigen, denn zum Hinuntertragen ist er doch zu schwer; »den muß heute nacht der Bub abholen.«

Unterdessen hatten den Schuß, der in einsamer Morgenfrühe weit durch die Berge hallte, zwei Jäger vernommen.

»Das war ein Wilderer«, meinten sie und folgten dem Knall. Bald waren sie auf der Höhe des Grates angelangt, wo man in die Mulde hinuntersieht – »bst«... – winkte der eine, »da schau hinab; siehst du was? Das Tröpfl dort hat geschossen.« Der andere zog das Fernrohr hervor, und nun konnte man's ganz deutlich sehen, wie der alte maskierte Sünder zwischen dem Steingeröll herumlungerte, ohne das Damoklesschwert zu ahnen, das über seinem Haupte hing. Es wurde beschlossen, ihn zu umgehen, und als sie auf dreihundert Schritte herangekommen, da hieß es – »Halt, wer da?«

Der jugendliche Alte schnellte empor, wie vom Blitze gerührt, aber statt eine Antwort zurechtzulegen, legte er die Büchse an die Wange. Zu spät – drüben hat's schon geknallt, das Gewehr fiel ihm aus den Händen, und von rücklings stürzte er ins Gerölle.

Hin ist hin, dachten die Jäger und zogen ihrer Wege, ohne das Opfer lang anzuschauen; in einigen Tagen wird man ihn schon finden. »Wenn wir nur sicher wüßten, wer es war«, flüsterten die beiden zueinander. »Am Ende war's gar der alte Hans-Anderl; das wär verdammtes Mißgeschick, denn vor dem seinem Buben ist niemand sicher. Die Hauptsache ist jetzt nur, daß kein Mensch erfährt, wer ihn erschossen hat;« dem Förster wollen sie's gestehen, aber sonst darf es niemand wissen. Spornstreichs auf heimlichen Fußsteigen liefen sie hinab und klopften an die Türe des Försters.

Der Bericht klang sehr lakonisch. »Herr Förschtner«, sagten sie, »dösmal hat's einen z'sammengerissen: grad haben wir ihn niederg'schossen.« — »Herrgottsakrament«, polterte der Förster, »schon der zweite dies Jahr. Was war's denn für einer, war er geschwärzt, kennt ihr ihn? Hoffentlich ist's nicht der alte Hans-Anderl, weil's immer heißt, daß der da droben wildert, das gäb viel böses Blut unter den Leuten!«

»Ja, wahrscheinlich wird's *der* sein«, erwiderte der eine bekümmert, »g'wiß wissen wir's nit, aber ein alter Kerl ist's gewesen, soviel haben wir schon gemerkt.«

»Herrgottsakrament«, brummte der Förster abermals — »wenn der morgen abgeht, und seine Leute suchen ihn, das wird eine schöne Suppen geben.« Mit gesenkten Häuptern standen die beiden Missetäter da und drückten sich lautlos zur Tür hinaus. Es war ein fataler, verdrießlicher Tag im Forsthaus. Der Herr hatte keinen Appetit (obschon es Knödel gab, welche sonst seine Lieblingsspeise waren), der Daxel bekam ganz unmotivierte Prügel, und die Kinder verkrochen sich auf den Heuboden, um nicht das gleiche Schicksal zu teilen.

Unterdessen schlug der Hans-Anderl, der oben in der Mulde lag, die grauen Äuglein auf und akzeptierte die Situation. Es war nur ein Schrotschuß gewesen. Sorgsam untersuchte er die Wunde, fünf oder sechs der fatalen Körner sind im Schenkel steckengeblieben. In Ermanglung eines chirurgischen Bestecks zog der alte Praktikus sein Eßbesteck aus der Tasche und begann mit dem Messer die Operation. Ein Schrot nach dem andern bohrte er aus der Wunde, und als er sie alle sechse hatte, steckte er sie ein, stand auf und ging von dannen. »Wenn sie nur meinen Gemsbock nicht gestohlen haben«, dachte er sich, aber Gott sei Dank, der Gemsbock war noch am alten Fleck.

Jetzt kam erst die zweite Frage, ob ihn die Jäger am Ende trotz der Verlarvung erkannt hätten! Dann muß er vor's Gericht, und die Bauern fürchten das Gericht noch heutzutage mehr, als die Hellenen ihrerzeit den Tartarus. Da galt es einen Meisterstreich auszuführen. Das Forsthaus war etwa zwei Stunden von der Stelle entfernt, wo sie ihn »totgeschossen« hatten; wie wär's denn, wenn er jetzt schnurgerad hinunterstiege und sich beim Förster sehen ließe, um nach irgendeinem gleichgültigen Ding zu fragen? Dann kann doch kein Mensch mehr glauben, daß er derjenige gewesen sei, den die Jäger für tot und lebendig auf dem Platze gelassen. — Gedacht, getan. An einer befreundeten Quelle, die er zugleich als Spiegel und Waschbecken benützte, wusch er sich das schwarze »Gefriß«, sein Stutzen ward unter einem Stein am Kreuzweg versteckt, und das übrige wird sich wohl finden.

Mit der rosigen Laune, die wir immer haben, wenn wir Streiche machen, stieg er herunter und klopfte an das Försterhaus. Dem Förster war das Gespenst des Hans-Anderl den ganzen Tag vor den Augen herumgegeistert, nun konnte er kaum sein freudiges Erstaunen verbergen, als der leibhaftige – Hans-Anderl vor ihm stand.

»Sie haben neulich ein paar Holzfuhren bestellt, Herr Förster«, sprach dieser in devotem Tone; »ich möchte nur fragen, bis wann Sie's haben wollen, weil ich ohnedies gerade in der Nähe bin.«

»Das ist jetzt g'spaßig«, erwiderte der Förster; »heut haben wir von dir gesprochen. Es heißt manchmal, du gingst stark wildern, und heut früh hab' ich munkeln hören, daß wieder einer wär' erschossen worden. Und jemand hat gleich gar gemeint, du wärst derselbige.«

»Geh, laß mich aus, Herr Förster, mit solchem G'spaß«, sprach Hans-Anderl halb scherzhaft, halb moralisch entrüstet. »Da schauen's einmal dös Fußg'stell an, wie mühsam ich dahergeh', da ist's mit dem Wildern wohl vorbei. So – erschossen haben's wieder einen – g'schieht ihm recht, dem Spitzbuben.«

Damit verband er ein ehrfurchtsvolles Kompliment und ging seiner Wege. »Das Holz bring' ich schon morgen«, rief er durch's Fenster nach. »Wenn auch einer hin ist«, sprach der Förster, »ich bin nur froh, daß es der nicht ist. Aber sehen kann man's wieder, wie leicht man einem Menschen Unrecht tut. Der alte Krüppel da und wildern!«

Solche Fälle machen es begreiflich, daß sich das oberbayerische Volkslied mit seiner stark humoristischen Tendenz ganz besonders in diesen Stoffen entwikkelt hat. Es liegt das Rührende und das Mutwillige nirgends so nahe beisammen als in dem, was einem Wildschützen passieren kann, und darum haben wir Lieder von fein elegischer Tonart bis zur tollsten Satire:

> Und bal i amal stirb,
> Brauch i Weihbrunn koan (kein Weihwasser),
> Denn mein Grab dös wird naß
> Von mein Dirndl sein Woan' (Weinen).

In den andern sprudelt der Übermut, der manchmal beinahe genial, eine Schelmerei, die manchmal unsäglich komisch ist. So handelt eines dieser Trutzlieder von einer Haussuchung, die bei einem Verdächtigen nach dessen Gewehr gehalten wird. Auf drastische Weise ist es beschrieben, wie die Jäger kommen, wie sie schnüffeln und alles durchstöbern, den Strohsack aufschneiden und die Bettlade umkehren. Nach beendigter erfolgloser Suche serviert ihnen der Verfolgte einen Teller mit Sauerkraut, davon er ein frisches Faß im Hause hat und das ihnen vortrefflich mundet. Am Boden des Fasses aber war der sorgsam zerlegte Stutzen verborgen.

> Und nur ins Sauerkraut
> Da haben's nit einig'schaut,
> Das Kraut habn's abig'fressen
> Und d'Bix ham's ganz vergessen.

So lustig geht's freilich nicht immer aus. In der Gegend des Isartals hauste vor einiger Zeit ein Forstwart, welcher weit und breit gefürchtet war. Sieben Schuh war er hoch, funkelnde Augen, offene Brust und ein grauer, grimmiger Schnurrbart! Wenn er so dahinschritt im Walde, sah er aus, wie der leibhaftige Nimrod. Neun Menschen hatte er schon erschossen und fast jährlich kam ein neuer dazu; man hatte ihm Rache geschworen und Briefe gelegt, daß sie ihn lebendig in seinem Hause verbrennen wollten, aber der Alte kannte keine Furcht. Bei Nacht und Nebel stieg er in den Bergen herum, mit der Kugel im Laufe und seinem Buben zur Seite, der ihm nachlief wie ein gieriger Jagdhund. Auch auf den Buben hatten sie geschossen, aber jeder ging fehl; am Ende sind sie kugelfest.

Eines Tages, da er allein umherschweifte, trat ihm eine Rotte von sieben oder acht vermummten Gestalten in dem Weg und diese fingen den alten Nimrod lebendig. Dann werfen sie ihn zu Boden und knebeln ihn, und nachdem sie ihn greulich gelästert hatten, ward er an einen Baum gebunden, um dort zu verhungern. Drei Tage und Nächte stand er also da mit weitgespannten Armen; er sah wie der Mond heraufstieg, wie der Hirsch durch's Dickicht brach und erschreckt an ihm vorübersauste, wie der Morgen und wie der Abend graute. Am dritten Abend kamen sie wieder, und weil er noch lebte, so sollte ihm das Leben geschenkt sein. Sie banden ihn los und bildeten Spalier, durch das er Spießruten laufen mußte. Hoffentlich gaben ihm die Kolbenstöße einen Denkzettel, aber wenn's noch nicht genug ist, dann fliegt beim Nächsten, den er totschießt, der rote Hahn auf's Dach.

Vierzehn Tage später erschießt er den Nächsten – doch eh' noch der Hahn kam, kam die Ordre, die ihn versetzte. Er ward hinausgesetzt weit weg in's flache Land, und als er fortzog aus den Bergen, weinte er wie ein Kind. Das ist die echte, wilde Gebirgsnatur – so grausam und zugleich so weich.

Im Laufe des vergangenen Sommers ward ich zu mehreren Sektionen beigezogen, die an erschossenen Wilderern gemacht wurden. Der eine war gar ein frischer, lustiger Gesell gewesen, hellbraun, hochgewachsen, kaum neunzehn Jahre. Er arbeitete über Tag in einer Sägemühle, bei Nacht aber, wenn die Räder stille standen, trieb es ihn hinaus ins Weite. Allenthalben war er beliebt, weil er so wunderschön Zither schlug und sang – wenn er abends vor der Mühle saß, wenn die Burschen und Mädchen zum Haingart zusammenkamen.

Zwei Tage vorher hatte ich ihn noch jodeln hören; es war ein peinliches Gefühl, als ich nun hineintrat in die Totenkammer, wo er in seinen gewohnten Kleidern auf dem Schragen lag. Schon die kräftigen Schuhe, die kurzen Hosen und die flotte Joppe hatten etwas Befremdendes; man kann sich diese bewegliche malerische Tracht gar nicht an einem Toten denken. Die Kugel war ihm vom Rücken ins Herz gedrungen, und wie er so dalag – die prächtige Gestalt–, da fiel mir unwillkürlich Siegfried im Wald und auf der Bahre ein.

Man begann ihn auszukleiden, die Taschen wurden untersucht – und ein

Zufall, den ich nie vergessen werde, ist mir da begegnet. Als wir nämlich in die Brusttasche griffen, fand sich ein Stück Papier, auf dem mit Bleistift einige frische Zeilen standen. Es waren die ersten Verse eines Wildschützenliedes, das der arme Schelm beim frühen Morgenlicht sich aufgeschrieben:

> Und sollt ich heut noch müssen
> Im Wald mein Leben büßen,
> Ich bleib halt doch getreu
> Bei meiner Wilderei.
> Einmal trifft's uns ja alle...

Hier brachen die Verse ab, ehe er den letzten dazugesetzt, war der erste in Erfüllung gegangen. Ich habe das Blatt zu mir genommen und bewahre es stets als ein charakteristisches Andenken.

Mehr gräßlich als schön sah ein anderer aus, den die Grenzjäger zwischen Kreuth und Achenthal getötet hatten, denn der lag noch in der ganzen Vermummung auf dem Totenbett, mit falschem Bart und rußigem Gesicht, die Faust auf der Brust geballt. Niemand kannte ihn, aber einzelne Spuren, die man bei ihm fand, wiesen darauf hin, daß er von Länggries daheim war. Sofort wurden ein paar Bauern, die aus der dortigen Gegend gerade anwesend waren, als Identitätszeugen berufen. Neugierig, mit einem rohen Schauder traten die Sachverständigen heran an den Toten. Man nahm ihm den schwarzen Bart weg, man wusch ihm das Gesicht – und nun lag er da, als ob er lebte.

»Das ist der lange Sepp von Länggries«, sprach der eine, »der war vierzehn Jahr lang mein Nachbar.«

»Ja, der ist's«, sprach der andere halblaut, und dann eilten beide zur Türe hinaus, als ob sie fürchteten, zum Verräter des Toten geworden zu sein.

Mitten im Herzen fand sich ein Stück gehacktes Blei; der Tod mußte ihn wie ein Blitz getroffen haben. Zu später Nachmittagsstunde kam ein unheimlicher Zug von zehn oder zwölf Gesellen über die Berge herüber, und sie meldeten sich beim Amte. Ihre Worte hatten so etwas bang Verlegenes, ihre Haltung so etwas Drohendes und Forderndes; es waren die Freunde des Gefallenen, die sich dessen Leiche ausbaten, um sie daheim zu begraben. Man gewährte es ihnen, und in finsterer Nacht fuhren sie den zerstückelten Körper in einem wohlverpichten Sarge von dannen. Zu den beiden Seiten des Leiterwagens saßen und gingen sie als Ehrenwache; man hörte nicht, was sie zu einander flüsterten beim Rasseln der Räder, doch es klang wie Rachegedanken. – Länggries ist jetzt das eigentliche Zentrum des Wildschützenwesens, der Menschenschlag ist dort rauher, die geographische Lage günstiger als irgendwo. Außerdem ist die Isar, die aus dem Karwendelgebirge hier vorüberströmt, jederzeit bereit, die diebischen Gemsbraten und Rehschlegel nach München zu spedieren.

So haben's die Alten nicht getrieben, und deshalb beklagen sie auch hier (wie beim Haberfeldtreiben), »daß die Wilderei in Verfall gekommen sei«. Die *jun-*

gen Spitzbuben sind zu sehr vom Geist der Neuzeit angesteckt, von dem Anne-
xionsgenie der Gegenwart. Früher hat einer jahrelang gespart, um sich endlich
einen Stutzen zu verdienen; jetzt stehlen sie schon das Gewehr und dann den
Gemsbock, und dann den Schubkarren, auf dem sie ihn weiterführen. Sie sind
auch grausamer geworden gegen Wald und Wild. Früher wußte man manchen
rührenden Zug zu berichten, daß die verwundete Hirschkuh und das verwaiste
Rehkalb beim Wildschützen Zuflucht vor dem Jäger fand; jetzt schießen sie das
Kalb und die Mutter über den Haufen. So sagen die Alten, und sie haben nicht
ganz unrecht. Der Wilderer, welcher aus Leidenschaft jagt, schont die Jagd,
weil er sie liebt und für sein Recht hält; der Wilddieb, welcher sein Unrecht
übt, verwüstet, was er nicht stehlen kann.

Wohin diese Unsitte führt, wenn sie sich eines Menschen ganz bemächtigt
hat, mag die folgende Geschichte zeigen, die ich vor einigen Jahren selbst
erlebt habe, und vor der ich noch heute ein Grauen nicht unterdrücken kann.

Georg Stöger-Ostin

GEORG JENNERWEIN – DER WILDSCHÜTZ

*Es gibt nur einen in der Legion der Wildschützen und Wilddiebe, der dem bayerischen
Hiasl an Berühmtheit gleichkommt, und das ist der Jennerwein Girgl vom Schliersee«,
schreibt Andreas Aberle in seinem Buch* Es war ein Schütz in seinen schönsten Jahren *(Rosenheim 1972). »Sein Konterfei prangte um die Jahrhundertwende auf zahlreichen Pfeifenköpfen, Bierkrugdeckeln und Suppentellern, und noch heute kann man ihn
auf der Blechplatte seines Grabkreuzes im Friedhof zu Westenhofen bei Schliersee
bewundern. « Berühmt wurde der Holzknecht Georg Jennerwein weniger durch sein abenteuerliches Leben als durch seinen ungewöhnlichen Tod. Denn er starb nicht im frontalen
Zweikampf Wilderer gegen Jäger, sondern wurde ermordet – am Leonharditag
(6. November) 1878 am Peißenberg. Jennerweins Feinde am Tegernsee, das waren der
Förster Mayr und die beiden Jagdgehilfen Lechenauer und Pföderl. Vor allem Pföderl
haßte seinen früheren Kriegskameraden Jennerwein, der nur noch Spott und Hohn für ihn
übrig hatte. Von ihm stammte auch der tödliche Schuß.*

*Der 1874 in Gmund am Tegernsee geborene Schriftsteller Georg Stöger-Ostin
(†1965) hat das bis heute interessanteste Buch über Jennerwein geschrieben. Sein* Georg
Jennerwein – der Wildschütz, *das erstmals 1929 in München erschien, ist zwar ein*

Roman, aber der Autor orientiert sich sehr stark an den tatsächlichen Ereignissen. In der 1943 gedruckten Auflage schilderte Stöger-Ostin die Entstehungsgeschichte des Buches. Sein Ziel war es, »Jennerwein als Wildschützen nicht zu verherrlichen, sondern als einen Menschen mit Fehlern und angeborenen Leidenschaften zu schildern.« Stöger-Ostin hatte sich deshalb auf die Suche nach Zeitzeugen gemacht:

»In Gmund lebte der bereits in den 80er Jahren stehende Rentner Simon Lechenauer, der zur Zeit des Jennerwein-Dramas mit Pföderl, der Jennerwein erschoß, Jagdgehilfe im Jagdbezirk des Prinzen Karl von Bayern und in die damaligen Vorgänge wie niemand anderer genau eingeweiht war. An diesen wandte ich mich mit dem Ersuchen, mir alles zu erzählen, was er von den Ereignissen jener Zeit, soweit sie Jennerwein und Pföderl betrafen, wußte. Auf ein paar briefliche Gesuche erhielt ich keine Antwort, also suchte ich ihn schließlich persönlich auf. Was ich nicht erwartet hatte: Lechenauer war sofort bereit, meinen Wunsch zu erfüllen und mir über jene Vorgänge wahrheitsgetreu Auskunft zu geben. Er war ein redseliger Mann, und wenn er so erzählte, kam er oft von dem, was ich wissen wollte, ab, und ich mußte ihn dann immer wieder mahnen, bei den eigentlichen Vorgängen zu bleiben. Doch eine Bedingung stellte er mir: wenn ich die Erzählung schreibe, dürfte ich seinen Namen nicht erwähnen. Wahrscheinlich befürchtete er, in dem Roman würden die Jäger und das Forstpersonal, wie es bei vielen das Wildererunwesen verherrlichenden Schriftstellern üblich ist, als wahre Unholde hingestellt. Aber er irrte sich.

Also schrieb ich die Erzählung und dachte gar nie daran, dem Helden des Romans den ihm auf keinen Fall gebührenden Heiligenschein umzuhängen, stellte ihn zwar auch nicht als »schlechten Kerl« hin, sondern als einen von der sträflichen Leidenschaft des Wilderns umstrickten Menschen, bei dem es nicht wunderzunehmen brauchte, wenn er nicht daheim auf dem Strohsack den letzten Atemzug tat. Daß er von dem ihn hassenden Pföderl meuchlings erschossen wurde, kann nicht anderen pflichtgetreuen Ausübern des Jägerberufes zur Last gelegt werden.«

Aus dem Roman von Georg Stöger-Ostin haben wir die letzten Kapitel ausgewählt, die die dramatischen Ereignisse am Peißenberg und danach schildern.

Den Stutzen über die Schulter gehängt, den Rucksack mit Proviant auf dem Rücken, schritt der Jagdgehilfe Lechenauer dem Wallberg zu. Er war etwas ärgerlich, daß er auf die Fahrt mit Graf Drechsel nach Tölz verzichten mußte, immerhin mußte er aber die Gründe anerkennen, die Förster Mayr bezüglich der Ablehnung seiner Bitte vorgebracht hatte. Anders wäre es vielleicht gewesen, wenn das Gesuch vom Kollegen Pföderl ausgegangen wäre, denn dieser war des Försters lieb Kind, das ließ sich nicht verhehlen.

Doch Lechenauer war selbst zu sehr Weidmann und sich der Aufgabe seines Berufes bewußt, als daß er über etwas, was einfach nicht zu ändern war, noch länger unnütz hingegrübelt hätte. Der Morgen war schön und verhieß einen prächtigen Tag, und so ließ er allen Unmut fahren und freute sich auf den schönen Pirschgang, der ihn auf die Höhen des Wallbergs führen sollte.

Im Erlmösl stieß er auf eine Bäuerin in vorgerücktem Alter, die einen anscheinend ziemlich gewichtigen Korb mit sich schleppte. Man nannte sie die Stauchin hinterm Wallberg.

»Hoho, Stauchin, aa scho am Weg?« redete Lechenauer die ihm gutbekannte Bäuerin an. »Woaus denn scho heut?«

»Guat Morgn, Lechenauer!« Sie setzte den Korb zu Boden und wischte sich mit dem roteingefaßten Taschentuch über das gerötete Gesicht. »Wo werd i ausgeh? Kreuth zua halt zum Leahard! Is all Jahr mei Wallfahrt, und heuer geh i scho dem schöna Wetta z'liab. Woaßt, Jager, wann ma an Stall voll Vieh dahoam hat, da tuat allweil aa bißl a Segn not, und bis jetz hat uns da heili Leahard no nia im Stich lassn.«

»Aber mir scheint, du tragst an Segn Kreuth zua, als daß d'ihn hoamholst!« Lechenauer wies auf den Korb zu ihren Füßen.

»Da hab i Obst drinn«, klärte ihn die Stauchin auf. »Woaßt, für unser Waberl, de in Kreuth verheirat is. Da drinn hat da Schaur alls z'sammg'haut, und wir hinterm Wallberg habn was übrigs. Werd a Mordsfreud aufhebn bei ihre Kinder, dös woaß i voraus. Aber bald hätt i an Korb gar z'voll g'macht, mir tuat jetz da Arm scho weh und hab no so an Trumm Weg.«

»Mach halt i a Streck' Weg an Beistand«, bot der Jagdgehilfe seine Dienste an, zugleich den Korb fassend. »Wenn wir Glück habn, kimmt uns a Fuhrwerk in 'n Weg, nacher leg'n wir de Last dem auf!«

»Dös ko i do nit verlanga, daß du di' a so plagst!« wendete die Stauchin ein.

»Is mir nix wissentlich, daß du's verlangt hast!«

Sie gingen ihres Weges weiter, von all möglichem plaudernd und sich so die Zeit verkürzend. Beim Trinisanwesen holte sie ein Einspännerfuhrwerk ein, der Summererbauer vom Kühzagl war es, der ebenfalls Kreuth zum Ziele hatte.

»Siehgst, Stauchin, du hast Glück. Dem Summerer packen wir jetz den Apfelkorb auf! He, Bauer, halt a bißl staad...«

Der Summerer hielt an, ließ den Korb aufladen und bot auch noch der Bäuerin einen Sitz neben ihm an. Selbstverständlich sagte diese nicht nein, sondern nahm gleich auf dem Wägerl Platz. »Jetz fehlt ja gar nix mehr! Es gibt halt allweil no g'fällige Leut', de a alts Weib aa no mitkömma lassn. Also recht vogelt's Good für dein Liabdienst, Jaga, i wollt, i kunnt dir aa amal oan to!«

»Ko ma nit wissn, ob's nia auftrifft! D'Welt draaht sie!«

Das Gefährt entfernte sich, eine Strecke weit ging Lechenauer noch dem Sträßchen nach, dann schwenkte er links ab und stieg den Waldweg hinan, der im Zickzack auf die Höhe des Wallbergs führte. Nach etwa zweistündiger Wanderung hatte er den Scheitel erreicht, im goldenen Sonnenglanz lag tief unten das Tal, ersteckte sich der grünschillernde Tegernsee, gruppierten sich die Häuser und Gehöfte wie winzige Bausteine, mit denen die Kinder spielen.

Und nach Süden gewendet grüßten ihn von links die Bodenschneid, von rechts der felsige Kampen, der Hirschberg, der Roß- und Buchstein, vor ihm erhob sich die steile Wand des Plankensteins, der Rießerkogel, und noch weiter südlich bildete der Blauberg den Abschluß des Kreuther Tales, hinter diesem streckte im Tiroler Land der Unnütz sein zackiges Haupt empor, ein leichter Nebel wehrte den Ausblick zum Venediger.

Drüben am nahen Setzberg tummelte sich ein Rudel Gemsen. Im blauen Äther zog ein Geier ohne irgendwelchen Flügelschlag seine weiten Kreise und stieß zuweilen sein durchdringendes »Hiäh« aus.

Sonst Stille, feierliches Schweigen der Natur. Kaum ein Windhauch. Dem Jagdgehilfen kam Uhlands »Tag des Herrn« in den Sinn.

> Der Himmel nah und fern,
> Er ist so klar und feierlich,
> So ganz, als wollt er öffnen sich...

Unwillkürlich nahm er den Hut vom Kopfe. Nirgends offenbart sich Gottes Allmacht so gewaltig, so packend, so eindringlich wie auf hohem Berge. Was war gegen diesen Eindruck, den der Naturfreund hier empfand, irgendwelche Feierlichkeit drunten in den Tälern, inmitten der Scharen lärmender Menschen? Lechenauer gedachte der berühmten Leonhardifahrt in Tölz, die er gerne mitgemacht hätte. Gegenwärtig beglückwünschte er sich aber, davon abgehalten worden zu sein, auf seinen geliebten Bergen weilen zu können. Denn so schön wie hier konnte -

Den Jagdgehilfen, der, auf den Bergstock gelehnt, die Richtung, wo Tölz liegen mußte, ausgeschaut hatte, riß es gach [herum]. Da drüben war eben ein Schuß gefallen. Wer hatte geschossen? Lechenauer setzte sein Fernglas an die Augen. Da drüben am Peißenberg hatte es gekracht. Doch nichts war zu sehen.

Wer nur geschossen haben konnte! Der Förster nicht, der war zu Hause; Pföderl nicht, der hatte hierzu keine Befugnis; irgendein Kavalier, der da drüben der Jagd nachging, war für heute nicht angesagt. Also konnte es nur ein Wilderer gewesen sein, so ein verdammter Höllsakra...

Vielleicht geht er dem Pföderl ins Gehege, der hat doch heute am Peißenberg drüben seinen Dienstgang. Dann gnade Gott dem Wildschützen!

Lechenauer zog seine Taschenuhr. Sie zeigte drei Viertel zehn.

Zu dieser Stunde des 6. November 1877 war auf dem Peißenberg bei Tegernsee ein Meuchelmord begangen worden.

Der Jagdgehilfe verließ seinen Standpunkt und durchstreifte einen ziemlich großen Teil des Reviers südlich des Wallbergs bis über die Rotensteineralmen. Auf einem vorspringenden Punkt, von dem aus er das ganze östlich gelegene Gelände übersehen konnte, ließ er sich endlich am späten Mittag nieder, packte seinen Essensvorrat aus dem Rucksack und sorgte nun für sein leibliches Wohl.

Immer wieder mußte er während des Essens an den vernommenen Schuß denken. Er glaubte nicht irrezugehen: Ungefähr auf dem Platz, wo am Peißenberg drüben die Stillbauernwiese an den Staatswald stößt, war er abgegeben worden. Keine hundert Schritt weiter links oder rechts.

Die aus kaltem Fleisch und Schwarzbrot bestehende Mahlzeit, dazu ein paar Schluck Enzian, war bald eingenommen. Wieder zog der Jäger seine Uhr. Es war drei Viertel eins. Er legte sich seinen Plan zurecht. Über die Rottach- und Portnisalm auf das G'fäll hinüber und dann über Hintermaur und Mittertaleralm abwärts. Bis er diesen Weg hinter sich hat, ist es Abend, wenn nicht schon geschlagene Nacht.

Der Donner eines Schusses ließ Lechenauer auffahren. Vom Peißenberg kam er her, ungefähr von der gleichen Stelle, wo es am Vormittag schon gekracht hatte.

Und eine Sekunde später ein zweiter Schuß.

Früher, als er sich vorgenommen, kam Lechenauer nach Hause. Die Ungewißheit über den Vorgang, der sich allem Anschein nach auf dem Peißenberg abgespielt hatte, war ihm Anlaß gewesen, noch vor Anbruch der Nacht heimzukehren.

Er suchte vorerst seine Wohnung auf, nahm etwas Warmes zu sich, dann verfügte er sich in das Forsthaus, um Rapport zu erstatten. Er traf Förster Mayr in dessen Dienststube, bei ihm befand sich der Kollege Pföderl. Düsteres Schweigen herrschte bei seinem Eintreten, nur kurz antwortete der Vorgesetzte auf seinen Bericht. Er schien denkbar schlechtester Laune zu sein, auch Pföderl starrte finsteren Gesichtes vor sich hin, dieses schien Lechenauer auffallend bleich.

Da er sich nicht gleich wieder entfernte, sondern abwartend im Zimmer stehen blieb, herrschte ihn der Förster rauh an: »Noch was?«

Lechenauer schüttelte den Kopf. »Zu meldn nix, aber fragn möcht i was! Am Peißenberg san heut mehrere Schüss' g'falln! Gegen zehni oana und a Viertelstund vor oans noamal zwoa!«

»So?«

»Sicher! Du bist do am Peißenberg g'wesn, Hans, muaßt s'also aa g'hört habn?«

Statt des Gehilfen nahm der Förster wieder das Wort: »Freili hat's aa da Pföderl g'hört. Sie san aber nit am Peißenberg g'falln, sondern weiter drentn im Schlierseer Reviar!«

»Ausg'schlossn! I moan, i kunts g'naue Fleckerl ogebn, wo g'schossn wordn is. An da Grenz zwischen da Stillwies und an Forstholz!«

»Da hast di' g'irrt. Übrigens geht uns de Sach nix o, wahrscheinlich is a Schlierseer Jaga mit an Lumpn z'sammg'stoßn und sie habn aufanandapledert!«

»Was haben d' Schlierseer Jager herübn am Peißenberg z' suacha?« fragte hartnäckig Lechenauer.

Da fing er einen abwehrenden Blick Pföderls auf, dieser schüttelte leicht den Kopf. Lechenauer verstand den Wink; er bedeutete: Frag doch nicht weiter!

So schupfte also der Jagdgehilfe, da er keine Antwort erhielt, die Achseln. »No, mir mag's gleich sei', wo gschossn worn is und wer g'schossn hat, i bin nit dabei g'wen! Guat Nacht, Herr Förster!« Dann verließ er die Stube.

Da hat sich was zutragen, was geheim bleiben soll! Dieser Verdacht, zu dem ihm das Benehmen des Försters und seines Kollegen genügend Anlaß gab, verstärkte sich bei Lechenauer immer mehr, zugleich aber auch der Vorsatz, der Sache auf den Grund zu kommen. Er war zwar an dem Vorkommnis, gleich welcher Art dieses war, gänzlich unbeteiligt, aber er mußte auf seine Jägerehre sehen. Hat sich ein Jagdgehilfe, dem ohnehin viele Leute feindlich gegenüberstehen, etwas zuschulden kommen lassen, dann hat der ganze Stand darunter zu leiden, und Lechenauer hatte mit Recht keine Lust, in dieser Hinsicht als Unbeteiligter irgendwie als Sündenbock zu gelten. Und daß etwas geschehen war, was das Licht der Sonne zu scheuen hatte, war für ihn Gewißheit. Er mußte es herausbringen, und zwar so bald als möglich.

Pföderl wohnte in einem Nachbarhause, und als nach geraumer Zeit Lechenauer durch die Scheiben sah, daß in des Kollegen Kammer ein Licht aufflammte, verließ er seine Wohnung und suchte jenen auf. Er fand ihn an seinem Bett sitzend und düstern Blickes in einen Winkel starrend.

»Pföderl, 'raus jetzt mit da Sprach! Was hat's gebn?«

Lange Zeit keine Antwort. Endlich kam sie dumpf und doch auch trotzigen Tones:

»I hab an Jennerwein derschossn!«

»Mensch – hat di da Schutzengel ganz verlassn?« rief Lechenauer und ließ sich auf den einzigen Stuhl, der in dem kleinen Stüblein stand, fallen. »Oda hast in Notwehr g'handelt? Es hat zwoamal nachanander kracht auf da Stillwies drobn!«

»Da war's, wia du g'ratn hast!«

»Vozähl!«

»Bin eahm ja scho lang nachganga, dem Lumpn! Hab was abz'rechnen g'habt mit eahm, aber nia hat si' G'legnheit g'schickt. 's Diandl hat er mir abwendi' g'macht, den größtn Spott hat er mir oto, wia er mir damals den Gamsbart unter d'Nasn g'strichn hat, da hab i eahm Rache g'schworn. Und wann aa dös alls nit g'wesn waar – er is a Wilderer g'wesn, und i bin a Jager! Dös sagt viel! Allweil hab i g'wunschn: Grad oamal z'sammenkömma mit dir, nacher sei dir unsa Herrgott gnädig! Und heut is endli' de Stund kemma!«

»Ös seid's aufanandg'stoßn?«

»I bin von da Taferlwand aus gegen d'Bodenschneid og'stiegn und hab mi' weiter obn gegn an Peißenberg umapirscht. Grad will i vom Holz auf d'Stillwies nausgeh, da siech i oan in da Liachtn drauß ganz g'müatli auf an Stock hocka mit'n Ruckn gegn meiner! Hat zwerch über d'Knia an Stutzn liegn und macht Brotzeit. Und auf an erstn Blick hab i 'n kennt – da Jennerwein is's, da Lump, da Wildschütz! Mei Todfeind! Mit'n Stutzn aufg'fahrn, kracht hat's und obi draht hat's 'n!«

Lechenauer fuhr vom Stuhl auf. »Von hinterrucks hast'n erschossn? Dös is ja ...«

Pföderl stieß ein höhnisches Lachen aus, das widerlich in die Ohren klang. »Hätt i ebba no lang Umständ macha solln und mi anmelden: Herr Wildschütz, wann Sie mit der Brotzeit fertig san, steh i zu Iahra Verfügung! Na, i hab kurzn Prozeß g'macht. Und nachher bin i hoamzua und hab's an Förster bericht'.«

»Was hat der g'sagt?«

»Kost dir leicht denka, a Ehr' hab i nit aufg'hebt mit mein' Rapport. G'fragt hat er mi' z'erst, ob mir wer in Weg kömma is! – Ja, da Bertl, da Hansanderlknecht, dem hab i vozählt, daß a Wilderer g'schossn hat, mir aber auskömma is! – Nacher: Ob da Jennerwein tot is? – Dös wüßt i net, i hab mi' aufn Schuß nimma lang umg'schaut. – Bluatsakrament, wann er no lebt, nacher gibt's a saubere Lauferei ab und de Schlamassln mit'n G'richt! I sollt sofort noamal naufgeh und schaugn, was mit dem Loda is! Und i bin noamal nauf!«

»Hat er no g'lebt?« fragte Lechenauer in erregtem Ton.

»Hat a no g'lebt. Da hab i iahm no zwoa Schüss' gebn, und zwar mit sein eignen G'wehr! Da könna si' jetz d'Leut denka, was s' wolln!«

»Pföderl – mir graust's vor dir!« Mit diesen Worten stürzte Lechenauer aus der Kammer seines Kollegen.

Am andern Morgen ließ Förster Mayr den Jagdgehilfen Lechenauer zu sich rufen. Seine Laune hatte sich noch nicht wesentlich gebessert, das merkte der Gehilfe schon, als er das Dienstzimmer betrat, doch schlug der Förster heute ihm gegenüber einen etwas umgänglicheren Ton an, als es am Vorabend der Fall gewesen war.

»Da Pföderl hat dir all's vozählt?« war seine erste Frage, und als Lechenauer nickend bejahte, fuhr er fort: »Hätt an Schnabl haltn könna, nacha waarst wenigstens du aus'n G'spiel g'wen!«

Der Jagdgehilfe faßte den Vorgesetzten scharf ins Auge. »I denk, i bin in *jedem* Fall aus'n G'spiel!« sagte er in merklich gereiztem Tone.

»Selbstverständlich! I moan halt so: Wann du von da ganzn Sach nix g'wußt häst, häst di' leichta to! Denn daß demnächst über uns Jaga all's losziagt und herfallt, is vorausz'sehgn. Und aa du wärst z'rechten Zeit an derbn Trumpf aushaltn müassn!«

»Mir is's aber liaber, i bin klar im Bild!«

»Wia d'moanst! G'schehgn is die G'schicht, ändern laßt si' nix mehr – aber was jetz? Wia denkst du drüber?«

»I? Sie habn 's do für besser gehaltn, wann i aus 'n G'spiel bin? Also misch i mi' aa gar nit in de Sach. Soll's ausessn, wer's ei'brockt hat!«

»A bißl mehr Kollegialität taat nit schadn!« versetzte der Förster etwas bissig.

»I hab aa nia viel g'spürt von irgendoaner Kollegialität«, erwiderte Lechenauer gelassen. »Oder sollt ebba gar i an Sündenbock macha?«

»Wer redt vo so was!« Mit schweren Schritten, die Arme auf dem Rücken gekreuzt, ging Mayr das Zimmer auf und ab. »Es schad't nix, wann amal an Exempel statuiert wordn is«, sagte er in grollendem Tone. »Die Lumpn tanzn uns z'letzt no auf da Nasn umanand, und wir san nur d'Hanswurstn. Wir hegn und pflegn 's Wild 's ganze Jahr durch, über Nacht kimmt so a Bazi und pledert's weg! Do kaam's no so weit, daß d'Wildschützn im Revier Herr san und z'letzt wir hoamli' nausschleichn müaßtn, wenn ma was schiaßn wolln. Es muaß schließli scho no a Grenz gebn, und so, wia 's der Jennerwein g'macht hat, hat's nimmer weitergeh därfn. I bedauer's nit im mindesten, daß da Pföderl dem Kerl zoagt hat, daß nit d'Lumpn Herr san im Revier, sondern da Jagdherr und seine Untergebenen! Aber auf so – so – a Weis' – hätt's nit g'schehgn solln!«

»Auf so feige Art – richtig!« warf Lechenauer ein.

Der Förster tat, als überhörte er diesen Einwurf. »Wia g'sagt, jetz is's amal g'schehgn! Was nachkimmt, werdn ma scho sehgn!«

»Habn S' beim G'richt scho Anzeig' g'macht?«

»Ob oder nit, dös überlaß mir«, entgegnete Mayr in scharfem Tone.

»Muaß mir 's selber überlegn, was i tua, am liabstn waar mir überhaupt, es hätt' mir da Pföderl gar nix g'meld't, nacher wüßt i nix und brauchet mi' nit z'ärgern! Aber da werd schleunigst Rapport g'macht, und da Vorg'setzte ko de Suppn auslöffln!«

»Da Pföderl hat to, wia's da Herr Förster allweil befohln hat: Er is scharf vorganga und hat Meldung g'macht«, warf Lechenauer ein.

»Ja, er hat sei' Pflicht erfüllt!« Es war mehr ein Schreien als Reden, was aus des Försters Munde kam. »Und i verurteil' 'n aa nit, verstandn? Lobn möcht i 'n liaber, wann – wann – «

»Wann er den armen Teifi nit von *hinterrucks* nunterg'schossn hätt'!« ergänzte ohne Scheu vor dem aufgebrachten Vorgesetzten der Jagdgehilfe.

»Ja, dös war dumm!« gab der Förster offen zu. »Saudumm war's! Denn wann dös aufkimmt, nacher is bei de Leut im Himmi da Bodn ei', und mit de Finga werd auf uns zoagt. Was aber da anda für a Lump g'wesen is, wia er's triebn hat, von dem red't sicher koa Mensch!«

»Iahna is nur um dös, was d'Leut sagn, Herr Förster, und um de Folgn, aber i moan, die Hauptsach is schließlich allweil die Tat selber!«

»So red'st du als Jager?«

»So red' i als Jager, der a Feind von jedem Wilderer und Lumpn is und der s' bekämpft, der aber nit an ahnungslosen Menschen, und wenn er aa Lump is, von hinten her erschießt!«

Eine Zeitlang erwiderte der Förster nichts, dann sagte er: »Recht hast ja, Lechenauer, so hätt' da Pföderl nit vorgeh' solln, es war gemein. Aber ma ko nit wissn, wia's ausg'falln waar, wann da Hans an Jennerwein ang'ruafn hätt'. Da läg vielleicht er als Toter am Peißenberg drobn!«

»Dös ko ma schlimmstn Falls onehma, aber nit als sicher geltn lassn!«

»Es werd behaupt, daß da Jennerwein scho amal auf an Jager g'schossn hat!«

»Dös hat mir a Schlierseer Kolleg aa scho amol vozählt!«

»Also war de Sach fürn Pföderl nit so oafach! Aber schließlich hat all's G'red koan Wert mehr und ändern laßt si' aa nix mehr. I möcht di' nur ersuach'n, über de Sach niamd gegenüber z'reden. Du woaßt oafach von nix!«

»I *will* scho vo nix wissn!« betonte Lechenauer.

Ein kurzes Nicken und der Jagdgehilfe war entlassen. —

Tage vergingen, und da weder Gerichtspersonen im Forsthause eintrafen noch irgendeine Vorladung einlief, mußte Lechenauer annehmen, daß eine Anzeige von dem Tode des Wilderers bis jetzt noch nicht erfolgt war.

Eines Tages, als er seinen Gang ins Revier antreten wollte, stellte ihn Pföderl und ersuchte ihn, auf den Peißenberg mitzugehen.

»I? Was soll i da obn?«

»Es werd di' do aa interessiern, ob da — da ander no drobn liegt?«

»Mi' interessiert dös gar nit«, entgegnete Lechenauer kalt.

»Mei Gang is auf 's Riedereck, und was mir befohln is, dös tua i!«

»Da Förster is heut auf Münka g'fahrn, und es is windfrei!«

»Dös is mir gleich, Pföderl. Geh nur du alloa nauf auf 'n Peiß'nberg. Oda packt di' da obn da Grausn o?«

Da stieß der Pföderl ein verächtliches Lachen aus und ließ Lechenauer stehen. —

Während im Tegernseetal all diese Vorgänge noch Geheimnis blieben, tauchten in und um Schliersee allerhand Gerüchte auf.

Der Jennerwein Girgl ist seit dem Leonharditag abgängig!

Beim Unterschwaiger und in der Nachbarschaft war man mehrere Tage der Meinung, Jennerwein habe die Tölzer Leonhardifahrt mitgemacht, da man wußte, daß er angeblich die Reise vorhatte, und man glaubte, es habe ihn da in der Tölzer Gegend eben ein wenig »verzogen«. Girgl hatte schon oft ein paar Tage die Arbeit geschwänzt, und wo er fröhliche Kameraden fand, da war ihm ums Heimgehen nicht, da vergingen ihm Tage wie Stunden. Doch mit der Zeit erfuhr man von Leuten, die am 6. November nach Tölz gefahren waren, daß man dort Jennerwein nicht gesehen habe.

Und drei Personen waren es, die wußten schon von Anfang bestimmt, daß Jennerwein die Reise nach Tölz nicht unternommen hatte. Diese drei waren das Rießerbauern-Marerl, die mit dem Fuhrwerk vergebens auf den Girgl gewartet hatte und, weil sie der Geliebte im Stiche gelassen hatte, weinend heimzu gefahren war, weiters die Hennerer-Kellnerin und Hans, Jennerweins Bruder. Letztere beide hatten in jener Nacht ja gesehen, wie Girgl bergwärts gegangen war.

Als nun Tage vergingen, ohne daß Jennerwein zum Vorschein kam, machte sich in der Westenhofener Gegend allmählich Aufregung geltend. Gerüchte um Gerüchte gingen um. Bald wurde dieses geredet, bald jenes behauptet.

Der Girgl seit dem Leonharditag abgängig. — Man hat ihn mit dem Stutzen ausrucken und der Bodenschneid zugehen gesehen. – An dem und dem Tag ist dort ein Schuß gefallen. – Auf der Bodenschneid. – Nein, weiter herüben, dem Kreuzberg zu. – Der Girgl hat einen Jäger niedergeschossen und ist geflüchtet. – Im Gegenteil, Jäger ist keiner abgängig, der Girgl ist einer Kugel zum Opfer gefallen. Und schließlich einigte sich alles zu dieser Mutmaßung. Freunde und Kameraden des Vermißten rotteten sich zusammen, und man ging auf die Suche. Holzknechte, Forstarbeiter, Bauernburschen, wohl insgesamt ein halbes Hundert an Zahl. Zogen hinauf durch das Tuftal, durchstreiften die Wälder, verfolgten Spuren und gelangten dann hinüber in das Kühzagltal.

Dort trafen sie den herzoglichen Administrator von Tegernsee und den Förster Mayr, die mit Holzmessen beschäftigt waren. Bei dem unerwarteten Anblick des Forstmannes stieg die erregte Stimmung der Suchenden auf den höchsten Punkt. Es war in letzter Zeit das Gerücht durchgesickert, daß die Schlierseer Jäger am Leonharditag und gleich darauf sich weit vom Bodenschneidrevier aufgehalten hatten, und wenn Jennerwein einer Kugel erlegen war, diese nur aus dem Gewehr eines Tegernseer Jägers stammen konnte. Nun hatten die Leute den Förster von drüben vor sich... Die Vordersten stürmten mit drohenden Gebärden auf ihn zu.

»Bazi – wo habts ös an Jennerwein erschossen? – Red du, wo liegt er? Red oder du bist hin –«.

Dergleichen Fragen und Drohungen schwirrten durcheinander, die Lage, in der sich der Förster augenblicklich befand, war eine lebensgefährliche. Fäuste erhoben sich, Bergstöcke fuhren auf, zum Hiebe bereit. Immer enger schloß sich der Kreis der Angreifer um die beiden Männer.

Doch Förster Mayr war alles andere eher als furchtsam oder feig. Hinter ihm an einem Scheiterhaufen lehnte sein Gewehr, im nächsten Augenblick hatte er es schußbereit in den Händen.

»Z'ruck oder es kracht! – «.

Die ihm zunächststehenden Leute wichen ein paar Schritte zurück, doch die hinteren trachteten weiter vorwärts.

»Schiaßn taat er, da Hund! Langt's mit 'n Girgl no nit, ös Mörder? – Schlagt's 'n nieda!«

»Was soll das Geschrei?« Der Administrator stieg auf einen Sägbaumganter, von wo aus er die Schar der Angreifer übersehen konnte, und rief mit lauter Stimme: »Was wollt ihr, Leut'?«

Einen Augenblick war einigermaßen Ruhe eingetreten, auf die Frage des Beamten ging jedoch der Lärm abermals an, jeder wollte antworten.

»Still' da hinten – *einer* soll reden!«

Ein Bursche trat vor den Administrator: »Da Jennerwein Girgl geht schon etli' Tag ab. Wahrscheinli' is er derschossen wordn, und zwar von an Tegernseer Jager. Und jetzt wolln ma G'wißheit habn – da Förster soll Auskunft gebn!«

»Herr Förster, Sie hören, was die Leut sagen!«

»De san ja rasend! I woaß vom Jennerwein nix!«

»Leute, ihr seid auf dem Irrweg, dem Herrn Förster ist nix bewußt!«

»Der lüagt!«

»So laß ma uns nit weiterstimma!«

»'raus mit da Wahret!«

Der Kreis um den Förster wurde wieder enger. Da nahm der herzogliche Beamte abermals das Wort in warnendem, aber ruhigem Ton. »Leut', seid vernünftig, mit Schimpfen und Drohen und mit Anwendung von Gewalt ist nichts getan, aber ihr selbst kommt auf diese Weise mit dem Gesetz in Konflikt. Ihr habt gehört, daß der Herr Förster über den Verbleib eures Freundes keinen Aufschluß geben kann – «.

»Weil er si' nit traut!« schrie einer aus dem Haufen.

»Weil er wahrscheinlich koa guats G'wissn hat!« So ein anderer.

Doch der Administrator ließ sich ob dieser Einwürfe nicht beirren. »Also, Leut, laßt uns ungeschoren. Geht nach Haus, vielleicht hat sich der Mann inzwischen daheim eingefunden!«

»Nach dera Zeit werd niamd mehr lebendig!« höhnte ein Holzknecht.

»Habt denn ihr Gewißheit, daß er tot ist?«

»'s werd scho so sei!«

Das ruhige und doch energische Auftreten des angesehenen und nicht unbeliebten Beamten hatte die Leute einigermaßen beruhigt; zu einzelnen Gruppen sich sammelnd, berieten sie flüsternd über ihr weiteres Vorhaben. Doch immer noch blieben argwöhnische Blicke am Förster haften. Dieser hatte das Gewehr wieder weggelehnt und zum Holzmaße gegriffen. Der Administrator trug die angegebene Zahl in sein Notizbuch ein.

Gruppe um Gruppe löste sich von der Schar. Die Leute trennten sich, die einen gingen nach links, die andern nach rechts. Sie suchten weiter.

Zwei Tage vergingen noch, dann wurde Jennerwein gefunden. Oben am Peißenberg, am Rande des Staatsforstes. Der untere Teil des Gesichtes war verstümmelt, das Kinn war von einer Kugel zersprengt. Die Leiche war wie Eis gefroren, eine Hand hielt den Gewehrlauf umklammert.

Erschüttert umstanden die Leute die Leiche ihres Kameraden. Also hatte sich ihre Befürchtung bestätigt. Der Jennerwein Girgl erschossen.

Und – dem ganzen Anschein nach hatte er sich selbst den Tod gegeben. Der Schuß durch das Kinn nach aufwärts der Schädeldecke zu mußte diese Vermutung aufkommen lassen.

Einer der Männer wies auf diesen Umstand hin, ein zweiter nickte, wieder ein anderer schüttelte den Kopf. Es war nicht zu glauben. Der Girgl, dieser lebensfrohe Mensch, den das Dasein freute wie keinen andern, der nie an ein Sterben dachte, dieser sollte seinem Leben freiwillig ein Ende gemacht haben? Nie!

Aber es wies doch alles auf einen Selbstmord hin.

Ein Bursche stieß Hans, den Stiefbruder Jennerweins, an: »Was sagst du?«
Dieser schüttelte den Kopf. »Der da si' selber ums Leben bracht? Aus-
g'schlossn! Aber daß 's so an End mit eahm g'nomma hat, wundert mi' nit. I hab
eahm's oft prophezeit, er hat g'lacht dazua. Und es hat do so kömma *müassn*!«
Etliche stimmten ihm nickend zu, andere, die intimsten Freunde und Kameraden des Toten, maßen Hans mit feindlichen Blicken. Wo blieb da Geschwi-
sterliebe, wenn einer von seinen nächsten Verwandten so sprach?
»Wer hat an Girgl erschossn?« Mitten aus der Schar heraus wurde diese
Frage laut.
»I moan, i kunnt 'n nenna!« Der Pusterer Hannes war es, der diese Antwort
gab. »Da herobn war's am Peißenberg, da san i und da Girgl amal de Gams
nachg'stiegn. Derweil habn wir an Jager erluegt, und da Girgl, kalt, wia er allweil g'wesn is, gibt mir sei G'wehr und geht pfeilgrad auf den zua. Den muaß
er si' oschaugn, sagt er, und laßt si' vo mir nit abwendi macha. I hab mi' ver-
trollt, da Jennerwein aber hat an Jager a bißl g'frozzlt und is mit eahm talwärts.
Dös hoaßt a Trumm weit, denn asoamal hat da Girgl an Seitnsprung g'macht,
is verschwundn g'wesn, und da Greaspecht hat's Nachschaugn g'habt! Werd si'
natürli' scheußli' g'ärgert haben!«
»Was für a Jager war's? Da Pföderl halt, da ganz windig?«
»Na, da Lechenauer!«
»Da Lechenauer?« Beängstigendes Schweigen trat ein. Endlich nahm wieder
ein Bursche das Wort. Kopfschüttelnd sagte er: »*Dem* trau i de Tat nit zua! Aber
dem andern – jederzeit! Daß iahm seinerzeit da Girgl an Gamsbart ums G'sicht
g'wischt und g'sagt hat: Jager, söllas Kraut wachst in mein Gartn – dös hat
eahm da Jager nia vergessn!«
»Herrgott – Leut – da schaugt's!!« Das rief nicht, das schrie einer. Seine
Rechte wies auf die Leiche, die bäuchlings auf der Erde lag.
»Was is's denn?«
»Dös Schußloch im Ruckn – «
Mehrere Hände tasteten an der Leiche umher. Schnitten mit den Messern die
Tuchjoppe auf, rissen sie herunter. Ebenso das Hemd.
Und man fand, daß von rückwärts eine Kugel Jennerwein durchbohrt hatte.
Wahrscheinlich die erste. Das Wort »Selbstmord« wurde nicht mehr ausge-
sprochen.
Aus Fichtenästen wurde notdürftig eine Bahre zusammengebunden und dar-
auf die Leiche gelegt. Dann trug man sie hinunter in das Schlierseer Tal.
Noch am selben Tag wurden die Behörden von dem Leichenfund verständigt.
Die vorgenommene Sektion ergab, daß auf Jennerwein drei Schüsse abgegeben
worden waren. Außerdem stieß das Seziermesser auf eine eingeheilte Kugel.
Ein Protokoll aus jenen Tagen berichtet: »Nach schriftlicher Anzeige des
Königlichen Landgerichtes Tegernsee vom 14. November 1877 ist der ledige
Holzarbeiter Georg Jänerwein (Ob die Schreibart »Jennerwein« oder, wie das

Protokoll besagt, »Jänerwein« richtig ist, ließ sich nicht feststellen.), gebürtig zu Haid, Gemeinde Großhartpenning, kgl. Bezirksamt Miesbach, beheimatet zu Gelting, kgl. Landgericht Wolfratshausen, wohnhaft zu Unterschwaig bei Schliersee, 29 Jahre alt, unehelicher Sohn der Gütlerstochter Maria Jänerwein von Haid, Gemeinde Großhartpenning, nun verehelichte Geißler, Gütlerin zu Gelting, kgl. Landgericht Wolfratshausen, auf dem Peißenberg, Gemeinde Rottach, am 13. November 1877 (nachdem, wie sicher feststeht, Jennerwein am 6. November erschossen wurde, das Protokoll aber besagt, daß die Anzeige des Landgerichts Tegernsee vom 14. November stammt und laut diesem der Tote am 13. November aufgefunden wurde, kann die mündliche Überlieferung, nach der Jennerwein erst neun Tage nach seinem Tode gefunden wurde, nicht richtig sein. D.B.), mittags 11 Uhr, als Leiche aufgefunden worden.«

Im Friedhofe in Westenhofen, östlich der Kirche, wurde, nachdem die gerichtliche Kommission die Leiche freigegeben hatte, Georg Jennerwein in geweihter Erde bestattet. Wohl selten hatte dieser Gottesacker eine solche Menge von Trauergästen gesehen wie an diesem Tag. Die Kunde von dem traurigen Ende des in weiten Kreisen bekannten Burschen, der zudem als verwegener Wildschütze bekannt war, hatte sich rasch und auf weiteste Entfernung verbreitet, und jedermann, nicht nur Freunde, sondern auch solche, die die unglückselige Leidenschaft des jungen Mannes und sein mitunter infolge seiner Spottsucht ungebührliches Auftreten gar oft scharf verurteilt hatten, bedauerten das unerwartete grauenerregende Ableben Jennerweins.

Mehrere dem Toten sehr nahestehende Personen fehlten aber bei der Beerdigung. Seine alte Mutter, sie lag selbst sterbenskrank darnieder. Agerl, die Mutter seines Kindes, weilte, nachdem sie von der Alm abgetrieben hatte, in ihrer Heimat zur Pflege ihrer Mutter, deren Augenleiden sich noch nicht gänzlich gebessert hatte. Marerl, die Tochter des Rießerbauern, war wohl im Friedhofe anwesend, doch hielt sie sich in einem abgelegenen Winkel auf, wo sie still für sich hinweinte. In weiter Umgebung war es bekannt, daß sie dem Verstorbenen in Liebe zugeneigt war, und sie wußte es, daß sie das Ziel vieler neugieriger Blicke bilden würde, falls auch sie unter der Schar weilte. Und so hielt sie sich zurück mit ihrem Schmerz und Leid; erst als die Leute in der Kirche waren, um dem Seelengottesdienste für den Verstorbenen anzuwohnen, und der Totengräber sich anschickte, das Grab zu schließen, trat sie hin und ließ einen Blumenstrauß auf den Sarg hinunterfallen. Ihren letzten Gruß. Dann ging sie heimzu.

Der Tag verging, die Dunkelheit brach herein, ein kalter Wind pfiff über Wiesen und See. Vom Turme hallte das Abendläuten.

Da betrat noch eine weibliche Gestalt den Friedhof in Westenhofen. Suchend schlich sie sich durch die Gräberreihen, endlich stand sie am frischen Grabhügel, auf dem etliche Kränze lagen, und den ein einfaches, schwarzes Holzkreuz schmückte.

Vor diesem Grabe brach das Weib in die Knie. Sie schlug die Hände vor das

Gesicht, und heftiges Schluchzen durchschüttelte ihren schlanken Körper. Es war Resl, die Kellnerin des Hennererwirtes.

Der da unten in ewigem Schlafe ruht, hatte ihr einst wehe getan, so wehe, daß sich ihre Liebe in Haß verwandelte. Nun ist er tot, und sie ist zur Erkenntnis gekommen, daß sie ihn immer noch liebt und seiner stets in Liebe und herber Trauer gedenken wird. Der größte Versöhner ist der Tod.

Lechenauer ging ins Revier, die Richtung Valepp zu. Als er nächst Enterrottach an den Punkt gelangte, wo das Sträßchen von den Bauerngehöften »hinterm Wallberg« und von Elmau her an die Rottach-Valepper Straße stößt, kam von dort gerade der Stachelbauer gegangen.

»Guatn Morgn, Stachl! Gehst scho in'n Berg?«

»Ja!«

»A bißl a Holz arbatn?«

»Ja!«

»Nacha ham ma oan Weg!«

Keine Antwort. Lechenauer betrachtete befremdet den ihm zur Seite gehenden Bauern, der als redseliger Mensch galt, und mit dem er sich schon oft prächtig unterhalten hatte. Was hatte denn heute dieser, daß er sich jedes Wort abnöten ließ?

»Nit b'sunders guater Laune heut, Stachl?«

»Wüßt nit...«

»Weil's d' dir halt a jed's Wörtl abpreßn laßt!«

»'s is oan halt manchmal nit drum, daß man mit an jeden dischkariert!«

»Mit an jeden? Wia moanst dös?«

»I moan halt...«

»Dös is koa Antwort! Du hast was gegn meiner?«

»Sel nit!«

»'raus mit da Sprach, Stachl!«

»Wann d' positiv drauf dringst... Es werd g'red't, du hätt'st an Jennerwein erschossn!«

»Wer sagt dös?« Erregt stieß der Jagdgehilfe die Frage heraus.

»Wer sagt's! Neamd g'wisser! Es schwirrt halt so umanand, seit etliche Tag scho!«

»Dös is a gemeine Lug!«

»Sollt's mich für dich freun, wann's so is!«

»Stachl, i sag dir, ob du's jetz glaabst oda nit: I hab an Jennerwein nit am G'wissn!«

»I gib's zua! Schau nur, daß d' aa an Beweis dafür herbringst.« Beide waren inzwischen in Enterrottach angelangt. »I muaß jetz auf d' Sag zuawischaugn, ob meine Tennaladn scho g'schnitten san!«

»Kimmst nach?«

»Mögli.«

Der Bauer wandte sich der an der Rottach stehenden Schneidsäge zu, und obwohl Lechenauer seine Schritte verlangsamte, kam der andere nicht mehr nach. Er schien mit Absicht zurückgeblieben zu sein.

In düsteres Sinnen versunken, ging der Gehilfe seines Weges weiter. Also ihn hielt man für den Mörder des Wildschützen, und nach der Rede des Stachel- bauern hatte sich dieses Gerücht schon ziemlich verbreitet. Wo war die Quelle dieser Lüge zu suchen? Lechenauer dachte hin und her, er kam zu keinem Resultat. Er hatte keinen eigentlichen Feind, wenn es auch einige gab, die ihm nicht besonders grün waren. Das galt aber nicht seiner Person, sondern einzig dem Jäger. Jeder Angehörige dieses Standes hat Gegner.

Tage vergingen, und Lechenauer mußte zu seinem Ärger die Wahrnehmung machen, daß das Gerücht, er habe Jennerwein erschossen, immer fester Wurzel faßte. Er mußte sehen, daß ihm gut Bekannte, selbst Freunde auf die Seite gin- gen oder ihn mit sonderbaren Blicken maßen, daß Leute, wenn er sich in einem Wirtshaus an einen Tisch setzte, abrückten, und so manche Redensart schlug an sein Ohr, der deutlich zu entnehmen war, was die Leute von ihm dachten.

Auf sein gutes Gewissen bauend, ignorierte er anfänglich alle dergleichen Anzüglichkeiten und Sticheleien. Aber da die Sache immer ärger wurde, ging ihm die Geduld aus und er erstattete dem Förster von dem Umlauf der ihn tref- fenden Verdächtigung Bericht.

Der Vorgesetzte nahm diesen ziemlich gelassen entgegen.

»Bei solchene Geschicht'n muaß meistens oaner für den andern leidn«, erklärte er. »Da is dös Beste, ma laßt d' Leut reden und kehrt si' an dös G'schwatz nit!«

»Also sollt i mi' für an andern schlecht anschaugn lassn?« rief der Jagdge- hilfe aufgebracht. »Dös is a bißl z'viel verlangt!«

»Willst dein' Kollegn verratn?«

»Bis jetz hab i's nit to!«

»Respekt, waar aa nit schö, und du hast mir versprochn, daß d' für dich b'haltst, was d' woaßt!«

»Ob mir dös in d' Läng mögli is, möcht i nit unterstreichn!«

»Dazu is dir guate G'legnheit botn! I hab heut a Schreibn kriagt: dei Verset- zung nach Fischbachau!«

»I versetzt? Warum?«

»Da hab i koa Ahnung!«

»I hab um koa Versetzung net eingebn!«

»Eingabn san nit allweil notwendi' für a Versetzung! Also richt di, am näch- sten Erstn muaßt dei neue Stell antretn!«

Als es bekannt wurde, daß Lechenauer an das Kgl. Forstamt Fischbachau ver- setzt worden sei, war man sich über die Veranlassung bald einig. Wahrscheinlich hatte der Gehilfe um die Versetzung selbst an maßgebender Stelle eingegeben. Sein schlechtes Gewissen treibt ihn fort, wurde geredet, hier fühlt er sich nicht mehr sicher. Aber Fischbachau ist auch nicht aus der Welt...

Und das Gerücht, das den Jagdgehilfen des Mordes an Jennerwein verdächtigte, überstieg Berge und Täler und faßte auch in Fischbachau Fuß. Zweimal wurde im dortigen Revier Lechenauer von unbekannten Schützen aus sicherem Hinterhalt angeschossen. Zu seinem Glück nie lebensgefährlich. Durch einen Zufall erfuhr er zudem auch, daß seine Versetzung nach Fischbachau von Förster Mayr beantragt worden war. Aus welchen Grunde? Lechenauer glaubte ihn zu erraten.

All dieser Machenschaften und Anfeindungen überdrüssig, reichte er sein Abschiedsgesuch als Kgl. Jagdgehilfe ein. Es wurde diesem auch stattgegeben, und Lechenauer hing seinen bisher so geliebten Beruf an den Nagel.

Und sonderbar – um jene Zeit verstummten plötzlich auch alle Gerüchte, unter denen Lechenauer monatelang zu leiden hatte. Und das hatte er der alten Stauchin hinterm Wallberg zu verdanken.

Geraume Zeit erst nach dem Tode Jennerweins hatte die Bäuerin, die wegen Unpäßlichkeit mehrere Wochen in ihrer Wohnstube hatte verweilen müssen, erfahren, daß man Lechenauer verdächtigte, den Wildschützen am 6. November auf dem Peißenberg erschossen zu haben. Sie konnte aber bezeugen, daß an jenem Tage Lechenauer auf den Wallberg gegangen war und bei dem Zusammentreffen ihr den Korb mit Obst getragen hatte. Und die wackere Bäuerin versäumte nicht, diese Tatsache überall bekanntzumachen. So rettete sie die Ehre des ehemaligen Jagdgehilfen und schaffte den ungerechten Verdacht aus der Welt.

Die Gerechtigkeit ging auch sonst ihren Gang. Eines Tages wurde der Jagdgehilfe Johann Pföderl gerichtlich eingezogen und des Mordes an Jennerwein angeklagt. Später wurde aber die Anklage wegen Mordes fallengelassen und für Pföderl günstige Umstände – sein Pflichteifer, seine Tüchtigkeit im Jagdberufe, das Überhandnehmen des Wildererunwesens und der damit für das Forstpersonal verbundenen Gefahren, daß alles Maß überschreitende Treiben des Wildschützen Jennerwein – brachten es mit sich, daß er wegen Mißbrauchs seiner Befugnisse als Forstbeamter nur zu acht Monaten Gefängnis verurteilt wurde. Nachdem er seine Strafe abgesessen hatte, wurde er in das Forsthaus Valepp versetzt, wo er zwar in strenger Pflichttreue seinem Beruf nachging – aber ein einsamer, vergrämter Mensch blieb, ungeliebt und unbeachtet, gequält von Gewissensbissen, die ihm das fernere Leben verbitterten. Er blieb ein Geächteter und ergab sich immer mehr dem Trunk. In den achtziger Jahren verstarb er, noch in den besten Jahren stehend, im Krankenhause in Tegernsee.

Drei Jahre nach Jennerweins traurigem Ende.

Am Ufer der rauschenden Isar steht ein kleines, schmuckes Landhaus, umgeben von einem in allen Farben prangenden Blumengarten. Da waltet eine noch junge, saubere und tüchtige Hausfrau. Agerl nennt sie ihr Gatte, der stramme Floßmeister, dem sie seit ein paar Jahren angetraut ist. Und wenn er des Abends nach fleißiger Tagesarbeit nach Hause kommt, lacht das helle Glück aus ihren Augen, und alles Trübe, das sie erlebt hat, scheint ihr in diesem Augenblick nur ein schwerer, beängstigender Traum gewesen zu sein, aus dem sie zu neuem, frohem Leben erwacht ist.

Aus dem Garten erschallt frohes Kinderlachen. Hinter einem dichten Fliedergebüsch ruft ein feines Stimmchen: »Tante Rosa, such mich!« und Tante Rosa, die mit Pinsel und Palette vor der Staffelei sitzt, steht gehorsam auf und macht sich auf die Suche nach dem sechsjährigen Fräulein Roserl, dem Sonnenschein des Hauses. Und lange muß sie suchen, bis sie den flachshaarigen Kobold entdeckt.

»Also, da steckst du und hältst mich so lang zum Narren! Was krieg ich jetzt als Belohnung?«

Da schlingt die Kleine ihre Ärmchen um den Nacken des Fräuleins und busselt das häßliche Gesicht mit den lieben, treuen Augen ab – das häßliche Gesicht der guten Tante Rosa, die für ständig im Heim der ehemaligen Sennerin Wohnung genommen hat und von der ganzen Familie als lieber Schutzgeist des Hauses hochgeschätzt wird.

»Horch, in Lenggries läuten sie zum Abendgebet!«

Da läßt der Flachskopf von der geliebten Tante Rosa ab und betet den Englischen Gruß und noch ein Vaterunser für den toten Vater, den das Kind nur ein einziges Mal gesehen und an den es sich nicht erinnert.

»Der Herr geb' ihm die ewige Ruhe!«

Tante Rosa drückt einen Kuß auf die roten Lippen des Kindes. Er gilt dem, den auch sie einst geliebt hat und der am Ufer des Schliersees in kühler Erde ruht.

Anonym

Jennerwein-Lied

Die legendäre Berühmtheit des Wildschützen Georg Jennerwein dürfte auch einem Lied mitzuverdanken sein, das sich in Kiem Paulis Sammlung Oberbayerischer Volkslieder (München 1934, 6.A. 1980) findet. Selbst Nichtbayern und eingefleischte Preußen kennen zumindest die erste Strophe. Vorgesungen wurde Kiem Pauli das Lied 1910 »von Hartl, genannt Scherrerbauer«.

Es war ein Schütz in seinen schönsten Jahren,
er wurde weggeputzt von dieser Erd,
man fand ihn erst am neunten Tage
bei Tegernsee am Peißenberg.

Auf den Bergen ist die Freiheit,
auf den Bergen ist es schön,
doch auf so eine schlechte Weise
mußte Jennerwein zugrunde gehn!

Auf hartem Stein hat er sein Blut vergossen,
am Bauche liegend fand man ihn,
von hinten war er angeschossen,
zersplittert war sein Unterkinn.

Es war schrecklich anzusehn,
als man ihm das Hemd zog aus,
da dachte jeder bei sich selber:
Jäger, bleib mitn Selbstmord z'haus!

Du feiger Jäger, das ist eine Schande,
du erwirbst dir wohl kein Ehrenkreuz,
er fiel mit dir nicht im offnen Kampfe,
weils der Schuß von hint beweist.

Man bracht ihn dann noch auf den Wagen,
bei finstrer Nacht ging es noch fort,
begleitet von seinen Kameraden
nach Schliersee, seinem Lieblingsort.

Dort ruht er sanft, ja, wie ein jeder,
bis an den großen Jüngsten Tag,
dann zeigt uns Jennerwein den Jäger,
der ihn von hint erschossen hat.

Von der Höh gings langsam runter,
denn der Weg war schlecht und weit,
ein Jäger hat es gleich erfunden,
daß er sich hat selbst entleibt.

Und am großen Jüngsten Tage
putzt jeder sein Gewissen und 's Gewehr,
dann marschiern d' Jäger samt die Förster
aufs Gamsgebirg zum Luzifer.

Zum Schlusse Dank noch den Vetranen,
da ihr den Trauermarsch so schön gespielt,
Jäger, tut euch nur ermahnen,
daß keiner mehr von hinten zielt.

Paul Friedl, genannt Baumsteftenlenz

DER WILDSCHÜTZ VOM DEICHSLBERG: SATTLER SEPP

Die wahre Geschichte, die mit einer blutigen Schlacht endet, stammt wiederum aus Paul Friedls Band Wildschützen, Rauber und Schwärzer im Waldgebirg, *der 1974 im Grafenauer Morsak Verlag erschienen ist.*

Wilddiebe und Schlingenleger gab es zu allen Zeiten im Waldgebirge und sie wurden bis in unsere Zeit herein von allen zuständigen Gerichten hart abgeurteilt. Noch immer war es die Not, die manchen dazu verleitete, den heimlichen Gang mit dem Stutzen in die Wälder zu wagen. Mehr noch war es die Jagdleidenschaft oder auch der Gewinn, der das Wildbret einbrachte. Die gemeine Sorte der Schlingenleger wurde vom Volke immer mit Verachtung abgelehnt, diejenigen aber, die mit der Büchse wilderten, gelangten nicht selten zu einem unrühmlichen Ansehen, und das Risiko, das sie bei ihren meist nächtlichen Jagdgängen eingingen, fand nicht selten die Bewunderung ihrer Landsleute. Schlau und verwegen, mit den Waldsteigen und Wildwechseln vertraut, gingen sie der verbotenen Jagd nach, alles niederschießend, was ihnen vor die Flinte kam. Der Weg vom kleinen Wilddieb bis zum Verbrecher war nie weit. Die meisten aber wurden schon frühzeitig gestellt, und vielen von ihnen wurde das Handwerk gelegt. Trotzdem ist die Geschichte des Waldgebirges voll von Auseinandersetzungen zwischen Förstern, Jägern und Wildschützen, die oft mit Mord und Totschlag endeten. Die Zeit ist darüber hinweggegangen. Ab und zu erinnert noch ein Kreuz oder ein Marterl in den Wäldern an vergangene Tragödien. Hier sei die Geschichte eines großen Wilderers erzählt, der heute noch im Volke in unguter Erinnerung ist: das Leben des Sattlers Sepp von Deichslberg.

Es ist die Geschichte eines von der Jagdleidenschaft getriebenen Bauernsohnes, der zum tollkühnen Verbrecher wurde. 1830 kommt der Sattler Sepp in Habersdorf zur Welt. Der Vater zählt zu den reichsten Bauern der Gegend und besitzt die Gemeindejagd. Er nimmt seinen Seppl schon früh auf seinen Pirschgängen mit und lernt ihm den Umgang mit dem Stutzen. Der Bub wird ein sicherer Schütze. Dann verkauft der Vater den Hof und erwirbt ein Anwesen in Deichslberg bei Otterskirchen. Nun hat der alte Sattler kein Jagdrevier mehr, dem Sepp aber läßt das Jagdfieber keine Ruhe. Auf seinen Streifzügen kommt er bis zum Neuburger Wald, und zusammen mit zwei Kumpanen rudert er des öftern nachts in einer Zille über die Donau, und sie jagen tagelang im Vorwald, der damals noch einen guten Wildbestand aufzuweisen hatte. So kommt es im

Sommer 1860 zu einem Zusammenstoß mit einem Förster, der bei der Schieße-rei getötet wird. Damals noch nicht aller Schlupfwinkel kundig und sich auf sein Glück verlassend, kehrt der Sepp immer wieder nach Deichslberg zurück und wird von den Gendarmen im elterlichen Haus ausgehoben. Ein langer Pro-zeß kann nicht klären, wer von den Dreien den tödlichen Schuß abgegeben hatte. Schließlich bringt die Tat den Sattler Sepp, schon wegen seiner provozie-renden Haltung, vor dem Gericht 12 Jahre Zuchthaus ein. Sein Haß gegen die Obrigkeit wächst in diesen Jahren ins Maßlose und wieder in Freiheit, verzich-tet er auf einen festen Wohnsitz und treibt sich nur mehr im Vorwald herum, unterstützt von der Bevölkerung, die ihm Unterschlupf gewährt. Wieder holt er sein Gewehr aus dem Versteck, wird erneut gefaßt und zu zwei Jahren Frei-heitsentzug verurteilt. Er verbüßt die Strafe, doch schon am 4. Mai 1877 steht er wieder vor dem Passauer Gericht, das ihn nun zu 3 Jahren Gefängnis verdon-nert. Diesmal gelingt ihm der Ausbruch, er flieht über die Dächer des Gefäng-nisses, wird nach wenigen Tagen wieder gefaßt und nach Straubing ins Zuchthaus geschafft. Als man ihn von dort in die Strafanstalt nach Kaisheim bringen will, springt er aus dem fahrenden Zug.

Nicht lange dauert die Freiheit, denn allzu unbekümmert treibt er sich wie-der herum, bis er dem Gendarmen Lindner von Vilshofen in die Hände läuft, dieser ihn überwältigt und gefesselt einliefern will. In einem günstigen Augen-blick reißt sich der Wildschütz los und rennt davon. Er verschwindet im Hof des Weberbauern von Lapperding und wird nicht mehr gefunden. Gendarmerie-kommandos durchstreifen daraufhin den Vorwald, und dabei stoßen die Gendarmen Weber und Kraus auf den Sattler Sepp. Beim Schußwechsel wird Weber leicht und sein Kamerad Kraus schwer verletzt. Zuvor ist der Wildschütz schon beim Hofbauern in Kading aufgestöbert, der Hof umstellt und durch-sucht worden. Der Sattler aber ist in das Jauchefaß gekrochen, und während die Gendarmen Haus und Hof gründlich durchforschen, fährt der Hofbauer das Jau-chefaß auf die Felder und läßt den Sattler Sepp wieder in die Freiheit.

Inzwischen hat die Regierung von Niederbayern eine Verstärkung der Gendarmeriekommandos angeordnet und im Amtsblatt vom 1.7.1877 das Signalement des gesuchten Wilderers Josef Sattler aus Deichslberg veröffentlicht: Größe 1,64 m, gedrungen, gesunde Gesichtsfarbe, braune Haare und starker brauner Schnurrbart. Augen grau, Blick manchmal stechend. Schlechte Zähne. Geht meist mit Doppelgewehr und Rucksack. Für Hinweise, die zu seiner Ergreifung führen, werden 150 Mark ausgesetzt.

Doch dem Sattler Sepp ist schwer beizukommen. Denn er kennt inzwischen alle Wege und Steige im Waldland, ist überall und nirgends. Eine Streife stellt ihn in Hacklberg, doch der Sattler verschwindet im Nebel. Er taucht im Gast-haus »Zum Felsen« in Passau-Ilzstadt auf, hält sich dort einen Tag lang, ohne daß die Wirtin die Polizei verständigt. Dafür wird ihr, als es ruchbar wurde, die Konzession entzogen.

Die Jagd nach dem Wilderer wird immer dramatischer, seine Tollkühnheit rettet ihn aus fast ausweglosen Situationen. Immer noch hat er die Unterstützung von Bewohnern des Vorwaldes. Der Regierung in Landshut geht die Geduld aus und die Weisungen an die Gendarmerieposten werden immer dringlicher. Die Gendarmerie in Passau wird verstärkt, die Streifen durchziehen Tag und Nacht die Wälder zwischen Tiefenbach und Ruderting. Am Montag, den 22. Oktober 1877 durchstreifen wieder die Trupps zu je zwei Mann die Gegend um Tiefenbach. Es ist ein düsterer und verhangener Tag und der Donaunebel verhindert jede Sicht. Da trennt sich der Gendarm Meisinger von seinem Kameraden und geht allein auf das Fuchshäusl im Lohholz vor, dessen Bewohner nicht im besten Ruf standen. Am Abend fehlt Meisinger und kommt auch am nächsten Tag nicht zurück. Ein großes Aufgebot forscht im Lohholz nach ihm, und sie finden ihn mit durchschnittenem Handgelenk und einer tödlichen Kopfwunde erschlagen unter einem Reisighaufen versteckt. Die Inwohner des Fuchshäusl werden verhaftet und 1878 zu mehreren Monaten Gefängnis verurteilt. Eine Mittäterschaft konnte ihnen nicht nachgewiesen werden. Der Sattler Sepp aber taucht wieder unter und trotz der Erhöhung der Fangprämie auf 300 Mark findet sich kein Verräter. Die einhellige Meinung der Bevölkerung, die auch bei Verurteilungen wegen Begünstigung im Gerichtssaal immer wieder zu hören ist: »Mir hat er nix to. Er hat neamnd was gstohl'n und neamad Unrecht tan, und was er mit die Behörden hat, dös geht uns nix an!« Die Prozesse wegen Begünstigung nehmen kein Ende. So wird unter anderem auch die Lehrerswitwe Bachmeier von Otterskirchen zu drei Monaten Gefängnis verurteilt (8.3.1878 Bezirksgericht Passau).

Wie der Sattler Sepp den strengen Winter von 1878 auf 79 überstanden hat, kann sich niemand erklären. Er stellt zwar seine Wilderei nicht ein, und allenthalben findet man die Spuren des Jagens, gesehen wird er aber nicht. Die Streifen werden im Frühjahr durch Liniensoldaten verstärkt und die Bevölkerung zu Suchtrupps organisiert. Die Männer und Burschen aber nehmen die Sache keineswegs ernst, und bald kommt man dahinter, daß der Sattler Sepp von ihnen laufend über die Aktionen gegen ihn unterrichtet wird und sich immer rechtzeitig absetzen kann. Offen zecht und prahlt er in Wirtshäusern, weitab von der Suchstrecke.

Dann kommt auch das Ende dieses berüchtigten Wildschützen. Der Hetze und der Ruhelosigkeit müde, wollte er nach Amerika auswandern. Bei einem etwas verrufenen Kleinbauern, dem er 200 Mark geliehen hatte, wollte er sein Guthaben fordern, um damit über das große Wasser zu kommen. Doch dieser konnte oder wollte nicht bezahlen. Nach der Auseinandersetzung mit dem Kleinbauern, es war am Montag, 1. April 1878, verkroch sich der Sattler Sepp im Heustadel des Bauern Rauscher in Brauchsdorf, um sich auszuschlafen. Dies war dem Kleinbauern nicht entgangen und er verständigte die Gendarmerie. Nun wurden alle Gendarmerieposten zusammengezogen und das Gehöft umstellt. Gegen den Heustadel anrückend forderte der Gendarmeriekommandant den Sattler zur Übergabe auf, doch dieser eröffnete sofort das Feuer und verletzte zwei Gendarmen. Der Kordon zog sich weiter zurück, und der Sattler rief ihnen aus dem Stadel zu: »Net mit tausad Mann derwischt's mi!«

Nachmittags um vier Uhr wollte der Gendarm Schütz von Otterskirchen den Belagerten überraschen und stürmte allein gegen den Stadel vor. Ein Schuß Sattlers streckte ihn nieder. Um den Schwerverletzten aus dem Schußfeld zu bringen, ließ sich ein anderer Gendarm ein Federbett und einen Backtrog überbinden, schob sich, selber durch ein Seil mit den anderen Gendarmen verbunden, vor und brachte Schütz zurück. Dieser verschied abends um 10 Uhr im Nachbarhaus. Inzwischen waren Jäger und Bauern aus dem Dorf und der Umgebung mobilisiert worden, um die Abriegelung zu verdichten. Auch vom Jägerregiment in Passau wurde Verstärkung angefordert und Feuerwehren aus der Nachbarschaft herbeigeholt, da man Feuer an den Stadel legen wollte, um den Sattler auszuräuchern. Die Genehmigung dazu wollte man telegrafisch von der Regierung erwirken, sie wurde jedoch nicht erteilt. Bei Einbruch der Dunkelheit waren 20 Gendarmen und 20 Jäger um den Hof zusammengezogen. Rings um das Dorf brannte man große Feuer an, um Sattler einen Ausbruch in die Dunkelheit unmöglich zu machen. Als im Nachbarhaus der Buhbauer, der den Sattler verraten hatte, in der Stube einen Kienspan anzündete, schoß Sattler aus dem Stadel in das erleuchtete Fenster, traf jedoch nicht. Der in der Stube anwesende Gendarm Kraus hatte das Mündungsfeuer gesehen und schoß nun seinerseits auf diese Stelle zurück. Von da ab blieb es im Stadel still und die ganze Nacht hindurch meldete sich Sattler nicht mehr. In der Morgendämmerung des 2. April 1878 stürmten die Belagerer den Stadel und sie fanden den Wildschützen im oberen Stadelboden tot neben einer Futterkiste. Neben ihm lag das geladene Gewehr und im Rucksack befand sich, neben Speck und Brot eine Menge Munition. Der Schuß des Gendarmen Kraus am Abend hatte den Sattler Sepp niedergestreckt. Der tote Sattler Sepp wurde auf einem Leiterwagen nach Heining verbracht und dort am 4. April in früher Morgenstunde außerhalb des Friedhofes ohne geistliche Einsegnung begraben. Am gleichen Tag beerdigte man um 10 Uhr vormittags unter großer Teilnahme der Bevölkerung und seiner Kameraden in Otterskirchen den Gendarmen Schütz. Sein Grab ist heute noch erhalten, und die Polizei findet sich noch heute am 1. April zu einem Totengedenken an den tapferen und pflichtbewußten Gendarmen an dieser Grabstätte ein.

Das Volk verdammte den Wildschützen Sattler Sepp nicht, aber es bedauerte auch ehrlichen Herzens seine Opfer und hielt es für eine gerechte Strafe Gottes, als den Verräter Buhbauer eine gräßliche Hautkrankheit befiel, an der er elendig zugrunde ging.

Anonym

LEUTE, HÖRT, WAS ICH EUCH ERZÄHLE...
TRAUERLIED FÜR JOSEF AUER

1988 veröffentlichte der Redakteur und »Volksmusikpfleger« Wastl Fanderl im Münchner Ehrenwirth Verlag eine Sammlung Oberbayerischer Volklieder, die aus dem Chiemgau, dem Rupertiwinkel und aus dem Berchtesgadener Land stammen. Auf den Spuren Kiem Paulis ließ sich Fanderl die noch nicht aufgezeichneten Lieder vorsingen und notierte sich sowohl die Texte als auch die Melodien. Die beiden folgenden Trauerlieder stammen aus dieser Sammlung. Das erste wurde Fanderl 1967 von Maria Huber, Sewald-Großmutter in Oberbrunn bei Pittenhart, vorgesungen. Fanderl bemerkt dazu: »Am 28. Oktober 1846 wurde in Krottental, südlich der Aiplspitze im Rotwandgebirge der beim Huberbauern in Elbach erzogene Zimmermann Josef Auer beim Wildern erschossen. Der Jäger, der den Neunzehnjährigen auf dem Gewissen hatte, konnte nicht ermittelt werden. Noch in derselben Nacht hat ein Unbekannter beim Huberhof die Mitteilung in das Fenster der Ehekammer gerufen, daß der Sepp im Krottental liege.«

1. Leute, hört, was ich euch erzähle,
auf den Bergen ist es sonst so schön,
aber heute trauert meine Seele,
eine Leiche muß man droben sehn.

2. Auf der Krottenthaler Alpe droben
liegt ein Jüngling, ist im Tod noch schön;
ist nur neunzehn Jahre alt geworden,
muß schon in das Reich der Toten gehn.

3. Er liegt droben auf des Berges Schneide,
wo nur Gambsei haben Zeitvertreib.
Ganz zerrissen sind die Eingeweide,
denn zwei Kugeln fuhrn ihm durch den Leib.

4. Josef Auer, dieses war sein Name,
war von jedermann geliebt und g'acht,
einen jeden überfällt ein Schauder,
wenn man seinen Totensang betracht.

5. Ach, sein linker Arm war ihm durchschossen,
und zerschmettert war sein ganz Gebein;
ach, sein junges Blut hat er vergossen,
als man ihn fand auf hartem Felsgestein.

6. Harte Steine war'n sein Sterbekissen,
und kein Priester stand ihm da zur Seit,
seine Lieben kann er nicht mehr grüßen,
und die Freunde war'n von ihm zu weit.

Franz Wiesbacher

MENSCH, BETRACHTE NUR IM STILLEN...
TRAUERLIED FÜR MATTHÄUS ESCHLBERGER

Zu dem Trauerlied für Matthäus Eschlberger, das ihm von Maria Hogger, Felberbauer-Austragbäuerin von Mürack, Ulrichshögl bei Ainring vorgesungen wurde, bemerkt Wastl Fanderl: »Am 30. Januar 1888 wurde der ledige Matthäus Eschlberger, Schustermannbauernsohn von Ainring, beim Wildern in Moos angeschossen. Auf einem Handschlitten brachte man den Schwerverletzten zu seinem Vaterhaus. Zehn Tage lag er mit großen Schmerzen auf dem Strohsack in der Wohnstube, dann ist er gestorben. 28 Jahre alt. Er war ein ›oaseitiger‹ Onkel meiner 87jährigen Vorsängerin. Das Lied hat Franz Wiesbacher gemacht, der frühzeitig seinen Lehrerberuf an den Nagel hängte, um sich ganz der Dichtkunst widmen zu können. Dicke handgeschriebene Bände mit schriftdeutscher Lyrik hat er hinterlassen. 1912 wurde der ledige, lichtscheue Mann vom Zug überfahren und tödlich verletzt.«

1. Mensch, betrachte nur im stillen
das Erdenleben auf der Welt,
es wird wohl über deinen Willen
so manches Mal dein Grab bestellt.
Mancher stirbt in fremden Landen,
in Schlachten oder im Spital,
alles liegt in Gottes Händen,
was sich ereignet überall.

2. Heilig ist das Menschenleben,
wer's bedenkt mit klarem Sinn,
niemand kann es wiedergeben,
wenn es einmal ist dahin.
Doch es gibt oft manche Fälle,
wo es nicht geachtet wird;

wer könnte glaubm, daß es Menschen gäbe,
wo leicht ein Lebm vernichtet wird.

3. Am dreißigsten Jänner, ein Uhr mittag,
da war der Tag des Mißgeschicks,
da ging ich heimlich in den Walde
und dachte an das Unglück nicht:
»Halt!« ertönt es im Gebüsche,
und ein Schuß hat schon gekracht,
fünfunddreißig Schrot hab ich im Rücken,
welche mir den Tod gebracht.

4. Matthäus Eschlberger ist mein Name,
achtundzwanzig Jahre alt,
hat der Tod mich schon gefangen,
als ich im schönsten Alter war.
Forstmeister und Fischer, die zwei Männer
sind an meinem Unglück schuld.
Ich lief davon, aber, ach!, bedenket:
So arg mich schießen wegn solcher Schuld?

5. Eine Stund ließ man im Schnee mich liegen,
bis endlich eine Hilfe kam,
vom Schmerz gequält und fast von Sinnen,
denn halb erfroren war ich dann.
Auf einem Schlitten wurd ich gefahren
ganz erbarmungslos dahin;
o welche Angst, wie die mich sahen,
als wir nach Haus gekommen sind.

6. Meine lieben Kameraden,
gebt euch nicht so in Gefahr!
Seht, wie s' mich behandelt haben,
denkt nach, was das für Elend war.
Zehn Tage mußt ich schrecklich leiden,
bis mir der Tod ein End gemacht.
Von den Meinen mußt ich scheiden,
denen ich viel Leid gebracht.

7. Tröstet euch, wenn ich nun reise,
ich bin mit allem wohl versehn,
mit der letzten Seelenspeise
tat ein Priester mir zur Seite stehn.
Ich bitt' noch alle um Verzeihung,

wenn jemand ich beleidigt hab!
Dem Täter ich auch wohl verzeihe,
der mich geschickt ins frühe Grab.

8. Von Herzen danke ich auch allen,
die mir besonders nahestehn,
in meinem Elend mir vor allem
mußten helfen und auch pfleg'n.
Mutter, G'schwister und Kameraden,
Freunde und auch Nachbarsleut
bei mir sich eingefunden haben,
mich haben beweint mit Herzensleid.

9. Ich reise nun zu meinem Vater,
der auch schon ging in die Ewigkeit,
der mich dort oben wird erwarten
in der großen Himmelsfreud.
Er wird für mich auch Gott wohl bitten,
daß wir dort können beisammen sein.
So haben nun beide ausgelitten
und werden sich dort ewig freun.

Georg Queri

WILDERERLIED

Wo Queri war«, schrieb Ludwig Thoma in seinem Nachruf auf den am 21. November 1919 in München gestorbenen Journalisten und Erzähler, »saß Altbayern mit seinem breiten Lachen und seinem schlagfertigen Witz am Tische, und er war nicht bloß der Lobredner, er war vor allem selber das Beispiel der Unverwüstlichkeit unseres Stammes.« Der am 30. April 1879 in Frieding bei Andechs geborene Georg Queri wurde vor allem durch seine Beiträge im Simplicissimus, in den Lustigen Blättern und in der Vossischen Zeitung berühmt. Er schrieb Mundarterzählungen und deftige Sittenbilder, die ihm sogar einen Prozeß eintrugen. Zusammen mit Ludwig Thoma veröffentlichte er 1913 das Bayernbuch, die erste Anthologie zur bayerischen Literatur. Das Wildererlied stammt aus seinen Weltlichen Gesängen des Egidius Pfanzelter von Polykarpszell, die er 1909 in München herausbrachte.

Hab dih schoh dersehgn,
bist im Kammerl glegn
bei der Meinign und hast dih gfreut;
werd dee Zeit scho kemma,
wo mir Zwiesprach nehma,
wo dir d' Knia schnaggln, daß's dih reut.

Geh nur deine Wegerl,
steig nur deine Stegerl -
aus dee Augn, Jaager, kimmst mir net;
heunt werd's Kügerl gossn,
morng werd's Jaagerl gschossn -
steigt an anderer zu ihr in's Bett!

Mach fei Reu und Leid,
eh's dih abikeit!
Morng wann s' d' Fruahmeß läutn, na gehst nei;
wer ih aa neikemma,
wer mei Kügerl nehma,
wer's in Weichbrunn taucha, dees ghört dei!

Und wan's Elfi läutn,
siehgst mih von der Weitn:
Jaager, fürchst dih net alloa im Wald?
Jaager, hast dein Stutzn?
Jaager, möchst mih putzn?
Jaager, woaßt es, wia a Stutzn schnallt?

Laß dei Kügerl laffa,
tua eahm nachi gaffa,
werst schoh eisehgn müassn, daß's nix is!
Pfiffa hat dei Kügerl,
pfeiffa tuat mei Kügerl,
daß dees meine trifft, dees woaß ih gewiß!

Werd's dih umareißn,
werd's dih zsammaschmeißn,
pfüat dih Gott, adjes, du schöne Welt!
Werd mir nix draus macha,
werd auf deiner lacha,
weil am Kammerfenster oaner fehlt!

Ludwig Ganghofer

Der Michel und sein Todfeind

Ludwig Ganghofer ist lange Zeit als Trivialautor verkannt worden. Erst seit wenigen Jahren setzen sich Literaturwissenschaftler ernsthafter mit seinen Büchern auseinander, die für sich in Anspruch nehmen, »volkstümlich« zu sein, aber trotzdem keine romantisierenden Genrestückchen sind. Ganghofer bildet Lebenswelten ab, die uns heute ohne seine detailreichen und einfühlsamen Schilderungen fremd bleiben würden. Er ist versierter Chronist und liebevoller Interpret. Das hat seine Bücher so populär werden lassen. Seine Jagd- und Wilderergeschichten weisen ihn als intimen Kenner des Weidwerks aus. Der Forstmeistersohn aus Kaufbeuren, der zunächst Maschinentechnik studiert hatte, ging mit dem Prinzregenten Luitpold auf die Jagd und war selbst Herr über ein ausgedehntes Revier im Gaistal am Wetterstein. Die Erzählung Der Michel und sein Todfeind *findet sich in* Ludwig Ganghofers Jagdbuch, *das Andreas Aberle und Jörg Wedekind 1978 im Rosenheimer Verlagshaus herausgebracht haben.*

Im Laufe der dreißig Jahre, seit ich das Weidwerk übe, ist eine vielköpfige Reihe von Berufsjägern an mir vorbeigegangen. Die meisten waren mir freilich wie Menschen auf der Straße, die vorübergehen und kaum gesehen, schon wieder vergessen sind. Mancher aber hat sich unauslöschlich in meine Erinnerung eingebrannt und seinen Namen in mein Leben geschnitten, wie man tiefe Zeichen in die Rinde eines Baumes schneidet, in der sie niemals wieder vernarben.

Wenn ich zurückdenke über diese dreißig Jahre, tauchen harte, eigensinnige Köpfe vor mir auf, frohe und gutmütige Gesichter, Männer von eiserner Energie und hilflose, weiche Träumer, wilde, heißblütige Kerle und kindlich besaitete Gemüter, wunderbar kluge Leute und ratlose Narren, Söhne der tollenden Lebensfreude und stille Kinder des Schmerzes.

Kunterbunt, wie sie aus meiner Erinnerung aufwachen, will ich sie schildern. Und diese absichtslosen Studien, treu nach dem Leben gestrichelt, mögen beitragen zum Verständnis der seltsamen Linien, mit denen die Natur bei der Bildung des Volkes die Köpfe und Herzen zeichnete.

Ihre Namen, wie sie im Taufbuch stehen, darf ich nicht nennen. Muß auch verschweigen, wo die Geschichte spielte. Denn der Michel – so soll der Jäger heißen – sagte mir damals: »Gelt, halten S' fein 's Mäu! Sonst kunnten mer nobel in d' Schlemastik kemma!« Und ich fühle nicht das Verlangen, als Ankläger aufzustehen, wo kein Richter war. Nach dem Strafrecht ist ja die Sache schon längst verjährt.

Schon der erste Abend, den ich mit dem Michel in der Jagdhütte verlebte, ist mir in schwüler Erinnerung geblieben. Noch heute laufen mir Ekel und Grauen mit einem Schauer über den Rücken.

Ich hatte damals, nach meinem letzten Universitätsjahr, eine Jagderlaubnis in einem der wildreichsten Reviere unserer Berge. Ende Juli, an einem regnerischen Nachmittag, kam ich in dem Dorf an, in dem der Forstmeister wohnte. Obwohl es in Strömen schüttete, ließ mir die Glut meines jungen Jagdeifers keine Ruhe, und ich wollte noch vor Abend hinauf ins Gemsrevier. Der Michel wurde mir als führender Jäger zugeteilt, ein langer, sehniger Bursch, mit einem derben und gutmütigen Gesicht, dem nach Art der Mongolenbärte ein dicker, brauner Schnauzer über die Mundwinkel hing. Im Wirtshaus verproviantierte ich mich flink für ein paar Hüttentage, dann nahm der Michel den schweren Bergsack auf den Rücken, und unter dem Schutz der Wettermäntel marschierten wir los. Ein nasses Vergnügen, dieser Aufstieg! Es regnete, daß der Michel einmal sagte: »Gestern muß der Peterl aber ghörig pichelt haben!«

Ich hatte so viel mit meinem triefenden Mantel und mit dem glitschigen Weg zu schaffen, daß ich zum Plaudern nicht sonderlich aufgelegt war. Der Michel aber machte immer wieder einen Versuch, mir die Zeit zu vertreiben. Und als er gelegentlich stehen blieb, um zu rasten und hinunterblickte in das grauvernebelte Waldtal, sagte er: »Gestern haben s' den Lindlmayer hoambracht, an meinigen Kameraden.«

»Heimgebracht?«

»Schluß hat er halt gmacht! Wissen S', an der Lunglsucht hat 'r labariert. Und da hat 'r si gestern a Kügerl auffipelzt aufs richtige Fleckl. Jetzt hat 'r sein Fried. Is a braver Mensch gwesen, recht a handsamer, ja!«

Ich wollte mich umblicken nach dem Jäger, der mit einem kurzen Ja über allen Schmerz eines zerstörten Lebens hinübersprang. Aber da rann mir die grüne Lauge meiner neuen Hubertuskappe über das Gesicht, und ich hatte Arbeit, um Augen und Nase wieder trocken zu bekommen. Auch war das Thema, das der Michel da angeschlagen, nicht besonders erquicklich. Drum ließ ich es ruhen.

Bei den schlechten Wegen dauerte der Aufstieg länger, als ich gerechnet hatte, und wir kamen in finstere Nacht hinein. In der Hütte fanden wir die kleine Hängelampe völlig ausgebrannt, kein Tropfen Petroleum war in der Kanne – und daß ich Kerzen hätte mitnehmen sollen, daran hatte ich in der Eile nicht gedacht. So mußten wir im Dunkeln sitzen und unser Nachtmahl bei dem Glutschein verzehren, der aus dem Schürloch des eisernen Kochherdes gloste. In der winzigen Stube war eine Hitze zum Ersticken; die auf den Herdstangen trocknenden Kleider und Mäntel verursachten einen abscheulichen Dunst; aber das Rasten im Trockenen tat mir wohl, die Hoffnung auf gutes Wetter und einen ergiebigen Pirschtag vergoldete meine Laune, und während der Michel sich auf die hölzerne Bank legte, streckte ich mich behaglich auf die Seegrasmatratze des Kreisters.

»Guat Nacht, Herr!«

»Gute Nacht, Michel!« sagte ich gähnend und zog die wollene Decke über den Hals.

Wie süß mir die Ruhe in allen Gliedern prickelte! Doch als ich schon zu duseln anfing, spürte ich plötzlich unter meinem Rücken etwas Feuchtes.

»Michel, da muß es hereingeregnet haben! Die Matratze ist ganz naß.«

»Ah na, da hat's net einigregnet! 's Dach is guat! Dös weard halt Blüat sein!«

Erschrocken fuhr ich in die Höhe. »Blut?«

»No ja, auf Enkerer Liegerstatt, da hat si gestern der Lindlmayer derschossen.«

Den Sprung, den ich aus dem Bett machte, hätt' ich sehen mögen! Und wie ein Narr hinaus zur Stube! Von Ekel geschüttelt, riß ich mir draußen das Hemd herunter und ließ mir vom heiligen Petrus den nackten Rücken waschen.

»Jesses, jesses«, brummte der Michel verdrießlich, »wia ko ma denn so hoakli sein? Blüat is halt Blüat! Wann a Gamsbock schwoaßt, da graust Eahna do aa net!«

Um keinen Preis der Welt hätt' ich die Nacht in dieser Stube zugebracht. Schauernd in den feuchten Mantel gewickelt, blieb ich unter dem vorspringenden Hüttendach im Freien sitzen. Der Michel redete mir immer zu, daß ich »gscheid sein« sollte. Schließlich aber gab er die nutzlose Mühe seiner Überredungskünste auf, ging in die Stube zurück, breitete seinen Wettermantel über die Matratze und legte sich drauf. Ich konnte ihn schnarchen hören bis zum Morgen.

Als das Frühlicht dämmerte, übersiedelten wir in eine andere, zwei Stunden entfernte Hütte. Die Jagd aber wollte mich nicht mehr freuen. Doch der Michel lachte immer, als hätte er in seinen 35 Jahren was Lustigeres nicht erlebt. Und das wurde für ihn zu einem Sport, mich immer zu fragen: »Herr, haben S' an trückenen Buckel?« Ich mußte dem Michel das verbieten, denn ich konnte mich an diese fidele Frage nicht gewöhnen.

Im Laufe jenes Sommers hab ich mit dem Michel noch manchen Pirschgang gemacht. Doch in der »feuchten« Hütte habe ich niemals wieder geschlafen. Mit dem Michel aber bin ich gut Freund geworden. Er war ein vorzüglicher Jäger, mit einer ruhelosen Aufmerksamkeit in den huschenden Augen. Auch sonst ein Mensch, mit dem sich's auskommen ließ – »recht ein handsamer«, wie er vom Lindlmayer gesagt hatte –, einer, mit dem man lustig über alles schwatzen konnte. Nur von seinem Todfeind durfte man mit dem Michel nicht reden – vom Schmiedbartl, wie ich den anderen nennen will. Wenn dieser Name klang, wurde der Michel völlig ein anderer Mensch; seine Gestalt krümmte sich zusammen, wie die Katze den Buckel aufzieht, wenn der große Hund kommt; die eingekniffenen Augen bekamen einen starr funkelnden Blick, und »fliegende Hitzen« gingen dem Michel über die aschfarbene Stirn. Dabei hatte er eine typische Redensart: »Herrgott Sakra! *Den* Kerl wann i amal … « Den Rest dieses Gedankens verschluckte er immer. Und mehr war aus dem Michel nicht herauszubringen. Aber vom Forstmeister erfuhr ich, daß der Schmiedbartl seit Jahren im Verdacht wäre, ein Wilddieb zu sein, und zwar von den gefährlichsten einer. Er trieb sein Handwerk nach (Paragraph) 11, der bekanntlich lautet: Nicht erwischen lassen! Die Jäger hatten um seinetwillen Verdruß und Ärger an allen Enden und Ecken des Reviers. Und noch etwas anderes hatten sie: Sorge um ihr Leben! Da konnte hinter jedem Baum, hinter jedem deckenden Fels eine unerwartete Kugel herausfliegen. Und jetzt verstand ich sie erst, diese blitzende, rastlose Aufmerksamkeit, die in Michels huschenden Augen war, wenn wir in der Dämmerung miteinander pirschten.

Eines Vormittags, ehe wir zu Berg steigen wollten, saß ich mit dem Michel im Extrastübchen des Wirtshauses, ich in der Aussicht auf gute Jagd und der Michel in fideler Laune; denn er hatte einen kapitalen Hirsch bestätigt und wußte, daß es an einem guten Trinkgeld nicht fehlen würde, wenn der Geweihte sein Testament machte.

Da trat ein Bursch in die Stube, ein paar Jahre über die Dreißig und gut gekleidet, ein bißchen stutzerhaft, wie die Tegernseer Komödianten in der Stadt umherlaufen, wo sie gastieren. Auch gut genährt war er und brauchte schon einen weiten Hosenbund; aber an seinen lässigen Bewegungen merkte man gleich, daß sich eine eiserne Kraft hinter ihnen verbarg. Das glattrasierte, mit drei großen Blatternnarben gezeichnete Gesicht hatte gerade nichts Unsympathisches. Diese ruhigen, wasserblauen Augen gefielen mir sogar. Wie scharf mußten sie sehen! Denn die Pupillen, die schwarz in diesem Blau saßen, waren klein wie Stecknadelknöpfe.

Ohne zu grüßen, setzte er sich an das andere Ende unseres Tisches, legte die Ellenbogen auseinander und musterte mit gemütlichem Schmunzeln bald den Michel, bald wieder mich. Mit diesem Schmunzeln verdarb er es bei mir, und fragend sah ich den Michel an. Der hatte plötzlich seine gute Laune verloren und redete kein Wort mehr. Als ich diesen aufgezogenen Buckel sah, diesen harten, lauernden Blick und diese »fliegenden Hitzen« auf Michels kalkiger Stirne, da wußte ich gleich: Das muß der Schmiedbartl sein!

Der Michel in seinem Schweigen trank immer häufiger, doch immer nur mit kleinem Schluck. Und wenn er das Bierglas auf den Tisch zurückstellte, zitterte ihm die Hand. Als es leer war, schlug er mit der Faust auf die Tippglocke, die vor ihm stand. »Mareidl!« rief er der Kellnerin zu. »An Schnaps bringst mer!«

Und der andere sagte mit seinem gemütlichen Schmunzeln: »Mir bringst an Schampani, gelt!«

Die Kellnerin zeigte ein wütendes Gesicht. »Bartl, da machst, daß d'aussi kommst!«

»Ah so?« fragte der andere in seiner lächelnden Ruhe. »Hab i scho amal ebbes net zahlt? Geh! Mein Schampani bringst mer! Mir leidt's oan!«

»Wart, du! Der Wirtin sag i's!« Und das Mädel surrte zur Türe hinaus.

Der Schmiedbartl begann einen Ländler leise vor sich hin zu pfeifen und betrachtete dabei der Reihe nach die Hirschgeweihe, die am braunen Getäfel hingen. Den Michel sah er gar nicht mehr an. Der sprang aber gählings auf wie ein Verrückter, und seine Stimme kreischte vor Zorn: »Du? Willst mer ebbes?«

»Iiiii?« Verwundert sah der andere an dem Jäger hinauf, und die kleinen Pupillen seiner wasserblauen Augen wurden noch kleiner. »Was d'r einfallt!«

Der Michel schien den Verstand verloren zu haben und wollte losdreschen. Aber da hatt' ich ihn schon an der Joppe erwischt und riß ihn zurück. Im gleichen Augenblick erschien auch die Wirtin, eine kleine magere Person, so schwächlich, daß der Schmiedbartl sie mit einem Schnaufer zur Türe hätte hinausblasen können. »Bartl!« sagte sie mit einem messerscharfen Stimmchen und deutete nach dem Loch, das der Zimmermann gemacht hatte. »Staub aus!«

Ohne ein Wort zu sagen erhob sich der Bursch und verließ die Stube.

Der Michel aber krampfte die Fäuste zusammen, daß er ganz weiße Knöchel bekam. »Haben S' es net gsehgn? 's Pech hat 'r no hinter die Ohrwascheln!«

»Pech?«

»Wo er si beim Wildern d'Larven dermit anpickt!...Herrgott Sakra! *Den* Kerl wann i amal ... «

Das wußte ich jetzt: wenn die beiden sich da droben im Bergwald einmal begegnen, dann geht nur *einer* vom Fleck – der eine, der mit dem krummen Finger der Flinkere ist.

Zwei Jahre später sollte mich ein böser Zufall zum Zeugen der Abrechnung machen, die in der Sonne eines schönen Morgens diese beiden Todfeinde miteinander hielten.

Seit einer Woche hauste ich mit dem Michel hoch droben über dem See in einer Jagdhütte. Am Samstag abends mußte der Jäger ins Dorf hinunter, um seinen Wochenrapport zu erstatten. Weil er am folgenden Morgen nicht zurück sein konnte, bis es schußlicht wurde, machten wir aus, daß ich für mich allein einen Pirschgang unternehmen sollte, während der Michel den Rückweg zu einem »Speggaliermarsch« durch die tiefer liegenden Wälder zu benützen gedachte, die an Sonn- und Feiertagen gerne von ungeladenen Jagdgästen besucht wurden. Dann wollten wir uns auf der »Seeplatte« treffen.

Es war ein herrlicher Morgen, so reich an geheimnisvollem Reiz und zärtlich flüsternden Farben, daß ich bei unersättlichem Schauen ganz die Jagd vergaß. Als die kommende Sonne ihre Rosenglut über die steinernen Zinnen hinhauchte, alle die schweigsamen Wipfel der Zirben umgoldete und in den weißen Tauperlen die feurig blitzenden Seelchen weckte, schwammen aus der Tiefe gerade die sanften Glockentöne herauf, die drunten im Dorf zur Frühmesse riefen. Wie köstlich fein das in der Stimmung war! Zu solcher Stunde, wenn die Natur im keuschen Glanz der Frühe all ihre Schönheit entschleiert – zu solcher Stunde rinnen dir merkwürdige Dinge durch Blut und Sinne. Da glaubst du allem ungelösten Rätsel des Lebens wie ein Wissender gegenüberzustehen.

Aber der Hirsch, der auf dreißig Gänge vor mir stand, ohne daß ich ihn sah, und der mich erst durch den Lärm seiner Flucht auf sich aufmerksam machte – was sich *der* wohl gedacht haben mag? Und als ich dann hinauskam zu steil hinunterstürzendem Sand, den See da druntenliegen sah wie einen großen, dunklen Smaragd, im Filigran der steinernen Ufer – da vergrämte ich noch einen Gemsbock, der pfeifend über die Wand hinaufsauste.

Die gute Pirschzeit war noch nicht vorüber, aber mich lockte die Jagd nicht mehr. Und da war auch schon die Seeplatte, eine grün gepolsterte Felsnase, die sich wie ein kleiner Erker hinaushob in die Luft. Ich legte das Fernrohr und die Büchse ins Gras, breitete den Wettermantel in die Sonne und ließ mich nieder, um auf den Michel zu warten. Als ich die Zigarette anbrannte, klang der Hall eines fernen Schusses, weit draußen in der Leitenwand, die mit schwindelnder Steile hinunterfiel nach dem See, in hohen Stockwerken von schmalen, grünen Bändern durchzogen und gesprenkelt mit kleinen Waldflecken.

Der Michel hat einen andern Weg genommen, dachte ich mir, und hat irgendein Raubwild geschossen.

Eine Weile spähte ich immer über die Leitenwand hinaus, ob nicht der Michel irgendwo daherkäme. Dann guckte ich wieder hinunter in die wundersame Tiefe und blies in Träumen den Rauch der Zigarette vor mich hin.

Die Sonnenstrahlen, die da drüben durch alle Scharten der Berge breit hereinbrachen, spannten sich wie goldene Stege über den Kessel. Bei mir herüben, auf der Sonnenseite, war alles ein Schimmer und Glast. Drüben aber waren die Wände und Wälder versunken unter dunstigem Schattenblau, wie eine Welt, die noch nicht fertig ist.

Da weckte mich das Geklapper flinker Schritte. Der Michel kam, aber nicht von der Leitenwand, sondern von der entgegengesetzten Seite. »Hab scho ghört!« rief er mich an. »Liegt ebbes? Oder haben S' gfehlt?«

»Aber Michel? War denn der Schuß nicht von Ihnen? Ich hab ja doch gar nicht geschossen!«

»Herrgott Sakra!« Von hinten schob er den Hut in die Stirn. »Da habn mer an Lumpen im Revier!« Und an wen er dachte, das merkte ich gleich; denn er machte den krummen Buckel und hatte keinen Tropfen Blut mehr im Gesicht. Wie der Blitz huschte sein Blick über alles Sichtbare hin. Das war kein Mensch mehr – so muß der Blick eines Tieres sein, das den Wolf in der Nähe wittert.

Sich duckend sprang er zu mir, warf sich auf die Knie, fragte flüsternd, in welcher Richtung ich den Schuß gehört hätte – und zischelte: »Schaugn S', daß S' hoamkommen! Jetzt kon i Eahna nimmer brauchen, jetzt muaß i Deanst machen!«

Ich wollte schon in Eile mein Zeug zusammenraffen, als drüben in der Leitenwand das Rollen und Sausen fallender Steine klang. Und bei einem der kleinen Waldflecke, die wie Vogelnester an den Felsen hingen, meinte ich, was Bewegliches zu entdecken. Während ich mit zitternden Händen das Fernrohr auseinanderzog, hörte ich hinter mir einen keuchenden Laut. Und was ich im Glas hatte, alles gauckelte, die mageren Bäumchen, das graue Gestein, die niederen Latschen und der nähersteigende Mensch da drüben, über dessen Kopf die Läufe des Gemsbockes hinaufstarrten, den er im Rucksack schleppte. Mit der Hand klammerte er sich immer an die Latschen und Felsen an, in der anderen hielt er, wie schußfertig, die Büchse. Alle paar Schritte blieb er stehen und drehte den Kopf. Der Gestalt nach, meinte ich ihn zu erkennen. Aber das Gesicht war von einer schwarzen Maske aus Drahtgeflecht bedeckt und mit einem Wulst von Roßhaaren umhangen.

»Michel...«, wollte ich sagen. Aber da warf mich der Luftdruck eines Schusses, der mir dicht am Ohr vorbeigegangen, fast zu Boden. Und der in der Leitenwand, der machte einen meterhohen Sprung – und verschwand.

Mir wurde übel. »A schöns Zoachn hat 'r gmacht!« so klang es mir in den sausenden Ohren. Und wie in einem Nebel sah ich, daß der Michel, in der Faust die rauchende Büchse, an den Rand der Platte vorsprang und mit gestrecktem Hals auf das Rollen und Gepolter lauschte, das immer weiter herunterrasselte gegen den See. Dann drehte er das Gesicht zu mir und fragte: »Ob jetzt dös der Gamsbock sein weard? Oder der Bartl?«

Das Grauen schüttelte mir alle Glieder. »Michel! Um Gottes willen! Wie kann man denn einen Menschen so niederschießen?«

Der Michel gab keine Antwort, sondern guckte wieder und lauschte in die Tiefe, in der es still geworden. Dann sagte er: »Jetzt muaß i allweil umsteigen! Z' kurz abgezogen wear i net habn. Kunnt abr aa sein, daß 'r no schnauft. Und da koost an Menschen do aa net so liegen lassen.« Er sprang von der Platte auf einen steinernen Sockel hinunter, und während er in die Leitenwand einstieg, schob er eine frische Patrone in die Büchse.

Es würgte in mir, ich konnte mich kaum noch auf den Beinen halten – und dennoch trieb es mich hinter dem Michel her. Aber langsam ging es. Und den Michel sah ich schon nimmer. Nach einer Weile hörte ich ihn rufen: »An Schwoaß hab i scho!« Dann schrie er: »Bartl! He!...Bartl! He!...Sei gscheid und gib an, bal no konst!« Nun Stille. Nur manchmal das Rollen kleiner Steine. Und jetzt ein Laut des Erbarmens: »Jesses, da liegt 'r!«

Von dem Felsband, über das ich vorwärts krabbelte, konnte ich hinuntersehen auf den Fleck, der den Bartl im Sturze aufgefangen hatte. Was mit Gerassel in die Tiefe gefahren, das war nur der Rucksack mit dem Bock gewesen.

Ganz ruhig lag der Bartl auf dem Rücken, mit der linken Hand an eine Latschenstaude geklammert. Die Joppe war ihm halb über die Schulter gezogen, und die Drahtmaske war von dem bleichen Gesicht gerissen, in dessen wasserblauen Augen noch das Leben glänzte.

Und jetzt kommt das Merkwürdige, um dessentwillen ich diese Geschichte erzähle. Ob einer meiner Leser das verstehen wird? Auch mir, der ich mein halbes Leben mit dem Volk der Berge teilte, ist das nicht völlig verständlich geworden.

Da liegt ein Sterbender, und sein Mörder steht vor ihm – zwei Menschen, in denen der aus Lebenssorge entstandene Haß seit Jahren gebrannt hat, wie das Feuer in der Esse brennt, wenn der Blasbalg getreten wird.

Ich sah, wie sich der Michel, die beiden Hände auf seine nackten Knie gestützt, über den andern hinbeugte, und hörte ihn fragen, in einem gutmütig freundlichen Ton: »Was moanst denn, Bartl? Fehlt's weit?«

Und der andere, mit der Stimme eines Gesunden, sagte: »Bis hoam, daucht mer, langt's ebba nimmer! Kunntst mer scho an Gfallen toan, wennst mer den Pfarr auffiholen tatst.«

»Aber freili, gearn, i lauf, was i laufen kon!«

»Vergeltsgott! Und bis si der Pfarr firti macht, konst es em Vater aa glei sagn.«

»Freili, ja.« Der Michel wollte davon. Und besann sich. »Wart, i tua dir no ebbes!« Mit seinen eisernen Händen riß er einen großen Rasenbrocken von der Felswand und legte ihn dem Bartl mit der Grasseite auf die rote Brust. »Woaßt, dös hebt d'r 's Blüat auf!«

»Moanst?«

»Ja. Dös hat mer oaner gsagt amal! Aber schön stadhalten muaßt di, gelt! I tummel mi scho! Pfüe Gott derweil!« Und während der Michel durch die Felswand hinausstieg, so flink, als hätte er das Trottoir einer städtischen Promenade unter den Schuhen, rief er zu mir herauf: »Steigen S' abi, Herr, und bleiben S' hocken bei eahm! Sunst kunnt 'r Zeitlang haben. In vier Stund, moan i, bin i da mit'm Pfarr!«

Alles Entsetzen, das in mir gezittert hatte, war für einen Augenblick überwunden von einem fassungslosen Staunen über diese beiden Menschen, für die alles Geschehene eine selbstverständliche und erledigte Sache war, über die es kein Wort mehr zu reden gab.

Doch als ich zu dem Grasband hinunterkam und den Sterbenden und sein rinnendes Blut in der Nähe sah, packte mich das Grauen wieder.

Er stöhnte ein wenig und wollte mit der rechten Hand nach seinem Nacken greifen.

Mühsam brachte ich's heraus: »Kann ich Ihnen was helfen?«

»A bißl a Mies kunntst mer einischiabn unters Gnack! So a Stoanl, dös druckt mir so!«

Mit der einen Hand raffte ich das Moos zusammen, mit der andern klammerte ich mich an einen Felszacken – denn der Platz war bedenklich. Und so schmal war der Fleck, daß ich am Bartl nicht vorbei konnte, sondern über ihn hinübersteigen mußte, um zu seinem Kopf zu kommen. Als ich mich bückte, das Moosbüschl zwischen den Händen, wollte sich der Bartl aufrichten, um mir die Sache zu erleichtern. Das Rasenpflaster, das ihm der Michel auf den Einschuß gelegt hatte, kollerte ihm über die Brust herunter – und da schien es, als wäre dem Bartl plötzlich zwischen den Rippen etwas entzwei gegangen. Die

Augen quollen ihm starr aus den Höhlen, seine Fäuste machten noch einen Zuck nach dem Herzen, lautlos fiel er zurück, die Arme schlugen wie Blei auf die Steine, der Körper fing zu rollen an, leblos, nur vom Gewicht seiner Schwere – und bevor ich in meinem Schreck noch zugreifen konnte, glitt der Tote über den Rand des Felsens hinaus, umprasselt von Steinen, die seine Reise in die Tiefe mitmachten.

»Michel!« begann ich wie irrsinnig zu schreien. »Michel! Michel! Michel!« Nach einer Weile kam der Jäger hastig durch die Wand hereingestiegen. Nicht mein Schrei, sondern das Gepolter der Steinlawine hatte ihn zurückgerufen. Als er mich sah, tat er einen Schnaufer der Erleichterung und guckte über die Wand hinunter. »Hat's en *Bartl* abirissen?« Den Namen betonte er. »Da braucht er koan Pfarr nimmer!« Der Michel nahm den Hut ab und bekreuzte sich. »Muaß 'r halt selm schaugn, wie er mit 'm Herrgott füranand kimmt!« Er warf die Joppe ab und streifte die Schuhe von den nackten Füßen. »Da habn mer jetzt a grobs Stückl Arbet!« Mit ruhiger Vorsicht kletterte er über die Felswand hinunter.

Das dauerte lange, bis der Michel wiederkam – damals meinte ich, es wäre eine Ewigkeit – aber es waren drei Stunden. Plötzlich stand er vor mir, die Joppe über der Schulter, in der einen Hand die Büchse, in der anderen die klobigen Schuhe. Von den wundgerissenen Füßen tropfte ihm das Blut.

»Jetzt liegen s' alle zwoa beinand«, sagte er, »der Bock und der Bartl! Und dös macht 'r allweil a so, ünser See. Daß 'r koan nimmer auffilaßt! Da weard eahna 's Suachn net viel bideuten! Sauberer hätt 's net aufgehn kinna ... grad wia beim Zwicken, wenn der oane d' Sau und der andere den bsetzten Belli hat ... da kimmt aa nix raus!« Mit einem Grasbüschl wischte er das Blut von den Füßen und schlüpfte in die Schuhe. »Schaugn mer hoamzua!« Tief atmend zog er die Joppe an, trocknete sich mit dem Ärmel den Schweiß vom Gesicht, nahm die Patronen aus der Büchse und sah mir fest in die Augen. »Gelt, halten S' fein 's Mäu! Sunst kunntn mer nobel in d' Schlemastik kemma! Die dalketen Leut san allwei die mehrern ... da woaßt nia, wiast dranbist!«

Ich brachte kein Wort heraus. Und dieser Heimweg zur Hütte war eine böse Sache für mich. Die Nachwehen der Aufregung arbeiteten in mir, daß ich alle paar hundert Schritte zu einem bitteren Heiligen beten mußte. Überall hatte der Michel eine Quelle zur Hand, und immer lief er und brachte mir Wasser in seinem Hut. Schließlich verging ihm bei dieser Krankenpflege aber doch die Geduld, verdrossen murrte er vor sich hin: »Malefiz Stadtleut, verfluchte! Was ma da allwei Schererei hat!« Doch er besänftigte sich wieder und rüttelte mich zutraulich am Arm: »Aber Herr! So stellen S' Eahna do a bißl vernünfti an! Is do gscheider, *mier* zwoa gengan hoam, und der ander liegt drunt! Bal uns der ander derspecht hätt ... moanen S', der hätt Spingginkerln gmacht? Da hätt's halt ghoaßen: Sö oder i! Wens halt troffen hätt! Na na! Sammer zfrieden! Jetzt haben mer unser Ruah!«

Diese Logik, der ich nicht widersprechen konnte, beruhigte mich ein wenig. Ich sagte nichts mehr, und schweigend marschierte der Michel hinter mir her. Aber dann hatte er zu seiner Logik noch einen Nachtrag zu machen: »A nagelneue Doppelbüchs hat 'r ghabt! Da hätt 'r uns alle zwoa rasieren kinna! A feins Gwehrl! Dös hat mi fein greut, weil i 's einischmeissen hab müassen in See!«

Nun blieb er still. Erst als wir in die Nähe der Hütte kamen, wachte er aus seiner nachdenklichen Stimmung auf und sagte: »Jetzt is 'r um d' Leich aa no kemma! *Dös* weard 'n fuxn! Drent! Wissen S', an der Schmidden, da hängt a mordsmäßige Freindschaft! Dö wären eahm alle ganga!«

Drei unbehagliche Tage blieb ich noch in der Hütte — und tat es, weil der Michel das aus triftigen Gründen für nötig hielt. Aber als ich am Mittwoch abend hinunterkam ins Dorf, mußte ich vor dem Forstmeister mein Gewissen erleichtern. Der erschrak zuerst, dann kratzte er sich hinter den Ohren und fing zu schimpfen an — aber nicht auf den Michel. Den ganzen Abend redete er in mich hinein. Er erzählte mir die Geschichte von einem Dutzend Jäger, die man kalt im Bergwald gefunden hatte, mit der Kugel im Rücken oder mit den Posten im Bauch. Aber von einem Wilddieb, der zu Gericht gegangen, um sich als Mörder zu bekennen, hätte man noch nie was gehört. Im Gesetz, da muß es freilich heißen: Der Jäger darf sich nur wehren! Aber wenn der Jäger, sobald es ans Wehren geht, schon ein toter Mann ist? Was dann?

Bis nach Mitternacht schwatzte der Forstmeister immerzu, bald heiß, bald wieder ruhig. Aber mit seiner fünfstündigen Rede sagte er mir auch nichts anderes, als was mir der Michel mit fünf kleinen Wörtchen gesagt hatte: »Gelt, halten S' fein 's Mäu!«

Als die Woche zu Ende ging, begann man in der Schmiede einen zu vermissen. Wo hätte man ihn suchen sollen? Auf zehn Stunden in der Runde war jedes wildreiche Revier ein Lieblingsaufenthalt des Bartl gewesen. »Den findt koa Katz nimmer«, hieß es. Von allen Jägern der Nachbarschaft stand jeder unter dem Verdacht, daß er den Bartl »füreinand bracht« hätte. Nur den Michel ließ das Geschwätz in Ruhe. Denn im Dorfe wußten sie: der Michel hatte einen Jagdgast zu führen; und so ein bequemer Stadtfrack will nicht nur auf die Pirsch geführt sein, sondern will auch seine Schuhe geschmiert bekommen, da hat der führende Jäger keine Zeit für andere Dinge!

Arthur Achleitner

No. 000

Neben Ludwig Ganghofer und Anton von Perfall gehörte auch Arthur Achleitner zu dem erlauchten Kreis von Schriftstellern, die den Prinzregenten Luitpold auf der Jagd begleiten durften. Der 1858 in Straubing geborene und dort auch 1927 gestorbene Sohn eines Chorleiters war ein unglaublich produktiver Autor.

Über 100 Romane und Erzählungen stammen von ihm. Seine Themen waren die Jagd und das Leben in den Bergen. Die Hochschätzung, die er zu seinen Lebzeiten genoß, dokumentieren auch die Titel, die ihm verliehen wurden. Achleitner, der sein Lehramtstudium abgebrochen hatte, wurde 1897 zum Professor, 1900 zum Hofrat und schließlich 1903 sogar zum Geheimen Hofrat ernannt.

Seine Erzählung No.000 (nach einer Schrotsorte) ist 1895 in dem Band Fröhlich Gejaid! erschienen, der seine Jagdgeschichten aus den Bergen versammelte.

Es war um die Mitte der dreißiger Jahre dieses Jahrhunderts, als auch in die Ortschaften des Isarwinkels die Kunde vom Tegernsee herüberkam, daß der Revierjäger von Gmund und dessen Jagdgehilfe von unbekannten Tätern erschlagen und im Walde aufgefunden waren. Begreiflicherweise erregte diese Nachricht allenthalben das größte Aufsehen, und es kam besonders die Jägerei in hohe Aufregung über diesen gemeinen Mord, zumal die umschaffendsten Recherchen völlig ergebnislos blieben. Das Ereignis hatte in Isarwinkel die Folge, daß die in ihrem Dienstleben durch die arg betriebene Wilderei zu jeder Stunde gefährdete Jägerei zum persönlichen Schutze sich Fanghunde beigesellte, die auf den Mann dressiert waren und auf Befehl jeden rissen. Knechte und Burschen spotteten zwar über diese neuartigen »Jagdhunde« der »ängstlichen« Jäger; aber sie hüteten sich doch, mit den Fangzähnen der scharfen und starken Hunde nähere Bekanntschaft zu machen. Das Unwesen der Wilddieberei jedoch erlitt nur nach der Bluttat zu Gmund eine kurze Unterbrechung, solange nämlich der allgemeine Schrecken auf die Gemüter wirkte und die Gendarmerie die Gegend durchstreifte. Allmählich legte sich die Erregung; die Jagdgehilfen spürten wieder Wilddiebe, und so sehr sie dem Gesindel auch nachgingen, ein Einfangen wollte nicht gelingen.

Am Tölzer Revier war es der Revierjäger Kirchmaier, der sich sofort nach dem bekannt gewordenen Gmünder Mord einen Fanghund kaufte und nur von diesem begleitet seine Dienstgänge absolvierte. Hatte doch Kirchmaier ganz besonders unter den Besuchen der Wackersberger Schwarzgeher zu leiden, die im Wegschießen von Rehwild eine unerhörte Dreistigkeit bekundeten und selbst ein »Jagdl« am helllichten Tag nicht scheuten.

Auf dem *Kellererhofe zu Wackersberg* saß an einem mondhellen Abend um Johanni der Bauer auf der Bank vor der Türe, paffte an seinem Pfeifchen und sah in die vom Silberlicht des Mondes übergossene herrliche Landschaft hinaus. Die Eh'halten haben sich zur Ruhe begeben; im Hause sieht die Bäuerin nach, ob alles in Ordnung sei, dann tritt sie unter die Tür, um den Bauern zu fragen, ob er nicht auch zur Ruhe gehen wolle: es wäre Schlafenszeit. Der Alte aber brummt ein bärbeißiges »Na!«, worauf sich die an seine derbe Wortkargheit gewöhnte Bäuerin mit einem Gute-Nacht-Wunsch zurückzog.

Der selten schöne, weihevolle Abend scheint seinen Eindruck auf den Bauern zu machen; gleichmütig raucht er weiter und läßt die Augen über das Gelände schweifen. Erst als die Turmuhr die neunte Stunde in langen Schlägen verkündet, horcht der Bauer aufmerksamer hinaus, als erwarte er jemanden um diese Zeit.

Gedämpfte Schritte – es kommt jemand –, eine hohe Gestalt pirscht heran, vorsichtig jedes Geräusch vermeidend und im Schatten des Hauses vor dem indiskreten Mondlicht Deckung suchend. Der Bauer hat den Ankommenden erkannt, erhebt sich und tritt in den Hausflötz, wo er auf den späten Gast wartet. Trotz der Finsternis im Flur tastet der Ankömmling sich sicher hinein und gibt als Signal einen pfauchenden Laut von sich, ähnlich der Katze, die zum Schlag gegen den sie stellenden Hund ausholen will.

Sofort meldet sich auch der Bauer und flüstert:

»Nix?«

»Ja!«

»Wo?«

»A Fetzenbock am vordern Eingang ins Ainbachtal!«

»Z'nachst 'm Zollhaus?«

»Ja!«

»Ist da Wechsel wohl sicher?«

»Akrat, feit si nix!«

»Na wart a wengl, i bin glei wieder da.«

Kurz darauf erscheint der Bauer wieder, der sich die schweren Bergschuhe mit Fetzen umwunden hat und ein Gewehr unter der Joppe trägt.

»San mer's?« (Sind wir es?)

»Ja!«

Lautlos huschen zwei Gestalten aus dem Gehöft, der Kellerbauer und sein Oberknecht Martl, sie umkreisen das Dorf in weitem Bogen, um jede Begegnung zu vermeiden, suchen vorsichtig Deckung vor dem Mondlicht, bis sie unweit des Huberbauerngehöftes wieder sichernden Baumschatten erreichen, von wo sie, von Stamm zu Stamm springend, endlich den Eingang ins Ainbachtälchen gewinnen. Nicht lange darauf schimmert gleich einem weißen Band aus der dunklen Waldumrahmung die Straße entgegen, die von Tölz über Zollhaus am Stallauer Weiher vorbei nach Benediktbeuren führt. Plötzlich macht Martl Halt und winkt den hinterher trottenden Bauer heran.

»Dort unten, rechts von der Straß, herauf zu, siehgst 'n?« wispert der Knecht.

»Ja!«

»Auf den Bock pirsch di an, es dauert nimmer z'lang, aftn geht er z'Holz und ist für uns pfutsch!«

»Wird aber dengerscht koa' Jaager net um d'Weg sein?«

»Zan Lachen! Bald oaner kimmt, na laßt halt statt auf'n Bock auf'n Jaager krach'n, i sag eh nix! Geh nur zua; i kimm glei nachi, i muß netta no' mei' Büachserl aus'm Baam hol'n!«

Muß ein alter Hallodri sein, der Kellerer, wie der sich fein dem äsenden Rehbock näherpirscht. Aber er muß doch der Geschichte nicht so recht trauen, da er weit sorglichere Blicke auf die Straße und deren Umzäunung wirft, als befürchte er ein plötzliches Auftauchen eines Jagdgehilfen oder des Revierjägers. Auf vierzig Schritte etwa ist er jetzt dem Bock nahe. Soll er krumm machen und schnalzen lassen? Wenn er noch länger wartet, geht der Bock heim, und der Marsch ist vergeblich.

»Sakra, sakra, ist eine dumme G'schicht! I werd' do liaber wart'n, bis der Martl da ist.«

Richtig geht der Bock flüchtig ab; er muß Wind 'kriegt haben. Im selben Augenblick ist aber der Martl mit schußfertigem Stutzen neben dem Bauern und macht ihm zornig Vorwürfe über den unterlassenen Schuß, weil nun die ganze Bestätigungsarbeit vergeblich ist und sie morgen statt Rehbraten Baun (Bohnen) essen können. Und erst der Wildbrethandler, der wird anders schimpfen! Ist auch saudumm, mit einem solchen Latidel (einfältigen Menschen) jaagern z'gehen! Kein zum Lachen! Feihlt grad no, daß er schußscheu ist und d'Augen zudruckt beim Krachen!

Ist der Knecht doch etwas laut in seinen Zornesäußerungen geworden, oder war der an der Waldlichtung stehende Bauer blind, urplötzlich ertönt ein Ruf:

»Halt! G'wehr nieder!«

»Höllsakra der Jaager! Bauer nimm'n Jaager, i schiaß auf'n Hund!« schreit der Knecht und backt an. Blitzschnell zieht der Bauer auf, der Revierjäger läßt den Fanghund los und will rasch zusammenschauen, da gibt der Bauer Feuer, und fast gleichzeitig schießt der Knecht den Hund nieder.

Mit einem Wehruf sinkt zu Tode getroffen der Jäger nieder, der Schuß ging ins Herz. Wie versteinert starrt der Bauer auf den ermordeten Beamten; nun ist geschehen, was er im Innersten befürchtete.

»Willst 'leicht beim Toten übernachten und auf'n Gendarm warten?« höhnt der Knecht, nimmt dem Erschossenen das Dienstgewehr ab und flüchtet eiligst im weiten Bogen um den Schauplatz der gräßlichen Tat gegen Wackersberg. Das wirkt auf den Bauer, der sorgsam nochmals nachsieht, ob nicht etwas Verräterisches zurückgeblieben ist. Richtig, dort liegt der Papierfetzen des Pfropfens. Rasch denselben eingesteckt und quer durch das Gehölz heimwärts. Ist doch gut, daß er für alle Fälle Rupfenfetzen um die Schuhe hat. Seine Fußspur wird der Landrichter so leicht nicht finden!

Der Mond hat sein Antlitz verhüllt; er will den Frevel auf Erden nicht sehen, der zum Himmel um Rache schreit. Wer ist der Mörder?

Die ganze Gegend geriet in Aufregung über diese neue Mordtat. Die gerichtliche Augenscheinnahme am Tatort ergab zur Evidenz, daß kein Handgemenge stattfand, es mußte beim Zusammentreffen sofort geschossen worden sein, und die minimale Versäumnis vom Loslassen des Fanghundes bis zum Schießen mußte der arme Revierjäger mit dem Leben büßen. Der arme Jäger ist mit schwerem Bleihagel No. 000, der Fanghund mit kräftiger Schrotladung niedergeschossen worden. Also waren es wohl *zwei* Wilderer; aber so viel der Untersuchungsrichter auch an den Spuren herumsuchte, er konnte nur eine deutlich wahrnehmbare Mannesspur, die sich bald in der Straße verlor, finden.

Wo nun die Täter suchen?

Die Tölzer Gendarmen entwickeln den regsten Eifer und duchsuchen fleißig jedes einigermaßen verdächtige Gehöft und kontrollieren jede zweifelhafte Persönlichkeit, aber sie erreichen bei allem Diensteifer, bei aller Aufopferung nur das Resultat ihrer Kollegen vom Tegernsee, nämlich nichts! Die Staatsstraße entlang, von Tölz bis Benediktbeuren war jeder Hof besucht und überall recherchiert worden, ohne daß auch nur der leiseste Anhalt zu einem Verdacht gefunden worden wäre. Auf dem Rückweg aber revidierte ein Gendarm die Gehöfte am Arzbach entlang und begann dann das Wilderernest Wackersberg selbst zu durchsuchen, was um so weniger eine leichte Arbeit zu nennen ist, als sich gerade bei den Wackersbergern von jeher gewaltige Körperkraft mit Schlauheit vereinte.

Auf der Wanderung von Hof zu Hof mußte der Gendarm wohl auch zum Kellerer Gehöft gelangen, wo der Bauer den nichts weniger denn angenehmen, bewaffneten Gast mit gutgespielter Gelassenheit empfing, obwohl ihm das Herz arg pochte vor Angst.

Ob der Kellerer unter seinen Leuten Burschen hätte, denen eine Bluttat zuzutrauen wäre? fragte so leichthin der Gendarm. Der Bauer verneinte rundweg; seine Knechte wären gewiß keine Heiligen, er möchte auch solche Duckmäuser gar nicht auf dem Hof haben, aber ein Mord wäre niemandem zuzutrauen.

»Das Wildern auch nicht?« fragte der Gendarm weiter.

»Sell ist schwer z'sagen, in Wackersberg liegt 's jaagern den Leuten im – Bluat!«

»Ihr habt aber doch einen Knecht Namens Martl, der wegen Wilderns bereits gerichtsbekannt ist?« meint der Gendarm.

»So? Möglich, die Herren vom Gericht wissen ja allweil mehr, als unsereinem bekannt ist.«

»Ihr werdet doch von heimlichen Ausflügen dieses Martl über kurz oder lang etwas gemerkt haben? Nicht?«

»Hon i mi nia drum kümmert!«

»War der Knecht an jenem Abend, wo der Revierjäger in der Nähe vom Zollhaus erschossen wurde, im Hofe?«

»Ja!«

Der Gendarm inquirierte eine Zeitlang weiter; allein aus dem Kellererbauern ist nichts Brauchbares herauszubringen, und wegen des Martl kann der Bauer nichts Belastendes angeben. Soweit sich Kellerer erinnern kann, saß er mit dem Martl an jenem Abend um Johanni rum auf der Bank vor dem Hause, und vor zehn Uhr wär' er und auch der Martl schlafen 'gangen.

Hat der Gendarm einen besonderen Verdacht? Er will doch mit dem Martl selber reden. Das kann der Bauer nicht verwehren, aber mitten in der Feldarbeit mag er den Knecht doch nicht vom Acker wegholen. Wenn der Herr Gendarm einstweilen einen anderen Hof besuchen würde – ?

»Nein, nein, der Knecht soll nur herbeigeholt werden, oder ich geh' selber aufs Feld hinaus!« Das letztere ist nun gar nicht nach des Bauern Sinn, und unvorbereitet möchte er auch den Martl nicht lassen. Herrgott, wie die Angst so heiß aussteigt: Wo ist die Gefahr größer? Den Gendarm allein im Hause lassen oder eine Überrumpelung des Martl? Der Bauer erklärt, den Knecht selber holen zu wollen, der »Herr Gendarm« möge es sich inzwischen bequem machen. So geschwind ist der Kellerer in seinem ganzen Leben nicht aufs Feld gegangen, und schon von weitem rief er den Oberknecht heran, der auch eiligst herbeikam und seinen lauernden Blick auf den Bauern richtete. Mit fliegender Hast rapportiert der Kellerer die bevorstehende Vernehmung durch den Gendarm und wiederholt die gegebene Aussage. Also nicht eingestehen, nix verraten, am Abend der Tat war alles um zehn Uhr zu Bett!

»Feit si nix!«

Die Ruhe des Knechtes wirkte wohl auf den Bauer etwas ein, aber ihn peinigte nun die Angst, was der Wächter der Ordnung wohl inzwischen im Hofe getrieben haben werde. Vielleicht hat er Haussuchung gehalten?

Wie die beiden so daherschritten, der eine wie ein richtiger Galgenvogel, der andere mit stark aus den Höhlen hervortretenden Angstaugen, dachte wohl auch der Gendarm, daß deren Gewissen nicht immer ganz sauber sein werde. Wahrscheinlich wildert der Bauer auch, nur hat das Landgericht ihn noch nicht zur Aburteilung erhalten.

Fast zitternd vor Angst öffnet der Bauer die Stubentür, und mit einem einzigen Blick überfliegt er die getäfelte, rauchgeschwärzte Stube. Gottlob, der Gendarm hat sich's am Tisch in der Ecke bequem gemacht und wartet, behaglich an die Wand gelehnt, auf den rückkehrenden Bauer. Hat er nun Haussuchung inzwischen gehalten oder nicht?

»Hier wär der Martl,« meint der Bauer, indes der Gendarm sich vom Sitz erhebt und sich dem Knecht so gegenüberstellt, daß das durch das Fenster einfallende Licht das Gesicht Martls scharf beleuchtet, der Gendarm also jede

Miene beobachten kann. Nun beginnt abermals das Fragen nach dem Verbleib in der Verbrechensnacht, aber der Knecht zuckt mit keiner Wimper, er sagt gleichlautend aus wie der Bauer. Ob außer dem Bauern noch jemand bestätigen könne, daß um zehn Uhr zu Bett gegangen wurde?

»Nein!«

»Warum nicht?«

»Weil alles schon schlafen 'gangen war!«

»Warum ist er mit dem Bauern allein vor dem Haus auf der Bank noch sitzen 'blieben?«

»Weil's z' fruah war zum Bettgehen!«

»Wann geht Ihr sonst ins Bett?«

»Uma neuni!«

»Und warum an jenem Abend erst später?«

»Weil's Vollmond war!«

»So, so, seit wann gibt denn ein Bauernknecht gar so viel auf Mondschein und Naturbeobachtung?«

Jetzt glaubte der Bauer sich einmischen zu sollen mit der Bemerkung, daß der Abend so viel lind g'wesen wär', und das Sitzen auf der Bank nach Feierabend wär' doch nichts Besonderes.

»Was habt Ihr denn so Wichtiges auszudiskutieren g'habt an jenem Abend?«

Martl warf einen blitzschnellen Blick auf den unruhig werdenden Bauern und brummte etwas von nimmerwissen, es wird nichts Besonderes g'wesen sein. Ob der Bauer auch nicht mehr wisse, was an jenem Abend ausgeredet worden wär? Vielleicht eine Verabredung wegen eines Jagdls auf Rehe? Nicht?

Kaum kann der Bauer seine Bewegung verbergen. Martl aber bleibt gelassen und meint, daß ein Bauer wohl kaum mit einem Knecht gemeinsam wildern gehe!

»So, so! Kann jeder natürlich auch allein gehen, und im Revier wär's doch möglich, daß beide sich dann treffen. Warum nimmt denn der Martl so grobe Schrot zum Jaagern!«

»I? I nimm gar koa'!« stottert der durch die plötzliche Querfrage überraschte und nun auch erregt werdende Knecht.

»Mit Erbsen wirst du wohl nicht schießen, was?«

»Na!«

In sein klingenden Tönen schlägt die große, alte Uhr in der Ecke, deren Gewichte in einem Holzgehäuse hängen, die vierte Stunde. Der Gendarm wendet sich nach der Uhr und betrachtet die Bemalung des Gehäuses aufmerksam.

»Eine alte Uhr wohl, schönes Schlagwerk, und das Gehäus' sauber bemalt. Wohl ein Erbstück, Kellerer, was?«

Der Bauer bringt als Antwort nur einen unverständlichen Laut hervor.

»Wo ist dem Knecht sein Kammerl?« fragt dann der Gendarm weiter und fordert beide auf, ihn auf die Kammer zu führen.

Auch diese sorgfältige Durchsuchung ergibt nichts Belastendes; kein Gewehr, auch kein Pulvervorrat oder Schießzeug ist zu finden. Der Gendarm muß sich selber sagen, daß er die Verhaftung der beiden nicht verantworten kann. Wilderer sind sie unzweifelhaft; aber wenn er den Bauern und den Knecht ob solchen Verdachtes allein verhaften will, dann kann er aus jedem Wackersberger Haus ein bis zwei Mann herausholen und nach Tölz eskortieren. Freilich einer von allen wird von der Bluttat schon was wissen, aber welcher ist es? Doch kann man deswegen nicht die ganze männliche Bevölkerung von Wackersberg verhaften. Vielleicht ergeben sich anderswo mehr belastendere Momente. Mit kurzem Gruß entfernt sich denn der Gendarm, um seine Recherchen in anderen Gehöften fortzusetzen.

Kaum ist er fort, so setzt sich der Bauer schleunigst auf die Ofenbank; die Beine schlottern ihm, er zittert am ganzen Körper, die ausgestandene Angst war zu groß. Martl höhnt, der Bauer wär' ein Schwachkopf, der sich vor dem Galgenfieber fürchtet und sich schon noch selber verraten werde. Übrigens müsse der Bauer für Wahrung des Geheimnisses jetzt einen Kronentaler zahlen, wenn nicht, kann man den Gendarm ja zurückrufen.

Unwillkürlich griff der Kellerer trotz seiner sonstigen Filzigkeit nach dem Lederbeutel, zog ihn mit bebenden Händen auseinander und nahm den Taler heraus. »Da hast, aber verrat nixen und geh wieder aussi aufs Feld, d'Leut wurden sonst z'neugieri!«

Ohne Dank steckte Martl den Taler ein und ging pfeifend hinaus zur Feldarbeit. Die Geschichte ist ja besser ausgegangen, als er selber geglaubt hat, und wenn die Sach' auch schief geht, ihm kann nie viel passieren: er hat ja bloß den Hund derschossen. Den Bauer aber kann er, wenn Geldnot eintritt, prächtig schröpfen.

»Wart, Kerl, du zahlst dir gnua!«

Auf dem Feld draußen fragten die Eh'halten wohl neugierig, was denn passiert sei, aber Martl fertigt die Dirnen und Burschen grob ab, der Gendarm hätt halt auch auf'm Kellererhof g'fragt, ob wir net wissen, was der Landrichter gern wissen möcht'.

Monate lang wurden die Recherchen nach allen Richtungen gepflogen; aber alle Mühe, den Täter zu entdecken, blieb vergeblich.

Allmählich legte sich die Aufregung wieder; der Vorfall geriet in Vergessenheit, und auch der Kellerer gewann wieder völlig seine Ruhe und Gelassenheit; ja er konnte sogar, wenn zufällig im Wirtshause die Fälle von Gmund und Zollhaus von den Bauern doch noch gestreift wurden, kaltblütig behaupten, nach seiner Meinung täte das Landgericht viel besser, auf der anderen Karseite nach den »Schützen« zu suchen, denn zwischen Gaißach und Fleck wären noch immer die größeren Liebhaber von Wildbret gewesen. Ja, ja, sagten die Wackersberger vergnügt und froh, daß die verdammte Geschichte auf die Lenggrießer und Jachenauer abgewälzt wurde.

So vergingen die Jahre. Auf dem Kellererhofe wuchs des Bauern einziger Bub Maxl kräftig heran als richtiger Wackersberger, der fest zugriff bei der groben Bauernarbeit, aber ebenso gern in Wald und Flur streunen ging und den nahen Bergen so oft als möglich Besuche abstattete; nicht wegen der schönen Aussicht, sondern um »Wild zu schauen«, wozu der Oberknecht den frischen Buben mit einer sonst an dem verschlossenen Menschen nicht wahrnehmbaren, freudigen Hingebung förmlich abrichtete.

Das Verhältnis zwischen Bauer und Knecht blieb erträglich, da Martl an den Geldbeutel des Kellerer nur mäßige Anforderungen, und stets nur in Zeiten wirklichen Geldmangels, stellte. Den gemeinsam erlebten »Vorfall« im Gehölz am Zollhaus erwähnte keiner mehr; man hatte das vergessen, und auf dem Grab des armen Revierjägers wuchert längst Gras und Unkraut.

Wer hätte dessen Ruhestätte auch pflegen sollen? Der Mann stand im Leben allein und blieb es auch im Tode, er war ein pflichttreuer Jäger, nun ist er tot – wen kümmert's!

Wie die Zeit vergeht! Der Kellerer Maxl wird demnächst »Moar« (Oberknecht, Oberschaffer) auf dem väterlichen Gute; der Alte ist grau im Haar geworden, und auch der Martl hat Silberfäden, als wenn er Dachsfett auf's Haar gebracht hätte. Zwölf Jahre sind ins Land gezogen, aber unentwegt sind die Alten immer dabei, wenn es in Abwesenheit der Jäger just tunlich ist, ein Stückl Hochwild oder ein Reh wegzuputzen. Der Martl ist eigentlich der gröbere Wilddieb, weil er stiehlt, was ihm vor's Rohr kommt; er nimmt die Rehgais vom Kitz weg, schont weder Tier noch Kalb, und wenn er drüben am Schafreuter einen Gams erwischen kann, macht es ihm besonderen Spaß. Der alte Kellerer stiehlt natürlich auch, aber sein Sport ist mehr auf Geweih- und Gehörnträger gerichtet, und das Verwerten des erlegten Wildes überläßt er, weniger aus Noblesse als aus Furcht vor dem Erwischtwerden, dem Martl, der hierin auch bessere Beziehungen zu den Wirten unterhält, die immer gern »billiges« Wildbret erwerben. Der junge Kellerer hätte nicht der Sohn vom Alten sein müssen, wenn er nicht bald »gespannt« hätte, was der Alte und der Martl in stillen Nächten auswärts treiben, und weil beide dem scharfen Beobachter nicht ableugnen konnten, daß sie geheimnisvolle Ausflüge unternehmen, so ward Maxl eben eingeweiht und von derselben Stunde an Teilnehmer an den frechen »Jagdzügen«. Man wilderte zu dritt; die Alten als Schützen und der Junge als Treiber, und dann wieder abwechselnd einer der Alten als Zudrücker, damit auch der Maxl das Wildschießen praktisch erlerne.

So war wieder einmal ein lauer Frühsommertag gekommen, und Martl war abgängig vom Hofe, was indes nicht besonders auffiel, da seinen Dienst ja der junge Maxl meist ausübte. Martl ist dem Koloß der Benediktenwand zugestiegen im wiedererwachten Wildhunger; vorsichtig, erst bald links, bald rechts dem Arzbach entlang, wo der brausende Sohn der Berge eben Raum für Menschenfüße gewährt an seinen ausgefressenen, unterspülten Böschungen. Ein heilloser Marsch in dunkler Nacht, den nur der ausführen kann, welcher in der Natur zu Hause ist.

Im ersten Tagesgrauen steigt Martl durch Lärchenwald und Felsgewirr aufwärts gegen die Probstenalm zu, deren Hütte er aber sorglich ausweicht, seit eine Sennerin aufgezogen ist, die einem Gerücht zufolge, so »ehrvergessen« sein soll, mit einem Jäger ein Verhältnis zu unterhalten.

Da heißt es für Martl besonders gut aufpassen; denn eine Senndrin mit einem Jaager im Kopf sieht jedem Wildbretschützen auf Füße und Finger. Bis zum Rand des Almbodens, aber auf der Seite nach Benediktbeuren zu, muß Martl doch hinaufsteigen, weil dort immer gern Rehe ziehen. Wenn er eines niederknallt, muß er freilich verteufelt flink »abschieben« mit der Beute, wenn er von der Malefiz-Senndrin nicht kontrolliert und erkannt werden will. Hoffentlich wird aber jetzt die Almerin bei der Melkarbeit im Kaser (Hütte) sein, also kann sie auf den Schuß nicht rasch genug über den Almboden kommen, um Nachschau zu halten.

Martl liegt in guter Deckung und äugt scharf auf die kleine Blöße. Richtig zieht ein Reh vertraut vom Holz; Martl untersucht nicht lang, ob er Bock oder Gais vor sich hat, er macht sich schußfertig, und noch eine bessere Breitstellung abwartend, läßt er den Schrotschuß aus dem Lauf: das Reh überschlägt sich im Feuer, ein kurzes Schlegeln, und bis der Schuß in den Wänden verhallt, hat Martl das erbeutete Stück Wild an den Läufen schon aufgeflaxelt, die Läufe durch die bloßgelegten Sehnen gesteckt, und das Reh übergeworfen, um es in wenig gefährlicher Gegend bis zur Nacht zu verstecken. Eben will Martl marschaus machen, da hört er eine weibliche Stimme die Schußrichtung angeben, und gleich darauf knackt es im Gestrüpp, Steinchen kollern. Alle Teufel, ein Jäger hat die Verfolgung aufgenommen! Martl wirft das Reh weg und sucht in rasender Flucht nach abwärts seinen Vorderlader zu laden, aber es ist dies unmöglich. Wehrlos will er sich aber nicht hetzen lassen, und ehe er sich gefangen gibt, soll lieber ein Jaager ins Jenseits spazieren. Martl deckt sich hinter einem Lärchenstamm, schüttet mit bebender Hand Pulver in den Lauf, geschwind einen Propfen darauf, eilig läßt er Schrote einrinnen, ein Filzfetzerl hineingestoßen – Himmel sakra – da ist der Teufelsjaager schon heran – na' freu dich! Der Jäger hat ihn eräugt, blitzschnell ziehen beide auf, der Jäger ist flinker und läßt fliegen.

Wohl schnappt auch Martls Hahn ein, er zündet nicht; zusammenbrechend erkennt Martl zu spät, daß er vergessen hat, das Kapsel aufzustecken.

Warm sickert das Blut aus der Wunde, die des Jägers Kugel geschlagen; nun geht's an's Ende! Der Jagdgehilfe tritt neuerdings schußfertig an den im Wundbett liegenden Wilderer heran. Ah! Der Martl vom Kellererhof! Also ein Hauptlump endlich einmal erwischt und unschädlich gemacht, welche Befriedigung!

Martl wirft dem Todfeind wohl einen tückischen Wutblick zu; er ist aber schon zu geschwächt, um nach dem Knicker greifen zu können.

Der Jagdgehilfe erkennt sofort den Zustand Martls; rasch legt er dem Schwerverletzten einen Notverband mit seinem eigenen Sacktuch an, um die Blutung etwas zu stillen, und bedeutet Martl, rasch zu sagen, wenn er noch etwas auf dem Herzen hätte, es müßt' bald aus sein mit ihm.

»Hol an Geistlichen!« stöhnt Martl.

»Bis der kimmt, bist hin! Sag's mir, was d' no' beichten willst!«

»Na, liaber alloan verrecken!«

»Wie d'willst! Ich hol 'n Pfarrer, bleib liegen, wo d'bist!« Sofort stürmt der Jäger von dannen, den Geistlichen zur letzten Wegzehrung für den Wildschützen zu holen.

Martl läßt den Kopf auf's Moos fallen; eine wohltätige Ohnmacht mildert seine Schmerzen.

Einige Stunden später kniet der Priester neben dem ohnmächtigen Wilderer, eifrig bemüht, das Leben zurückzurufen durch Einreibung der Schläfe und Einflößung eines belebenden Saftes. Ein leises Stöhnen, die Lippen bewegen sich, Martl öffnet die Augen. »Gott – sei – Dank – der – Geistlich' – i – will – beich – ten!«

Der Kaplan winkt dem Jäger wegzutreten, legt sein Ohr an den Mund des Sterbenden und nimmt ihm die letzte Beichte ab.

»Darf ich Anzeige machen?« fragt der Priester.

»Ja!« flüstert Martl und läßt das Haupt zurückfallen, das Leben ist entflohen. –

»*Absolvo te!*« spricht der Priester und betet vor der Leiche.

Von den Prallwänden streicht der Bergwind herab, der Wald rauscht, düstere Wolken umziehen das Firmament. –

Die Leiche Martl's ist von Holzknechten nach Wackersberg gebracht und im Beinhaus des Friedhofes aufgebahrt worden. Der Kellerer hatte sich entschieden geweigert, einen Toten im Hause zu behalten. Zeigten sich die Eh'halten scheu und wisperten sie untereinander über das tragische Ende des Oberknechtes, so vermochte der Alte kaum eine gewisse Befriedigung zu unterdrücken. Ihm ist der längst unbequem gewordene Mitwisser nun vom Hals genommen; der Tote kann nicht reden, und Geld kann er ihm auch nicht mehr abfordern, also ist der Gewinn doppelt; schöner hätt' die Geschichte nicht mehr ausgehen können, denkt der Bauer.

Ob der Kellerer nicht eine Totenkerze hinüberschicken möcht' ins Beinhaus für den Martl? fragt die alte Bäuerin.

»Koa Spur net, *der* schlaft a so aa!«

»Na, a Totenkirzen hätt' er schon verdeant, er war doch zeitlebens auf'm Hof und sunst a treuer Deanstbot!«

»Da Teufi soll'n holen!« brummte der geärgerte Bauer.

»Wenn er nur di net aa – a – amal holt!«

Der Kellerer schlägt eine höhnende Lache auf, verstummt aber augenblicklich, denn im selben Augenblick treten Gendarmen in die Stube, und der Brigadier von Tölz schreitet auf den totenblaß gewordenen Bauer zu und sagt: »*Im Namen des Gesetzes, Kellerer, du bist verhaftet!*«

»Jess', Maria und Jospeh!« schreit die Bäuerin, und sinkt in die Kniee.

Ehe noch die durch die Ankunft der Gendarmen erschreckten Eh'halten herbeieilen können, ist der Bauer schon gekettet. Der Brigadier öffnet den Holzkasten der Uhr in der Ecke: ein Griff, richtig, da ist ja das Gewehr des ermordeten Kirchmaier, genau wie der Martl es angegeben in der Beichte. Das kommt zu den Akten. Dann stülpt der Gendarmenführer dem Gefangenen einen Hut auf, den nächstbesten, den er gerade an der Ofenstange erwischte, und kommandiert: »*Vorwärts marsch, auf's Landgericht!*«

Ist das ein Ereignis im Dorfe! Der alte Kellerer verhaftet, und sein Oberknecht liegt tot – erschossen – im Beinhaus!

Am Begräbnis Martl's nahm die ganze Dorfbevölkerung teil; die Männer ließen merkwürdig die Köpfe hängen, wie der Kaplan am offenen Grabe von Gottes rächender Hand sprach, die jeden ereile, der die göttlichen Gebote übertrete, des Nächsten Gut raube, und Menschenleben frevelnd vernichte!

Alles ist aufgekommen! Der Kellerer hat vor zwölf Jahren den Revierjäger Kirchmaier in der Nähe des Zollhauses erschossen, sein Knecht den Fanghund, und Martl selber hat sterbend dem Kaplan gebeichtet und gebeten, daß die Schuld Kellerers dem Gericht angezeigt werde!

So lange Zeit unentdeckt, und nun ist doch alles aufgekommen! Gottes Mühlen mahlen langsam, aber sicher! Wer hätte geglaubt, daß der Kellerer der Mörder wär?! Und auf die Lenggrießer hat er die Bluttat abwälzen wollen damals!

Kellerer wurde zu mehrjähriger Zuchthausstrafe verurteilt. Gram und Schande nagten am Herzen der alten Bäuerin, die bald nach dem Urteilsspruch starb.

Bis der Vater heimkehrt aus dem Zuchthaus, ist der junge Kellerer nun Herr auf dem Hof; jetzt kann er schalten und walten, wie er will. Durch den Gang der Ereignisse eingeschüchtert, raten die Nachbarn, Maxl solle das Wildern nun, für die nächste Zeit wenigstens, doch lieber bleiben lassen. Aber Maxl lacht die Warner aus; so dumm wie der Martl ist er nicht, und wenn er ja einen Jaager niederpufft, tut er es allein, ohne Zeugen. Der Alt' hätt' es auch besser ohne den Martl getan! Und der Martl wär' ein Schuft gewesen bis in seine letzte Stund'!

Dann renn in dein Verderben, sagten die Nachbarburschen.

War es Zufall oder des jungen Kellerer beispiellose Verwegenheit, er wilderte frech und unverdrossen, ohne daß die Jägerei seiner habhaft werden konnte, jahrelang, bis eines Tages der alte Bauer müde und herabgekommen, wieder auf den Hof zurückkehrte. Erst blickten ihn die Nachbarn wohl etwas scheu an, das Wort »Zuchthaus« wirkt immer im Menschen; aber war es denn ein gemeines Verbrechen, das der Kellerer begangen hat? Hat er einen Mitmenschen aus der Gegend um's Leben gebracht? O nein, es war ja »bloß« ein Jaager, ein Todfeind! Und diese »humane« Argumentation half auch bald darüber hinweg, daß Kellerer im Zuchthause gewesen ist.

Frische Luft, freie Bewegung und die heimische, kräftige Kost halfen dem alten Bauern bald wieder auf die Beine; es stieg sein Lebensmut wieder, die Bauern wurden wieder vertrauter, und bald war die »z'widere« Geschichte vergessen. Lange untätig auf dem Hof zu sitzen, ist indes nicht Sache des zähen Kellerer, ihn juckt der Jagdteufel wie früher, und nach einer geheimen Aussprache zwischen Vater und Sohn gehen beide – wildern.

Und wie der Krug so lang zum Brunnen geht, bis er bricht, so erging es zunächst dem jungen Maxl. Der Alte hatte sich eine Fußentzündung zugezogen durch eine stark forcierte Flucht vor einem Jagdgehilfen und mußte unfreiwilligen Hausarrest halten. Daher ging Maxl allein ins Grüne und pirschte, als wenn der gesamte Wildstand sein Eigentum wäre.

In einer stürmischen Nacht kam Maxl in großer Aufregung heim und weckte schleunigst den Vater, damit ihm dieser den Arm verbinde. Was geschehen wär?

O mei', nicht viel, der verdammte Jaager war flinker, und seine Kugel hat des Maxl Arm erwischt.

Ob der Jaager kaputt ist?

Maxl wär' gar nicht zum Schießen gekommen.

»Sakra, ein Glück, daß das Kügerl nichts anderes erwischte!« meint der Bauer.

»Was Glück!« wettert der Junge. »Wenn der rechte Arm vielleicht steif bleibt, na' ist's mit der Schießerei gar!«

»Sell' wär' freilich z'wider!«

»Was z'wider – a Unglück waar's, a großmächtig's! Jesses, schießen bal i nimma kunnt, na' sollen s' mi nur glei einspinna.«

Der Alte verband nach besten Kräften die Armwunde, holte selber eine Flasche Enzian aus dem Keller, so viel gut wär' fürs Wundfieber. Besorgt hält der Kellerer für den Rest der Nacht Wache am Bett des vor Schmerzen stöhnenden Sohnes. Mei', das arme Büaberl ist ang'schossen word'n, so a Jaager fragt 'n Teufel, ob's weh tut! Wie leicht hätt's Kügerl gar 'm Buben sein Herz treffen können, na' wär's aus für das Leben!

Am Morgen schickte der Kellerer nach Tölz um den Bader, der denn bald darauf, im Fuhrwerk des Bauern angerasselt kam, die Wunde schön verpappte, und, den ganzen Arm in Spreißelschienen legend, mit Leinwandstreifen fest fatschte. Die G'schicht' sollte der Bub nur dran lassen, der Arm würde schon von selber wieder gut.

Wochenlang harrt Maxl geduldig auf die Besserung; aber statt besser wurde es schlechter, ein stechender Schmerz stellte sich ein, ein schreckliches Gefühl, als würde alles brandig, ein Toben im Arm, das den Schlaf raubt und den Kranken schreien macht vor Schmerz. Der besorgte Alte hätte nicht übel Lust, an die Wirkung einer vielleicht von dem »lumpeten« Jaager »vermeinten« (behexten) Kugel zu glauben und zur Behebung der Vermeinung eine Zauberfrau kommen zu lassen. Aber davon will Maxl nichts wissen, der mit der Pfuscherei des Baders gerade genug hat. Wenn's nicht besser wird, will er doch — wenn auch nicht gern, nach Tölz fahren und einen von die g'studierten Dokter den bösen Arm anschauen lassen, denn steif darf der Arm nicht werden, koste es was der wöll!

Richtig fahren die beiden Kellerer in das Städtchen und erleben beim richtigen Arzt etwas, was sie nicht geahnt: eine höllische Strafpredigt über ihre grenzenlose Dummheit und einen Anblick des schrecklich zugerichteten Armes, daß ihnen schier freiletz' (übel) wird. Wenn's halbwegs möglich ist, will der G'studierte den Arm am Körper lassen; macht der Brand aber Fortschritte, dann muß der Arm weg.

»Dös wenn wahr wird, aftn wird der Malefizjaager a tote Leich'!« glaubte der Alte schwören zu sollen.

Zitternd vor Angst, den Arm verlieren zu müssen, zeterte Maxl, der Vater soll solche Juramente bleiben lassen, denn wenn er auch den übrigens unbekannten Anschießer kalt macht, kriegt Maxl seinen Arm nimmer, und der Alte spaziert wieder − -

»Ins Zuchthaus moanst, sag's nur raus, adrahter Lump, der koan' Respekt net hat vor'm eigenen Vater. Sell gehat ma grad no ab; die Derheamplerei vom eignen Fleisch und Bluat, die hon i satt; meint's weg'n werst a Krüppel, Bauer werst ja dengerst net auf mei'm Hof, i woaß scho', was i thua, dös Gehatz hon i hiazt dick − verkaafa thua i − wo anderscht geit's aa − a − a Wild und bessere Jaager, die net glei auf'n Christenmenschen pulvern!«

Staunend hat der Arzt diesem gegenseitigen Gefühlsausbruch gelauscht, dem er aber nun ein rasches Ende macht, indem er dem Jungen Verhaltungsmaßregeln gibt nach gründlicher Reinigung der Armwunde, und dem Alten bedeutet, daß die Behandlung einen Silbergulden koste.

»Soll der Bua nur selm zahl'n!« knurrte der Bauer, bequemte sich aber doch zur Berappung, weil Maxl erklärte, nur etliche Groschen Kleingeld bei sich zu haben, und man doch dem Dokter die Sach' nicht schuldig bleiben könnt'.

Hat es der Dokter ausgeschwätzt oder der Alte selber verlautbart, daß der Kellerer verkaufen möcht', Angebote waren im Handumdrehen da, und gar nicht schlechte, Bargeld bis auf die Hypotheken, wenn alles bleibt, was liegt und steht.

Solche Raiterei auf'm großen Tisch gefiel dem Alten, die Kronentaler schön aufgeschichtet, Karlin extra in kleinen Häufchen. So kommt es denn zur Verbriefung beim Notar, und der Hof war verkauft.

Bloß alles Gewand, die Leibwäsche, die Betten, etliches Kochgeschirr, und die Gewehre blieben den abziehenden Kellerern, und freier Transport dieses Eigentums in den neuen Bestimmungsort war ausbedungen.

Abschied schien überflüssig. Wohin die Sach' gefahren werden solle? Der Alte will nach der kleinen Ortschaft Bichl bei Benediktbeuren, ein netter Ort, still und beschaulich, nahe am Gebirg – der Alte zwinkert mit den Augen, und der Junge nickt verständnisvoll. Freilich nützt die Nähe der (damals noch wildreichen) Benediktenwand dem Maxl nicht viel, seit der Arm wirklich steif geworden ist.

Ein Häuschen, für die beiden Kellerer und die gedungene Wirtschafterin genügend Raum bietend, war bald erworben, und nun »privatisierten« beide, die viele tatenlose Zeit durch weite Spaziergänge weidlich ausnützend, immer hübsch im Wald und an den Hängen herumsteigend, wobei der Alte sich noch in einer geradezu verblüffenden Weise kräftig und agil zeigte.

Da Bichl von Wackersberg nicht himmelweit entfernt ist, hat die Jägerei dieses Ortes natürlich auch bald Wind, und ist sie bestens über den Ruf der Beiden informiert, daher die Jagdgehilfen immer ein scharfes Auge auf die »renommierten« Wilderer haben.

Das spürten die Kellerer aber auch gar bald und richteten sich darnach; der Maxl mit seinem steifen Arm machte den Ausspekulierer und Treiber und der zähe Alte den Schützen. Sollte aber je ein Jagdgehilfe dazwischenfahren, so kann das Landgericht dem Steifarmigen nichts anhaben, weil dieser kein Gewehr trägt und nicht selber jaagert. Und den Alten muß man zuerst haben, ehe man ihn auf's Gericht einliefern kann.

Den Jungen, der übrigens längst heiratsfähig ist, attrapierte man auch wiederholt im Walde liegend, und wenn auch der ihn aufgehende Jagdgehilfe unschwer erraten kann, daß das Herumlungern bloß aufs Wechselbestätigen hinauszielt, verhaften kann der den Waldstreuner deshalb doch nicht.

Durch die genauen Berichte des Sohnes war der Alte nie im Zweifel über einen begangenen Wechsel und die Zeit des ausziehenden Wildes, und so konnte er fröhlich weiter wildern zur gelinden Verzweiflung des Forstamtes in Benediktbeuren, dem trotz der Opferwilligkeit des Personals doch ein Stück Wild nach dem andern weggestohlen wurde, bis es dem Forstmeister zu »dick« wurde und Anordnungen getroffen wurden, denen zufolge jeder Gehilfe mit Proviant versehen, so lange in dem ihm zugeteilten Revier bleiben muß, bis der alte Kellerer lebendig oder tot eingefangen wird.

Dem auch das Dorfwirtshaus frequentierenden Maxl war es bald aufgefallen, daß seit einigen Tagen kein Jagdgehilfe mehr am Biertisch zu sehen ist, und mißtrauisch geworden, avisierte er von dieser Wahrnehmung den Vater. Allein der alte Kellerer will sich von dem beabsichtigten Pirschgang in die Leinbachklause nicht abhalten lassen; Wind und Wetter ist zu günstig. Der Maxl soll zu Hause und auf der Grädbank bleiben, von welcher er ganz genau wahrnehmen kann, wer auf die Schläge auszieht. Wenn besondere Gefahr drohe, könne Maxl auf kürzestem Wege bergein laufen und durch dreimaligen Käuzchenruf den Alten warnen.

Der Junge paßt wie verabredet; aber die Schläge bleiben unbegangen, die Reviere scheinen ausgestorben; weiß der Teufel, wohin die Jagdgehilfen alle verschwunden sind. Die Geschichte ist nicht recht richtig, aber so viel Maxl auch sinniert, er findet keine genügende Erklärung für die auffallende Tatsache des Verschwindens.

Zeitlich früh ist der Vater fort, und jetzt geht es dem Abend zu; der Alte müßte eigentlich schon längst wieder daheim sein. Es ist aber auch möglich, daß er sich versteckt halten muß, daß ihm das Wild vergrämt wurde. Aber ebenso gut kann er angeschossen irgendwo in seinem Blute liegen; recht viel Sanftmut werden die Jagdgehilfen dem Mörder des Revierjägers Kirchmaier gegenüber kaum bekunden, wenn sie ihn auf frischer Tat ertappen. Schießen die Wilderer, so kann man auch den Jagdgehilfen das Dampfmachen nicht verargen. Sakra, am End' ist doch was passiert!

Die Sonne will scheiden; es ist doch vielleicht besser, wenn der Maxl nachschauen geht. Ist auch der Arm steif, so sind die Beine um so flinker; Maxl gewinnt die Höhe rasch und biegt in die Lainbachklause ein, eher, als er selber glaubte, dieses Revier erreichen zu können. Sorgsam nach allen Seiten lauschend, läßt er das verabredete Signal ertönen – keine Antwort; er wiederholt die Käuzchenrufe, wieder nichts. Höllteufel! Der Vater muß was derwischt haben und irgenwo angbleit liegen. Aber wo? So viel das Dämmerlicht gestattet, sucht Maxl das Unterholz ab, kraxelt zwischen den Felsblöcken herum, steigt auf die Böschung und lugt zum Bachbett hinunter, sakra, da liegt der Alt' ja unten! Was ist da geschehen?

Der Vater wimmert; angeschossen wär' er, im Knack (Genick) tät es weh, und rühren könnt er sich nimmer!

Net mögli! Kein Blut, keine Schußwunde vorne im Körper! Mühsam dreht Maxl mit der linken Hand den bewegungslosen Alten auf den Rücken, richtig, am Genick ein schwarzgewordener Blutstropfen, sonst keine Verletzung!

Wenn der Alte vor völligem Einbruch der Nacht noch heimgebracht werden soll, heißt es eilen. Maxl sucht mit der einen Hand den Vater aufzurichten, aber der Alte sinkt immer wieder zusammen. Allein bringt Maxl den angeschossenen Alten nicht hinaus. »Vater, bleib liegen, wo d' bist, i hol' Hilf!«

»Aber bald!«

Wie der Sturmwind eilt Maxl durch den Wald hinab nach Bichl. Wenn er Hilfe begehrt, wird die Wilderei freilich offenkundig; aber er kann den Vater doch nicht draußen liegen lassen.

Ein paar Nachbarn bringt er endlich zusammen, die mit einer Tragbahre den Alten heimholen. In später Stunde liegt der Alte dann wieder im Bett.

Das Erwachen am nächsten Morgen brachte Klarheit: der alte Kellerer ist auch zum Krüppel geworden, ein Schrot aus des Jägers Dienstgewehr hat des Alten Genick, die Wirbelsäule getroffen, infolge dessen der alte Kellerer *gelähmt ist an Händen und Füßen*: des Himmels Vergeltung durch ein *Grobschrot No. 000!*

Ludwig Thoma

DER WILDERER

*E*s *war ein recht erhebendes und die Brust schwellendes Gefühl«, schreibt Ludwig Thoma in seinen Erinnerungen, als er Ende 1897 beim Bummel durch die Münchner Buchhandlungen seinen ersten Erzählungsband Agricola in den Auslagen fand. Und wehe dem, der das Buch nicht ausgestellt hatte. Der 30jährige Rechtsanwalt, der gerade seine Praxis in Dachau aufgegeben hatte und nach München zurückgekehrt war, hatte seit 1895 für den* Sammler, die Belletristische Beilage *der* Augsburger Abendzeitung *kleine, humorvolle Geschichten vom ländlichen Leben in Dachau und Umgebung geschrieben, die er nun – ergänzt um einige neue – in seinem ersten Buch versammelte. Die Kritiken waren, abgesehen von den Zeitungen aus Dachau und Umgebung, durchweg positiv. So lobten die* Münchner Neuesten Nachrichten *am 22. Dezember 1897: »Die – im doppelten Wortsinn zu verstehen – Hartköpfigkeit der Bauern, ihre Rauflust und Prozessierwut, die Enge ihres Horizonts und die naive Sicherheit, mit der sie in dieser Enge sich regen und schaffen, Tölpelei und Pfiffigkeit, Gutmütigkeit und Härte, all' das spielt in den kurzen Geschichten bunt und reich durcheinander.« Mit* Agricola *begründete Thoma seinen Ruhm. Natürlich durften in der Sammlung auch Jagdgeschichten nicht fehlen, war doch Thoma »Sohn, Enkel und Urenkel schwerer Altbayern und Pfeife rauchender Jäger«.* Der Wilderer *ist eine der wenigen Erzählungen, die nicht vorher im* Sammler *erschienen, sondern eigens für den Band geschrieben wurden.*

Auf dem engen Fußpfade, welcher durch das Moos führt, schreiten drei Männer.
   Mißmutig und schweigsam. Sie waten duch das Schilfgras, welches ihnen oft bis zu den Knien reicht, winden sich durch einen Weidenbusch, der ihnen mit den schlanken Gerten in die Gesichter schlägt, und müssen bald über einen Torfgraben springen, bald über einen breiten Wassertümpel von einem schlüpfrigen Steine zum andern wegsetzen.
   Da verginge jedem der Humor, zumal wenn er bei der drückenden Hitze ein Gewehr mitschleppen müßte, das beim Gehen und Springen hinderlich fällt.

Nun bleibt der vorderste stehen und nimmt die Dienstmütze ab, um sich den Schweiß von der Stirne zu wischen.

»Himmelsternlaudon!« wendet er sich zu den zwei Gefährten, »da hat uns der Förster wieder amal a schöne Arbeit ang'richt.

Drei Stund' im Moos laufen bei der Prügelhitz, und is doch für die Katz.«

»Ja, das macht der neue Herr Jagdg'hilf«, brummt der zweite, »der hört das Gras wachsen und meint, er muß den Niederegger fangen. Wir Gendarmen können nachher die Suppen auslöffeln und uns die Füß' wegrennen. Passen's nur auf, Herr Kommandant, wir werd'n heut noch g'waschen, daß uns das Wasser bei den Stiefeln herausrinnt.«

»Ich glaub's selber; also vorwärts marsch! Vielleicht kommen wir noch, bevor es anfangt.«

Und die drei gehen, so rasch es der Weg erlaubt, weiter. Die Sonne hat sich nunmehr hinter den drohenden Gewitterwolken versteckt.

Ein kühler Wind streicht über das Moos und weht ihnen starken Erdgeruch, vermischt mit dem betäubenden Dufte des Pfeffermünzkrautes, entgegen. Über die Moortümpel und über den breiten Bach, der sich wie Schlinggewächse durch die Heide windet, jagen dunkle Schatten.

Schon beginnen schwer aufschlagend einzelne Tropfen zu fallen, und die drei schauen sich, hastiger ausschreitend, nach einem Obdach um. Ihre Blicke eilen über die schwarzbraunen Torfgräben, die wie drohende Festungswälle aus dem heftig bewegten Grase hervorragen, hinweg; nun haften sie an einer kleinen Hütte, die mit ihrem windschiefen Dache aus Erlenbüschen und Birken vorlugt.

Es war nicht leicht, sie zu sehen; denn die graue, verwitterte Farbe der Mauer hebt sich kaum von dem Gewitterhimmel ab, und wenn nicht ein heftiger Windstoß die Birken niedergebeugt und so einen Augenblick den Dachfirst gezeigt hätte, so wäre die Hütte den Gendarmen noch eine Weile verborgen geblieben, obwohl ihr Anführer sie schon etliche Mal besucht hatte.

Jetzt ist sie aber einmal entdeckt, und es hilft nicht mehr, daß die grünen Zweige das Geheimnis wieder zu verbergen streben.

Die Ankunft der fremden Männer bringt große Aufruhr hervor.

Ein schwarzgefleckter Spitz stürzt wütend aus der Hundehütte und rast heiser bellend im Kreise an seiner Kette herum.

Ein paar Gänse heben erstaunt die langen Hälse aus der Schmutzpfütze und schnattern, erst leise, als wollten sie die Eindringlinge zur Rede stellen, was sie eigentlich hier zu tun hätten, dann immer lauter, als seien sie sehr erzürnt darüber, daß sie keine Antwort erhalten.

Die Hühner stimmen mit ein und laufen schimpfend über den Dunghaufen. Eine große, schwarze Katze wirft im Davoneilen gebleichte Pferdeschädel und Knochen, die unter der Haselnußstaude aufgeschichtet lagen, um und klettert auf das Dach, von wo sie mit den großen, grünlichen Augen verwundert auf die Femden herunterschaut. Die Hütte selbst liegt wie ausgestorben da.

Nur aus dem Anbau, der sich noch am stattlichsten zeigt, tönt dumpfes Poltern und Stampfen.

Der Kommandant schaut zu dem kleinen Fenster hinein und erblickt ein riesenhaftes Untier, das hier eingemauert ist und bis an die Decke reicht.

Erst, nachdem sich sein Auge an die Dämmerung des Raumes gewöhnt, erkennt er in dem Ungeheuer ein breitrückiges, hochgewachsenes Pferd.

»He, halloh! Niemand da?« ruft jetzt der Kommandant und rüttelt an der Haustüre, die unmittelbar neben dem Stalle ist.

Da sie versperrt ist und dem Druck nicht nachgibt, geht er einige Schritte vor und schaut in gebückter Stellung zum nächsten Fenster hinein.

Er sieht einen rauchgeschwärzten kleinen Raum, so niedrig, daß ein halberwachsener Junge nicht aufrecht darin stehen könnte. An der einen Wand ist ein Ofen, der zugleich als Herd benutzt wird; nebenan steht ein Tisch mit drei Füßen; der vierte Fuß ist ersetzt durch einen unbeschälten kräftigen Baumast, der mit starken Nägeln an die Tischplatte angenagelt ist.

»Niemand da?« fragt der Kommandant wieder, »ich trau mir z'wetten, daß uns der Gauner schon lang hat herkommen sehen. Jetzt tut er, als müßten wir ihn erst aufwecken aus seinem christlichen Schlaf.«

In dem Augenblicke biegt um die Ecke ein hochgewachsener Mann in den mittleren Jahren.

Er geht etwas nach vorne gebeugt und zieht die Schultern auf.

Aus dem verwitterten Gesichte, das durch die vorspringende scharf geschnittene Nase einen fast martialischen Ausdruck erhält, blicken ein paar listige Augen, die ebenso wie ein Zug um den Mund große Schlauheit verraten.

Mit einem kurzen scharfen Blicke musterte er die Gendarmen; dann schaut er sie unbefangen an, und keinen Augenblick zeigt er auch nur die geringste Überraschung.

Er stellt einen Heurechen, den er in der linken Hand getragen hatte, an die Wand und sagt freundlich grüßend:

»Ah! s' Good de Herrna! A wengl untasteh z'wegen an Wetta?«

»Ja, mir werden ein bissel länger dableiben, Niederegger«, antwortet der Kommandant.

»O mei, es schaugt si bloß so g'fahrli her. Dös tuat net viel. I glab net amal, daß 's zum Rengna kimmt.«

»Ja, wegen dem Wetter bleiben wir net da; ich hab mit dir selber ein Wörtl z' reden.«

»Mit mir? Wüßt net, daß i mit G'richt und Obrigkeit was z'toa hätt'.«

»Das wirst schon inne werden, Niederegger, wenn bloß der Jagdg'hilf einmal kommen tät!«

»Moanas an Jagdgehilf Blausteiner?« fragt der Niederegger. »Ja.«

»Der ko net weit weg sei. I siech'n scho seit oana Stund allaweil dort hinta de Boschen umandand schliafen. I ho mir denkt, er wird a bißl jagern.«

Der Kommandant sieht nicht, daß bei diesen Worten ein verhaltenes Lachen um den Mund des Niederegger zuckt. Aber er hat auch so genug gehört und flüstert den beiden Begleitern zu:

»Hab i's net g'sagt? Der Tropfenberger hat uns alle mit einander schon lang beobacht. Den g'scheidten Jagdg'hilfen erst recht. Der hat g'meint, wie schlau er's macht, wenn er von der andern Seit herschleicht und um die Hütten herumspioniert. No, da kommt er ja selber. Grüß Gott, Herr Blausteiner, Sie bleiben lang aus.«

»Waar net üb'l! I bi scho a Stund länger do, wia Sie. I hab de Spitzbuabnbande a'pürscht wia'r an Rehbock und bi bis jetzt auf'n Lugaus g'sess'n.«

»Weiß schon«, sagt der Kommandant, »das hat uns der Niederegger bereits bestätigt.«

»Was?«

»Jawohl! Und wann Ihnen die Rehböck auch so schnell spannen, nachher werden's net viel schießen.«

»Oho! Der Herrgotts...«

»Beruhigen's Ihnen nur. Jetzt is schon g'schehen. Gehen wir gleich ans Geschäft, helfen tut's doch nix.«

»Niederegger!« fährt er in dienstlichem Ton fort, »in der letzten Zeit sind wieder Schlingen gefunden worden; auch hat man Spuren entdeckt, daß ein Reh eingegangen ist. Sie sind dringend verdächtig, und wir müssen Haussuchung halten.«

»Wos? Haussuachung?«

»Bei r' an Menschen, der sein Steuarn und Abgab'n zahlt? Wo ko mi oana beweis'n, daß i scho amol s' nächsten Guat ang'rührt hätt...«

»Red net lang und sperr auf!«

Der Niederegger beteuert noch mal seine Unschuld und ruft alle Heiligen zum Zeugen an, daß ihm Unrecht geschieht. Dann stößt er einen scharfen Pfiff aus und schreit:

»Loni, schaug oba! G'richt und Obrigkeit san do! Mach d' Tür auf!« –

Durch eine Dachluke schiebt sich ein weiblicher Kopf, scharf geschnitten wie der eines Raubvogels, und eine gellende Stimme ruft:

»Wos geit's?«

»Aufmacha sollst! De Herrn Schandarm mecht'n unsa bißl Hab und Guat a'schaug'n.«

»Ein bissel g'schwind!« ruft der Kommandant.

»So, so, is die gnä' Frau da droben und hat keine Ahnung, daß mir da sind? Wahrscheinli ein Mittagsschläferl g'macht?«

Inzwischen wird die Türe von innen geöffnet, und die Eintretenden, welche sich tief bücken müssen, um nicht anzustoßen, stehen der Frau Niederegger gegenüber, welche laut über die Schande jammert, die ihr armes Häusel trifft.

»Gib dir net lang a Müh«, sagt der Kommandant, »du weißt schon seit einer

Stund, daß 's Haus ausg'sucht wird. Jetzt geh voran, und du auch, Niederegger! Marsch!«

Die Hütte wird von den Gendarmen eifrig durchsucht, während der Jagdgehilfe vor derselben Stellung nimmt.

Nach Verlauf einer halben Stunde kommen sie wieder heraus.

»Was ich g'sagt hab, nicht ein Stäuberl zu finden«, ruft der Anführer. »Jetzt wollen wir der Form halber noch den Hof und den Garten durchsuchen.«

Das geschieht mit dem nämlichen Mißerfolg, obwohl der Herr Blausteiner jeden Busch absucht, jeden Grasfleck visitiert und jedes Brett aufhebt.

Der Niederegger schaut ihm teilnahmslos zu und schüttelt nur hie und da den Kopf, als könnt' er immer noch nicht mit dem Gedanken fertig werden, daß man so etwas von ihm glaube.

Endlich gibt auch der Jagdgehilfe das Suchen auf und schließt sich den Gendarmen an, welche zum Fortgehen bereit sind.

»No Herr Kommandant«, sagt der Niederegger höflich, »Jetza hat si's Wetter a vazog'n.«

»Ja, schau nur, daß 's net doch amal einschlagt«, sagt dieser kurz und entfernt sich langsam mit den andern.

Sie schreiten rüstig heimwärts durch das Schilfgras, und ihre Gestalten heben sich scharf von der sonnenbeschienenen Heide ab.

Der Wind trägt noch den Schall ihrer lauten Stimmen herüber, bald aber liegt die Hütte wieder in friedlicher Stille, wie sonst.

Der Niederegger steht mit einem vergnügten Schmunzeln im Hofe und spricht zu seiner Frau hinauf, die durch eine Dachluke die Abziehenden beobachtet.

»Paß auf, Bäuerin, ob da Jagdg'hilf net no amal umkehrt. Is er no dabei?«

»Ja; jetzt san's scho beim Mooshansl; es san ehana allaweil no vieri.«

»So? Nacha hol i mir im Garten a paar Schlinga und geh ins Neuhäusler Moos nüber.«

»Tat da Greaspecht epper gar no umkehren, nacha pfeifst, und wann d' Luft sauber is, ko'st Du a wengl zum Fischen geh; heunt beißen's.« –

Interview mit Dieter Stiefel

DIE WILDERER

Wie war das nach dem Krieg mit dem Wildern in Bayern?

Nach dem 2. Weltkrieg ist vornehmlich aus wirtschaftlicher Not gewildert worden, sehr viel mit der Schlinge, weil Schußwaffen rar waren. In der Besatzungszeit konnte ihr Besitz lebensgefährlich sein. Das hat sich inzwischen stark verändert. Zwar existiert die Schlingenwilderei noch, sie spielt aber keine große Rolle mehr. Heute wird nicht mehr aus Not gewildert, sondern aus Leidenschaft, aus Langeweile oder auch im ewigen Wettstreit zwischen Förster und Wilderer.

Mit welchen Waffen wird gewildert?

Die Schlinge wird immer noch von den feigen Wilderern benutzt, die etwas mutigeren nehmen die Schußwaffe. Der Draufgänger wildert mit der Schußwaffe, der heimliche, verschlagene Wilderer bedient sich nach wie vor der Schlinge. Er beobachtet seine Schlinge, und sobald er etwas Verdächtiges bemerkt, macht er sich aus dem Staub.

Wie schauen die Motive aus?

Man muß innerhalb Bayerns differenzieren. Im Bereich Oberbayern, im Gebirge, gibt es noch die Wilderer aus Tradition, die eine starke emotionale Leidenschaft mitbringen. Da wird aus Ehrgeiz gewildert, um dem Förster zu zeigen, wer es besser kann. In Niederbayern überwiegt die Wilderei aus dem Auto. Jugendliche Täter fahren nachts aus Langeweile durch die Gegend; sie haben ein Kleinkalibergewehr geerbt oder es dem Vater aus dem Schrank genommen. Die schießen auf alles, was sich bewegt. Auf Rehe, Hasen, Fasanen.

Es gibt aber immer wieder Wilderer, die aus Profitgier zu Werke gehen, allerdings ist das in den letzten Jahren zurückgegangen. Dabei spielt vor allem der schwierige Absatz von Wildfleisch nach Tschernobyl eine Rolle. In den letzten Jahren ist die Wilderei daher spürbar zurückgegangen.

Gibt es noch die großen Banden?

Wilderer sind heute meist Einzeltäter, oder sie treten zu zweit auf: der eine fährt, der andere schießt. Größere Banden sind selten. Die verüben dann meist noch andere Straftaten. Die letzte größere Bande ist 1980 im Bereich Bad Reichenhall aufgeflogen. Ihre Mitglieder hatten nebenbei Automaten geknackt und waren in Gaststätten eingebrochen. Die Wilderei war nur ein Nebenprodukt. Internationale Wildererbanden sind uns nicht untergekommen. Die meisten Täter stammen aus der Region, sie kommen über die Grenzen ihres Landkreises kaum hinaus. Es gibt aber auch ein paar überregional operierende Wilderer, die richten enormen Schaden an, weil sie professionell vorgehen.

Wer erwischt die Wilderer?

Den Wilderern kommt zugute, daß heutzutage viele Förster nur noch Baumpfleger sind, kein Interesse mehr an der Jagd haben und deshalb ihr Revier nicht mehr recht beaufsichtigen können.

Pächter wohnen oft sehr weit vom Revier entfernt und können daher auch nicht aufpassen. Die spektakulären Festnahmen in den letzten Jahren verdanken sich ausschließlich Berufsjägern, die – meist im Gebirge – die Wilderer auf frischer Tat ertappen konnten. Dort wird viel im Winter gewildert. Die Gams kommt dann wegen der höheren Schneelagen ins Tal. Die Berufsjäger beobachten dann die Parkplätze, verdächtige Fahrzeuge, halten die Autokennzeichen fest, und wenn sie verdächtige Spuren sehen, gehen sie diesen nach und haben dabei öfter Erfolg. Nach wie vor werden manche Wilderer von der Jagdleidenschaft gepackt. Es gibt in Bayern einige Gemeinden, wo ein ständiger »Krieg« herrscht zwischen der Polizei, den Förstern und Jägern auf der einen sowie den Wilderern auf der anderen Seite. Die brüsten sich öffentlich, Wilderer zu sein und sind ungeheuer stolz darauf, nicht oder doch sehr selten gefaßt zu werden.

Manche lassen sich in der Zeitung abbilden, und zu den Gerichtsverhandlungen reisen die Zuschauer in Omnibussen an. Es handelt sich dabei um regionale Massenspektakel. In manchen Gegenden sind die Wilderer immer noch so etwas wie Volkshelden. Die Bevölkerung kümmert sich meist sehr wenig um die Hintergründe der Wilderei. Daß es sich in den meisten Fällen um Tierquälerei handelt, wird übersehen, im Wilderer sieht man immer noch den Volkshelden der alten Zeit.

Worunter leiden die Tiere besonders?

Man sollte sich einmal klarmachen, wie sehr die Tiere unter den Praktiken der Wilderer zu leiden haben. Die benutzen meist kleinkalibrige Gewehre, und wenn ein Reh etwa von einem derartigen Geschoß im Bereich des Bauchraumes getroffen wird, kann es noch sehr lange leben. Oft quälen die Tiere sich dann stunden- oder tagelang. Genauso ist es beim Strangulieren durch die Schlinge. Das Tier kämpft stundenlang. Wenn es gefunden wird, sieht man, wie ringsherum das Erdreich aufgewühlt ist, Wurzeln zerrissen sind.

Wie kommen die Wilderer an die Waffen?

An die Waffen kommen die Wilderer auf unterschiedliche Weise heran. Manche werden im Ausland beschafft, wo man sie mühelos kaufen kann. Langwaffen zum Beispiel werden in Österreich frei verkauft und dann entsprechend hergerichtet. Kleinkalibergewehre kann man hier erwerben, oder es handelt sich um geerbte Stücke, um Gewehre, die vor Einführung der schärferen Waffengesetzbestimmungen gekauft wurden. Es gibt aber auch Jäger, die über keine Jagdmöglichkeit mehr verfügen und wildern oder neben der legalen Jagd die illegale betreiben.

Generell kann man feststellen, daß sehr viele Wilderer auf irgendeine Weise einmal mit der legalen Jagd zu tun hatten. Nun muß man allerdings nicht denken, daß die Wilderei in Bayern das dominierende Delikt sei. Zwar haben wir hier etwa 30% der Wildereidelikte der Bundesrepublik zu verzeichnen, aber es kommen in Bayern zum Beispiel ca. 100 mal mehr Fahrraddiebstähle vor. Allerdings richten wir in Bayern ein relativ scharfes Augenmerk auf die Wilderei. Dafür werden die Wildereisachbearbeiter der Polizei eigens geschult.

Geht es ums Wildfleisch oder die Trophäen?

Oft geht es den Wilderern nicht um das Fleisch, das, wie bemerkt, schwer abzusetzen ist, sondern um die Trophäen. Da werden dann starke Gamsböcke erlegt. Die letzten Steinböcke in den Alpen wurden von Wilderern geschossen. Vor einiger Zeit wurden im grenznahen Gebiet nach Österreich in der Wintersnot über 20 Gamsböcke gewildert. Die Trophäen – der Gamsbart und die Kricken – wurden entfernt und der Rest liegengelassen.

(Dieter Stiefel befaßt sich beim Bayerischen Landeskriminalamt in München mit Fragen des Wilddiebstahls.)

Für einige wenige Texte konnte der Verlag bis zum Zeitpunkt der Drucklegung die gegenwärtigen Rechteinhaber nicht ermitteln.
Herausgeber und Verlag haben diese Texte dennoch aufgenommen, da sie für die Auswahl wesentlich erschienen. Berechtigte Ansprüche werden selbstverständlich abgegolten.